칭기즈칸 **리더십**

칭기즈칸 **리더십**

초판 인쇄 | 2010년 2월 26일
2 판 발행 | 2011년 11월 11일

지은이 | 신광철·이호종 공저

발행인·편집인 | 이인구
디자인 | 손정미·기준용
표지디자인 | 서각가 정민영
삽화 | 백지수
인쇄 | 영프린팅

펴낸곳 | 한문화사
주소 | 경기도 고양시 일산서구 강서로 141, 후곡 1606-1701호
전화 | 070-8269-0860
팩스 | 031-913-0867
전자우편 | hanok21@naver.com
등록번호 | 제410-2010-000002호(2010년 1월 13일)

ISBN 978-89-963836-2-8 03320

값 13,000원

징기스칸 리더십

신광철·이호종 공저

한문화사

칭기즈칸 리더십 10계명

하나, 희망은 불가능을 가능하게 하는 힘이다

살아남는 것조차 힘들어 쥐를 잡아먹고 약탈을 배웠던 아이가 세계를 정복한 것은 꿈이었다. 그 꿈을 잡고 끝까지 도전했다.

둘, 고난이 가장 큰 교육이다

약탈당해 온 어머니의 자식인 칭기즈칸이 아내를 약탈당했다. 그 아내를 찾았을 때 아내는 아이를 잉태하고 있었다. 적장의 자식이었다. 칭기즈칸은 그 아이를 자신의 아이로 받아들였다.

셋, 병사들과 똑같이 갈증을 느끼고, 똑같이 허기를 느끼며, 똑같이 피곤해야 한다

지칠 줄 모르는 투지와 용기를 가진 장수라도 병사의 아픔과 고통을 이해하지 못하면 뛰어난 장수가 될 수 없다. 귀는 둘이고 입은 하나인 이유를 깨달아라.

넷, 기술자를 죽이지 마라

적일지라도 기술을 가졌으면 죽이지 않고 그 기술을 확보했고, 또한 그 기술을 이용해 내부를 다지고 적을 공격하는데 이용했다.

다섯, 강력한 응집력과 역동적인 체제, 천호제를 만들다

어떠한 명령을 내려도 철저하게 이행하는 책임감과 집단 내에서 지도자를 선출하는 가장 민주적이고 살아있는 집단이었다.

여섯. 밖으로의 확대를 바라면 안을 먼저 다져라

세계를 정복하기 전에 칭기즈칸은 내부의 조직을 먼저 다지고 일 년 동안 부대를 이끌고 사냥을 했다. 사냥은 또 다른 전쟁 연습이었고 실습이었다.

일곱, 가벼운 몸으로 속도에 도전하다

머무는 자들과 싸워 이길 수 있는 방법은 새털처럼 가볍게 이동할 수 있으면서 번개처럼 빠른 속도를 가져야만 승리할 수 있다.

여덟, 승리가 아니면 나머지는 아무것도 아니다

전쟁에서 어떻게 이기느냐는 중요하지 않다. 무슨 방법을 써서라도 승리하면 된다. 승리해야만 살아남을 수 있다.

아홉, 머무르는 자는 망할 것이며 끊임없이 이동하는 자만이
　　　　살아남을 것이다

칭기즈칸은 죽는 날까지 성을 짓는 것을 경계했다. 머무는 순간 무너지리라 여겼다. 죽는 날까지 살아 움직이는 집단을 유지했다.

열, 　세상에서 가장 큰 적은 자기 자신이다
　　　　자신 안에 있는 산을 넘어야 한다

가장 높은 산은 자신 안에 있는 산이다. 그 산을 넘지 못하면 어떠한 일도 시작하지 못한다. 그 산을 넘는 순간 새로운 세상이 열린다.

서 문

자존과 유목의 정신으로

오늘을 위한 내일의 노력은 없다. 내일은 내일의 일이 있을 뿐이다. 이미 흘러간 시간을 붙잡고 할 수 있는 일이란 없다. 오늘은 살아있는 생명에 찾아와 성공한 삶을 만들어보라고 재촉하고 있다. 오늘은 인생의 남은 날 중 가장 젊은 날이고, 살아온 날 중에서 가장 경험이 많은 날이다. 오늘 실행하지 않으면 내일은 하루만큼 늦어질 것이다. 인생을 가만히 두지 말고 폭풍 속으로 뛰어들게 하라. 폭풍의 한가운데에는 산들바람 같은 잔잔한 바람이 일렁인다. 오히려 폭풍의 한가운데에는 뜻하지 않은 고요와 평화가 있다. 도전하는 자를 위한 선물인지도 모른다. 인생을 두려워하거나 낭비하는 자는 죽어도 좋다. 특히 젊음을 낭비하는 것은 죄악이다. 살아있음을 부르르 떨어라.

인류역사를 흔들며 폭풍 속으로 뛰어든 젊은 영웅이 있었다. 800년 전의 역사 속으로 들어가 살아있음을 마음껏 세상에 폭발시킨 사람, 칭기즈칸이었다. 인류의 역사를 통틀어 칭기즈칸처럼 강한 폭풍우를 몰고 거침없이 세상을 향해 달려간 사람은 없었다. 신화와 같은 일이었고, 다시는 역사에서 이루어지기 어려운 사건이었다.

척박하고 혹독한 환경에서 살아가며 미개사회로 불리던 몽골에서 일단의 무리가 말을 달려 문명권을 공격했다. 미개한 사회가 문명한 사회를 정복하는 혁명적인 일이 벌어졌다. 그것도 불과 20만이 되지 않는 아주 적은 숫자의 기마병들로 수백 배나 되는 부대를 무너뜨리고 세계를 점령해버린 것이다. 거의 모든 문명지역을 점령해버리는 이변이 일어난 것이다.

그 폭풍의 한가운데에 칭기즈칸이 있었다. 살아남기도 어려운, 혹독한 추위와 먹을 것이라곤 유목하는 가축들이 전부인 그곳에서 칭기즈칸은 그를 따르는 푸른군대를 이끌고 공격을 명령했다. 그의 말 한 마디에 푸른군대는 일제히 말에 올라탔고 거친 먼지를 휘날리며 공격을 개시했다.

몽골의 오지에서 출발한 칭기즈칸과 푸른군대는 가는 곳마다 승리했다. 그들이 점령한 땅은 늘어났고 인류역사에서 처음으로 겪는 방대한 영토의 점령지에는 담이 무너지고 문이 없어지면서 문화적인 교류와 상품의 왕래가 왕성하게 이루어졌다. 교통로가 뚫리고 사람들의 이동이 빈번해졌다. 일찍이 이렇게 활발한 물적, 인적 교류가 있었던 적이 없었다. 그리고 저마다 가슴에 지닌 신을 숭배할 수 있는, 최초의 다종교사회가 공존의 길을 걷는 사건도 찾아왔다. 따뜻한 평화는 활기찼다. 점령의 방법은 가혹했지만, 통치는 비교적 너그러워서 인류의 화합과 통합이 이루어진 거대한 제국을 만들어냈다. 출발의 선두에 칭기즈칸이 있었듯, 줄기차게 칭기즈칸은 이러한 역사를 만들어내는데 핵심적인 일을 한 사람이었다. 칭기즈칸을 이해하면 몽골제국의 탄생과 세계를 점령하는 과정을 이해하게 될 것이다. 한 사람을 이해하는 데에는 무엇보다 그의 말과 행동을 이해하면 되리라 본다.

칭기즈칸은 인생의 긴 강가를 말을 타고 달리면서 비와 바람 속을 정면으로 돌파했다. 그는 비와 바람을 피하려 하지 않고 도리어 한가운데로 들어갔다. 그가 한 말들은 공간 속으로 바람처럼 사라졌지만, 일부 남은 기록들을 더듬어 찾아보았다. 그의 인생을 역사서에서 찾아내어 위대한 그의 통치철학이 담긴 성훈, 대자사크를 분석했다. 칭기즈칸에 대한 역사를 찾아서 살을 붙여 칭기즈칸의 인간경영과 세계경영을 알아내어 지금 우리의 역동성과 접합하려 했다.

우리는 우리도 모르는 신비를 가진 위대한 민족이다. 우리도 장대하고 웅장한 세계경영을 할 수 있다는 것을 일깨우고 싶었다. 그리고 많은 부문에서 현재 우리의 기업은 세계로 향하고 있다.

지금 우리에게 필요한 것은 자존과 유목의 정신이다. 이 시대에 가장 유목적인 것은 기업이며, 상업정신이다. 우리가 나아가야 할 길은 상업이며 무역이다. 상업영토를 넓힐 수 있는 절호의 기회다. 기회는 위기와 더불어 찾아왔다. 극복하는 자는 성공할 것이다. 우리가 가진 역동성과 열정은 다른 민족에게서는 찾아보기 어려운 재산이다. 우리의 반도는 세계로 나아가는 징검다리가 되어야 한다. 보라, 한국을 둘러싼 주변 국가들을. 중국과 러시아 그리고 마주 보는 일본, 모두 강대국이다. 그리고 태평양을 건너면 바로 세계의 최강대국 미국이 있다. 이 역동성의 중앙에 우리가 있다. 우리의 위치가 세계로 가는 중심축에 있다고 생각해 보라. 얼마나 달려나갈 세상이 넓고 활기찬가를.

우리는 타고난 부지런함과 노력하는 민족으로 세계를 향해 달려나가고 있다. 나라와 회사를 경영하는 사람과 창업에 관심 있는 사람에게 힘을 전할 수 있는 책이 되었으면 하는 바람이다.

경기도 파주 통일동산에서
신 광 철

차 례

제1장

희망은 불가능을
가능하게 하는 힘이다

■ 유목민이 정착민을 정복하다

■ 자신이 죽인 적장의 이름을 아들에게 물려주다

■ 기술자들은 죽이지 마라

유목민이 정착민을 정복하다

성을 쌓고 사는 자는 반드시 망할 것이고, 끊임없이 이동하는 자만이 살아남을 것이다.

광활한 대초원의 지배자였던 튀르크 제국의 톤뉴쿡(Tonyuqu)의 비문이 몽골의 오르콘 강 유역에서 발견되었는데, 그 비문에 이렇게 적혀 있다. 정착민과 유목민에 대한 비교를 이처럼 극명하게 적어 놓은 글은 아마 없을 것이다.

한국인은 아직도 엉덩이에 몽고반점이 남아있는 몽골족의 일원이다. 우리의 혈관 속에 유목의 습성이 남아있는 열정적인 민족이다. 안에서 분출하는 '끼'를 밖으로 표출하려는 기질이 유전자 속에서 끓고 있어 한민족은 치열하게 산다. 또한, 모험을 두려워하지 않는 특성이 있다. 그러한 기질을 가장 많이 가지고 있었던 나라가 고구려였다. 마차가 달릴 길이 뚫려있었고 그들은 강한 기마병을 거느린 강국이었다. '머무는 자의 손'으로 기록된 중국의『삼국지』위서 고구려조에는 '좌식자坐食者' 즉, 말에 올라타 앉은 자세로 식사를 하는 사람을 말한다. 이러한 특수부대 성격의 기마병이 1만여 명이 있었다고 적혀 있다. 이러한 그림은 무용총 벽화 등 고구려 벽화에서 산을 제압하고 달리는 듯한 웅혼한 기상이 보이는 모습의 기마전사들을 말한다. 긴급한 공격 시에는 몽골의 군사는 말을 타고 달리는 말 위에서 말린 고기를 씹는 등 식사를 하면서 전진했다는 기록이 남아있는 것과도 통한다.

1만여 명의 직업적 전사집단이 고구려 국력의 핵심이었는데, 대한민국의 디지털 전사들은 이런 유목성과 기마성의 현재적 부활인 것이다. 부활의 직접적인 목격을 2002년 월드컵 당시 광화문과 시청 앞 광장을 붉게 물들였던 '붉은 악마'에서 확인할 수 있다.

알제리에서 태어난 프랑스 학자 자크 아탈리는『호모 노마드-유목하는 인간』이란 저서에서 불모지를 삶의 터전으로 바꾸며 살아가는 노마드(nomad·유목민) 문화를 현대인의 패러다임으로 제시해 큰 반향을 일으켰다. 오늘날이 유목민의 문화가 필요한 시점임을 이야기하고 있는 것이다.

역사는 정주의 산물이지만 인류의 대부분은 유목의 역사다. 유목은 언제나 정주한 인간들의 이기적인 판단과 야만으로 치부되었다. 그 야만, 유목민들이 새롭게 부활하여 세상을 이끌어가고 있는 현장에 한국민이 서 있다. 컴퓨터의 인터넷 세상으로 달려가는 디지털 전사들이 바로 그들이다. 인터넷과 더불어 한민족이 세계로 뻗어나가고 있다. 아탈리는 1997년『21세기 사전』에서 이미

'디지털 노마드(사이버 유목민)'란 개념을 제시했다.

최근 『세계는 평평하다』를 펴낸 뉴욕타임스의 칼럼니스트 토머스 프리드먼은 디지털에 강한 한국인을 '사이버부족(cybertribes)'이라고 명명한 적이 있다. 우리 역사 속에 내재한 유목의 근성과 기마민족의 기질을 잘 표현하고 있다.

새로운 것에 목말라하는 민족적 특성이 창조적 행위의 바다로 뛰어들었다. 그러한 것이 현실화되는 과정이 '한류' 열풍이고, 사이버부족이란 말이 의미하듯 이미 디지털 강국이 되었음을 받아들여야 한다. 다시 뛰는 한국인은 핏속에 흐르는 '끼'라는 유전자의 잠재적 박동으로 발현된 것이기에 21세기는 대한민국의 힘이 기록되는 역동의 세기가 될 것이다.

어제는 과거고 내일은 미래다. 인생에서 만나는 것은 오늘뿐이다. 인생의 남은 날 중 오늘이 가장 젊은 날이다. 또한, 오늘은 인생의 살아온 날 중 가장 경험이 많은 날이다. 인생의 도전은 오늘 시작해야 한다.

오늘이 어렵다면 이번 주, 이번 주가 아니면 이번 달, 이번 달 아니면 올해여야 한다. 인생의 날 중 내일, 다음 달, 내년은 없는 날과 같다. 내 피부에 닿는 것은 오늘이다. 살랑거리는 바람결에 머리칼을 날릴 수 있는 것은 지금이다. 내일의 시간으로 부드러운 머리칼을 날려 보라! 내일이 오기 전 사고로 죽을 수도 있다. 어제의 시간으로 바람에 휘날리는 머리칼을 즐길 수 있는가. 답은 없다고 말해야 정답이다. 오늘은 산자 만이 특권을 부여받은 축복의 날이다. 진정 오늘, 살아있음을 감사하라. 칭기즈칸은 오늘을 산 사람이었다. 가장 중요한 일을 오늘 결정하고 오늘 실행한 사람이었다. 거친 바람 속에서 살아 바람의 속성을 이해했다. 거침을 받아들이지 않으면 갇히고 만다. 바람 속으로 달려나간 칭기즈칸과 그를 따르는 몽골의 푸른 전사들은 새로운 역사를 만들었다.

칭기즈칸은 역동적인 시간 속에 살았다. 달리는 말에 말채찍을 휘갈기며 달렸다. 칭기즈칸은 살아있는 사람이었다. 칭기즈칸의 유전인자 속에는 들판을 달리고 싶은 펄떡펄떡 뛰는 야생마의 습성이 숨어 있었다. 준비된 자는 달리고 아직 준비되지 않은 자는 준비할 시간을 가져야 한다. 언제부터냐고 물을 필요가 없다. 지금, 이 순간 출발이다. 지금 출발하지 않으면 내일은 없다. 다른 자들은 벌써 떠났다. 칭기즈칸은 늦은 출발이었지만 멈춰서지 않고 달렸다. 인생의 남은 날 중 가장 빠른 시작은 지금 이 순간이다. 바로 그 순간은 오늘이란 날에 있었다.

왜 하필 지금 출발해야 하는가, 라는 물음의 답에 할 말은 하나뿐이다. 인생은 지금 외에는 존재하지 않으니까. 칭기즈칸은 이 진실을 몸으로 깨달았다. 그리고 실행했다.

몽골 초원의 주인은 누가 뭐라고 해도 몽골인이었다. 몽골인은 개인의 인생으로 출발했다. 용기 있는 자만이 모험할 수 있다. 비겁한 자는 결심만 했다. 결행하려면 용기가 필요했다. 모두가 출발하고 싶어 했지만 망설이는 자들이 있었다. 칭기즈칸은 이들에게 희망과 비전을 제시했다. 이미 출발한 사람들이 있었지만 칭기즈칸의 출발은 달랐다. 다른 사람의 모험심에 불을 댕겼다. 칭기즈칸이 제시하는 길에 동참하도록 각자의 가슴에 꿈을 심어주었다. 한 사람의 꿈은 그냥 꿈일 뿐이지만 만인이 같은 꿈을 꾸게되면 그 꿈은 현실로 이루어지는 진실을 몽골초원에서는 준비하고 있었다. 용기있는 사람은 창조한다. 미지의 세계를 정복하고 남이 가지 않은 세계로 가는 것도 창조다. 칭기즈칸은 새로운 세상을 창조했다. 드넓은 세계를 정복했다. 역사의 흐름은 칭기즈칸과 푸른 전사들에게 유리하게 전개되고 있었고 역경은 있어도 좌절은 없었다.

지금 이 시대에 다시 한민족의 위대함을 발견하게 된다. 한 번 꿈꾸면 한민족은 크게 일어서는 민족이다. 위대한 지도자가 나오면 한민족은 하나로 뭉쳐 일어설 것이다. 우리에겐 웅혼한 기마민족의 피와 몽고반점이 더 큰 세계로 나가라고 가슴 안쪽에서 용광로처럼 끓고 있음을 발견한다. 나아갈 곳을 찾아 근육이 꿈틀거리고 있다.

한민족은 신명이 있어 한 번 흥을 돋우어주면 지칠 줄 모르고 뛰는 기질이 숨어있다. 한국인의 몸속에는 유목민의 피가 흐르고 있다. 몽고의 초원을 누비던 몽고반점에는 감춰진 끼가 아직도 남아있다.

나는 이 변화와 격동의 시기에 한국인으로서의 긍지와 자부심을 품고 세계를 향하여 나아갈 것을 주장하고자 이 책을 쓴다. 그리고 한민족에게는 세상을 변화시킬 능력이 있음을 찾아내고자 글을 쓴다. 그 활로를 나는 엉덩이에 우리와 같은 몽고반점을 가진 칭기즈칸에게서 찾는다. 그가 한 일은 우리도 할 수 있다.

그가 몽골을 통일하던 날, 서기 1206년, 지금으로부터 800년 전 세계는 잠을 자고 있었다. 잠자는 자들은 정착민이었고 깨어있는 자들은 유목민이었다. 그들의 드넓은 초원이 한 명의 위대한 사람에게 맹세를 하던 날, 인류사에 우뚝 선 칭기즈칸은 탄생했다.

나의 사전에 불가능은 없다고 한, 우리에게 정복자의 대명사처럼 알려진 나폴레옹이 점령한 땅은 넓었다. 히틀러는 그 땅의 두 배를 점령했다. 이들보다 더 광활한 땅을 점령한 인물이 있었다. 나폴레옹과 히틀러가 정복한 땅을 합한 것보다 더 넓은 땅을 점령한 인물은 알렉산더였다. 지금 우리가 이야기하고자 하는 인물은 이들과 같은 서양인이 아니다. 코가 납작한 우리와 같은 동양인이며, 키가 작고 몽고반점을 가지고 태어난 바로 칭기즈칸이다. 그가 차지한 면적은 나폴레옹과 히틀러, 그리고 알렉산더가 차지한 땅을 모두 합친 것보다 더 넓었다. 불과 20만이라는 소수의 기마군단으로 세계를 점령했던 것이다. 그들은 더 넓은 세계로 달려 나갔고 승리했다. 무엇보다 한명 한명의 전사가 강했고 그들이 뭉쳐 더욱 강해졌다. 우리 한국인이 바로 그러하다. 개인으로서도 강하고 하나의 깃발 아래 뭉치면 더욱 강하다.

칭기즈칸이 이룩한 제국은 그 어떤 시대보다도 문화와 상업활동이 활발했다. 종교의 박해가 없었으며 길은 사방으로 열려있어 자유로웠다. 아시아의 끝, 극동에서 서유럽의 끝까지 정보와 물자가 소통되었고, 사람이 오고 갔으며, 그 사람으로 인하여 기술이 전파되었다. 인류역사상 이보다 더 활발하고 안정적으로 소통이 잘 이루어졌던 적이 없었을 것이다.

칭기즈칸은 세계의 흐름을 바꾸었다. 그 거대하고 활발한 흐름은 사람의 인체를 흐르는 피처럼 매끄러웠다. 그 시대에 이미 자본주의적인 요소가 활발하게 움직이고 있었다. 칭기즈칸의 시대가 막을 내리자 더 이상의 역동적인 흐름은 없었다. 그의 위대함은 여기에 있었다. 상업이 존중되고 그들의 활동을 전적으로 지원했다. 상인, 이들이야말로 그 시대의 또 다른 유목민이었다.

이제는 우리가 일어설 때다. 그들이 타고 달리던 말 대신 컴퓨터로, 그들이 만들어낸 길 대신 인터넷으로, 그들이 만들어낸 몽골의 자존의식 대신 한국인의 자존으로, 그리고 세계를 정복한 그들의 이름이 푸른군대였다면 우리는 붉은 깃발을 높이 든 디지털 전사로서 세계를 향해 나아갈 것이다. 우리는 이미 '붉은 악마'의 활발한 역동성을 체험한 바 있다.

칭기즈칸은 고난과 역경을 넘어 고원의 왕자가 되었다. 시베리아의 타이가 지역에서 고비 알타이까지, 투르키스탄의 입구에서 만주벌판까지, 남북으로는 1,500킬로미터에 이르고, 동서로는 3,000킬로미터에 이르는 실로 드넓은 영토였다. 그 안에서는 칭기즈칸을 따르는 사람들로 가득했고 그에 도전하는 자들은 사라졌다. 혼란과 질투와 멸시가 판치는, 강자만이 살아남을 수밖에 없는 처참한 경쟁의 장에서 칭기즈칸은 승리자가 되어 지존의 존재로 우뚝 섰다.

그는 누구든 능력이 있는 자는 파격적으로 대우하였으며, 이들은 피로 똘똘 뭉쳤다. 이러한 능력은 알렉산더나 나폴레옹, 마오쩌둥이나 최근의 체 게바라 등과 비견해서 볼 수 있다. 이들은 모두 자신들의 꿈과 비전을 모든 병사가 공유하도록 하였다. 그러나 알렉산더가 이상주의자였고, 나폴레옹이 정치적 수완과 큰 장수를 부리는 능력이 부족했던 반면, 칭기즈칸은 철저한 현실주의자였다. 인재를 발탁해서 쓸 줄 알았고, 일단 등용하면 그들에게 모든 권한을 부여하며 신뢰했다.

몽골군은 모든 병사가 전체 움직임을 볼 줄 알았으며 각기 다른 직능도 두루 해낼 수 있었다. 그래서 아무리 많은 인원이 추가되어도 조직의 체계는 흐트러지지 않고 오히려 더 단단해졌다. 특히 '천호장'이라 불리던 군사, 행정조직을 바탕으로 내부결속을 다졌기 때문에 칭기즈칸은 앉아서도 천 리 밖을 원정할 수 있었다.

그는 끝까지 자만하지 않았다. 그는 이 현장에서 웅대한 꿈을 꾸고 있었다. 몽골의 초원을 통일한 현장에서 칭기즈칸은 새로운 목표를 향했다. 축제의 분위기에 만족하지 않고 바깥으로 말의 방향을 돌렸다. 칭기즈칸이 지시하는 곳으로 그들은 달렸다. 그들의 이름은 푸른 전사들이었다. 그리고 승리했다. 그들이 달려가는 곳은 그들의 영토가 되었다. 말발굽소리 요란하게 진동하면 그곳의적들은 손을 들어야했다. 정착하여 안정을 노래하던 자들은 떠도는 유목민인 몽골의 푸른군대에 무릎을 꿇었다.

지금 우리 한국인은 출발점에 서 있다. 모두가 하나의 무기로 바깥을 향하여 섰다. 다시 한 번 말한다. 그 무기는 컴퓨터다. 컴퓨터는 인터넷으로 세계와 연결되어 있다. 그들은 모두 전사다. 붉은 천을 두른 붉은 전사다. 우리는 지금껏 준비해왔다. 이제 출발의 시간이다. 세상은 변하고 있다. 변하는 시기에 새로운 강자가 탄생하는 것이다. 붉은 깃발을 든 우리의 전사들은 달려나가야 한다. 세상에서 가장 무서운 적은 두려움이다. 그러나 한국인은 부지런하다. 힘과 열정이 있다. 800년 전 푸른 초원에 말발굽 소리가 요란하던 시간에 세상이 푸른군대에 정복당했듯이 우리의 붉은 전사들은 인터넷이라는 무기를 들고 세계로, 세계로 달려갈 것이다. 이미 우리의 디지털 전사들의 활동은 시작되었다.

일찍이 1960년대에 미래학자인 사세휘 교수는 "미국을 앞지를 수 있는 국가가 있다면 그것은 일본이 될 것"이라고 했다. 당시 미국에 백기를 들고 항복한 일본이 미국을 넘본다는 것은 상상할 수 없는 일이었다. 그러나 그 미래학자는 일본을 지목했다. 그가 예견했던 대로 일본은 1980년대에 개인소득은 물론 많은 부분에 있어 미국을 앞질렀다.

희망이 있는 자는 불가능하다고 하는 것을 이루어낸다.

세상의 많은 일 중 감당하기 어려운 일들이 있다. 그러나 그 일을 해내는 사람들이 있다. 돈도, 조선소도 없이 배를 만들어주겠다고 하면 당신은 어떤 반응을 보이겠는가. 배를 만들 공장도 가지고 있지 않은 사람이 배를 만들어 준다고 하면 어느 누가 비웃지 않겠는가. 하지만 남들이 비웃을 일을 해낸 사람이 있지 않은가. 현대그룹의 창업자 고 정주영 회장이 바로 그런 사람이다. 지폐 오천원짜리를 보여주면서 "한국은 500년 전에 세계 최초로 철갑선을 만든 민족"이라면서 전설 같은 일을 성사시킨 사람이다. 같은 한국인으로서 그를 자랑하는 사람도 함께 당당해지게 하는 기개를 가진 인물이다. 할 수 없다는 말을 자주 하는 사람과는 가까이하지 않는 것이 현명하다. 남들이 할 수 있는 일이라면 그 일이 대단한 일이 될 수가 없다. 남들이 다 하는 일을 해서 어디에 쓰겠다는 것인가.

기왕에 인생 창업을 선언했다면 남과 다른 일을 나만의 방식으로 밀고 나가는 힘이 있어야 한다. 한국인들 대부분이 한국은 일본을 넘볼 수 없다고 자조하면서 엽전들은 안 된다는 말을 대놓고 내뱉곤 했다. 이러한 말을 할 때 일본이 미국을 앞지를 수 있다고 예견했던 그 사세휘 교수가 일본을 앞지를 수 있는 한 나라를 지목하라고 하면, 한국을 지목한다고 했다. 많은 사람이 한국은 일본을 앞지를 수 없다고 했다. 꿈이 없는 자는 죽어도 좋다. 인생이란 것을 한번 둘러보라. 그대는 무엇을 가지고 먼 길을 가려 하는가.

금덩이를 지게에 얹고 얼마만큼을 갈 수 있는가. 돈을 지게에 지고 가면 몇 억 원이나 짊어질 수 있을 것인가. 그러나 꿈과 지혜를 가진 자는 빈손으로 편안히 길을 갈 수 있다. 그 꿈과 지혜는 누구에게 빼앗기거나 도둑맞을 염려가 없기 때문이다.

그리고 먼 길을 갈 수 있다. 일본을 앞지를 수 있다는 예견대로 한국이 지금 일본을 앞지르기 시작했다. 전자제품의 최강국 일본을 한국이 앞질렀다. 조선강국 일본을 한국이 앞질렀다. 일본이 그렇게나 자랑하던 반도체 분야도 한국이 앞질렀다. 정보통신 분야는 벌써 우리가 앞지르고 있다. 그래도 자신감이 없는 사람은 이 책을 접어라. 나는 패배를 꿈꾸는 자를 위하여 글을 쓰는 것이 아니다.

사세휘 교수가 일본을 앞지를 수 있는 나라로 한국을 지목하면서 중국인이 부지런하다고 했다. 헌데 일본인이 중국인보다 부지런하고 그 일본인보다 한국인이 더 부지런하다고 한다. 사람들의 걷는 속도를 보면 그 사람의 부지런함을 알 수 있다고 한다. 한국인이 으뜸이라는 것이다. 정치적인 문제, 노사 문제, 남북문제만 잘 해결된다면 모든 면에서 한국은 일본을 앞지를 수 있다고 했다.

이제 우리는 기회의 땅에 서 있다. 세계는 산업사회에서 정보사회로 이동하고 있다. 권력이 이동하는 것이다. 산업사회에서는 제조업이 강한 나라가 강국이었지만 이제는 정보통신을 선점하고 고르게 활용하는 나라가 강국이 될 것이다. 큰 기업이 작은 기업을 잡아먹던 시대는 지났다. 이제는 빠른 기업이 큰 기업을 잡아먹는 시대가 도래한 것이다.

한국은 작아서 대국이 될 수 없다고 한다. 그러나 이제는 다른 세상이 왔다. 기회는 우리의 가까운 곳에 와 있다. 달리는 자만이 성취할 수 있을 것이다. 한국은 작은 나라임이 분명하다. 그러나 우리가 달려야 할 세계는 드넓다. 활동무대는 우리나라를 터전으로 하여 전 세계무대로 열려 있다. 자신을 비하하는 일은 비극이다. 칭기즈칸은 극한의 상황에서도 일어서며 늘 앞을 바라보았다. 칭기즈칸은 넘어져 대지에 눈물을 쏟으면서도 뒤돌아보지 않았다. 칭기즈칸에게 갈 길은 오직 희망만이 있는 미래였다. 한국이 가고자 하는 길은 한국 스스로 찾아야 한다. 새로운 세상은 남들이 간 길에 있지 않다. 한국이 갈 길은 한국인 스스로가 만들어내야 하는 것이 절대적 과업임을 잊지 말아야 한다.

예컨대 한국이 벤치마킹할 나라로 사람에 따라 미국이나 일본, 독일 등을 든다. 그러나 경영학의 대가 피터 드러커는 "한국은 어느 나라도 따라하면 안 된다. 따라할 것이 아니라 앞설 수 있는 모델을 개발해야 한다."라고 했다.

앨빈 토플러가 주장한『권력이동』은 다가올 미래의 변화를 누가 통제할 것인가의 문제를 다룬 책으로, 주요 내용은 권력의 새로운 의미와 기호경제학에서의 생활, 정보전쟁, 탄력회사의 권력, 권력이동 정치학, 지구상의 권력이동으로 구성되어 있다. 권력이 단순히 개인, 기업, 국가에서 다른 곳으로 이동하던 기존의 차원과 달리, 권력 본질 자체가 변화하면서 궁극적으로는 지식 정보 계층으로 대체된다는 사실을 분석하고 있다. 즉, 세계가 산업화시대에서 정보화시대로 옮겨가면서 사회를 통제하는 권력의 원천이 과거의 물리적 힘과 돈에서 컴퓨터로 대변되는 지식으로 급속히 진행되고 있다는 것을 분석하고, 이 분석에 따라 다가올 미래를 예측했다.

정보화 사회에서는 권력 이동의 폭과 속도가 우리가 생각하는 것보다 훨씬 광범위하고 빠르게 진행되는데, 이는 오늘날의 권력이 행동하는 능력과 주어진 여건을 변화시키는 능력, 남을 이끌고 생산하는 능력 등 국경을 초월한 지식에 따라 이루어진다.

인류 역사상 인간의 삶을 총체적으로 변화시킨 3번의 혁명이 있었다. 첫 번째가 신석기시대의 농업혁명이고, 두 번째가 신흥 부르주아지의 파워 엘리트를 탄생시킨 산업혁명이며, 세 번째가 바로 정보화시대의 지식과 두뇌에 바탕을 둔 유식계급의 정보혁명이다.

토플러는 산업경제에서 정보화 시대로 옮겨가는 과정에서 교육 체제의 개혁과 사회 기반시설 개념을 탈피한 눈에 보이지 않는 전자 기반설비 확충, 지식 자산을 평가하고 계측하는 방안의 개발 등을 적극 권고하고, 빠르게 다가오는 새로운 권력체계에 역시 빠르게 적응할 것을 권고했다.

세계를 정복한 칭기즈칸의 푸른군대는 아무리 많이 잡아도 20만이 안 되는 병사로 구성되어 있었다. 인류역사에서 20만으로 세계를 정복한 적이 있었는가. 몽골족의 전체인구가 200만이었다. 그중에서 정예 20만으로 세계를 정복했던 것이다. 5천만 명에 가까운 인구로 대다수가 컴퓨터를 하는 '사이버부족' 인 한국인이 왜 세계를 정복할 수 없다고 주저앉으려 하는가. 칭기즈칸이 태초에 강했다고 생각하지 마라. 그는 끼니를 걱정하는 초원에서 가족을 일으켜 세웠다. 문화를 누릴 여유라곤 없었고 글을 배울 수도 없는 척박한 땅에서 그는 태어났다. 칭기즈칸은 글을 몰랐다. 그의 자식들도 글을 몰랐다. 그들이 문맹을 깨우친 것은 손자 대인 쿠빌라이 시대에 와서야 가능했다. 우리는 지상에서 가장 부지런한

민족이다. 열정과 희망을 가슴에 지닌 민족이기도 하다. 컴퓨터를 가슴에 하나씩 품고 있다. 몽고의 전사들이 모두 기병이었듯이 우리는 모두가 '사이버 부족'이다. 몽골인이 세계를 정복할 때 달리던 말의 속도보다 더 빠른 컴퓨터를 한국인은 한 대씩 가지고 있다. 컴퓨터는 몽골인이 타고 달리던 말과 같다. 컴퓨터는 정보로 가득한 세계다. 세계로 달려가는 창문이다. 그 안에 모든 것이 있다. 한국인이 갖춘 능력을 펼치기에 가장 적합한 도구이다. 한국인은 근면하고 부지런한 민족이다. 그리고 조급성이 있다. 그 조급성이 정보통신 사회에는 적격이다. 말을 달리듯 세계로 달려가는 우리의 디지털 전사들이 있다. 인생은 만들어 가는 것이다. 희망을 현실화하는 것이 인생이다. 꿈과 현실 사이는 멀다. 그 틈새를 좁혀 가는 것이 인생이다. 칭기즈칸은 어릴 적에 그림자 말고는 친구도 없고, 동물의 꼬리 말고는 채찍도 없는 초원에서 자랐다. 보이는 것은 풀과 드문드문 서 있는 숲이었다. 지혜는 의형제였던 자모카를 당할 수 없었으며, 힘으로는 동생 카사르한테도 졌다. 그럼에도, 그는 칸의 자리에 올랐다. 힘과 지혜가 없는 대신 그는 남의 말에 귀 기울일 줄 알았다. 귀가 입보다 높은 곳에 있는 이유를 그는 알았다. 그리고 귀는 두 개인데 입은 한 개인 이유를 알았다. 칭기즈칸은 힘이 없었기 때문에 더 많은 친구를 만들었고 동지들을 만났다. 칭기즈칸은 그들에게 힘이 되었고, 그들은 칭기즈칸을 위하여 목숨을 걸었다. 그는 다 알지 못했기에 남에게 들었다. 그리고 새로운 사실을 깨우쳤고 그들의 지혜를 빌렸다. 그리고 듣고 배우고 깨우친 것을 실천했고, 실행에 옮겼다.

한국인의 근성은 여러 군데서 불 붙고 있다. 물론 암초도 많다. 세상에 장애가 없다면 극복할 것도 없다. 담은 뚫려야 한다. 그래서 수시로 열고 닫는 문을 만들어야 한다. 벽은 그 안에 무엇인가 있다는 암시다. 중요한 것이 있을수록 담은 두껍고 높아진다. 극복한 자만이 그 안의 것을 가질 수 있다. 큰 세상을 만나려면 커다란 강을 건너야 한다. 더 큰 세상을 가지려면 더 큰 바다를 건너야 한다. 꿈의 크기만큼 극복해야 할 일도 많은 법이다. 실패를 두려워하는 자는 도전할 수 없다.

자신이 죽인 적장의 이름을 아들에게 물려주다

살아있다는 것이 축제여야 한다. 살아있음을 자축하라.

　태풍 전야가 고요하듯 태풍의 가장 깊은 곳은 조용하다. 잔잔한 바람만이 불 뿐이다. 폭풍이 부는 중앙에 정적이 감도는 곳을 태풍의 눈이라고 한다. 우리는 축복 속에서 태어났다. 그 축복 속에서도 울면서 태어났다. 우리의 삶은 이미 고난을 예고하고 있었는지도 모른다. 그래서 태어나는 순간 울음으로 이 세상과의 대면을 시작했는지도 모른다. 자신이 태어난 곳을 가만히 상기해보라. 두 다리 사이에서 태어났다. 인생길은 태초에 갈림길이었다. 다리와 다리 사이에서 태어난 것은 인생의 선택이라는 것을 암시하고 있다. 자신의 생을 만드는 것은 자신이다. 나는 내 인생의 주인공이고 나 이외의 사람은 조연이다. 부모나 형제도 내 인생의 주연일 수 없다.

　나 자신의 태어남이 이 세상에 태풍을 일으킬 만큼 큰 영향을 줄지 모른다. 태어나는 순간은 누구나 크게 다르지 않다. 칭기즈칸의 탄생도 특별한 것을 찾기에 쉽지 않다. 역사는 그를 미화시키기 위해 굳이 대단한 것을 내세우려 하지 않는다. 아마 그도 평범한 한 인간이었기에 그러했을 것이다.

　칭기즈칸이 태어날 당시의 몽골 초원은 척박했다. 초원과 바람, 몽골을 떠올리면 쉽게 떠오르는 상징물이다. 끝없이 펼쳐진 초원에 양떼를 몰고 다니며 사나운 추위와 뜨거운 태양을 견디며 살아가는 사람들. 유목민의 삶은 가난하다. 살아남는 것이 가장 큰 과제다. 먹을 것과 입을 것이 모자라 항상 약탈이 일상화된 땅이다. 그는 이러한 척박한 땅에서 아버지 예수게이와 어머니 후엘룬 사이에서 태어났다. 칭기즈칸의 어머니 후엘룬은 칭기즈칸의 아버지인 예수게이가 약탈한 여자였다. 메르키트의 젊은 지도자인 칠레두와 결혼식을 치르기 위해 두 사람이 살 집으로 가는 행복에 젖어 있던 여인, 후엘룬을 예수게이가 약탈해 온 것이다. 그 사이에서 태어난 것이 테무친, 칭기즈칸이었다. 어머니의 깨어진 사랑의 결과물로 탄생한 것이 칭기즈칸이었다. 칭기즈칸은 후일 아버지의 약탈에 대한 보상을 자신이 갚게 된다.

　칭기즈칸의 어머니가 된 젊은 처녀 후엘룬은 메르키트족의 칠레두라는 다른 젊은 전사의 부인이었다. 칠레두는 인정받는 젊은 지도자였다. 칠레두는 미녀가 많기로 소문난 올쿠누트 부족을 찾아 동쪽 초원까지 와서 후엘룬에게 구혼을 했다. 아름다운 후엘룬은 촉망받고 멋진 칠레두를 사랑했다. 칠레두는 아름다운 후엘룬과 함께 희망에 넘쳐 자신이 사는 곳으로 가고 있었다. 후엘룬은 검은 마차에 탔고, 칠레두는 마차 옆에서 호박색 말을 타고 있었다. 몇 주 걸리는 길이었다. 그들은 오논강을 따라 초원을 편안하게 여행하다가 이윽고 메르키트족의 땅으로 들어가는 관문인 산맥을 만났다. 이제 외진 골짜기를 며칠만 가면 두 사람이 살 보금자리가 있는 자신의 부족인 메르키트 부족의 마을로 들어갈 수 있었다. 어린 신부 후엘룬은 마차 앞쪽에 앉아 있었다.

이 행복한 두 남녀를 바라보는 날카로운 눈빛이 있었다. 혼자서 말을 타고 매와 함께 사냥을 하던 남자는 근처 절벽 꼭대기에서 모습을 감춘 채 칠레두와 후엘룬을 내려다보고 있었다. 후엘룬이 탄 수레는 그가 매로 잡을 수 있는 어떤 것보다도 탐나는 사냥감이었다. 사냥꾼은 신혼부부에게 들키지 않고 자기 야영지로 돌아가 두 형제를 불렀다. 이 사냥꾼은 가난해서 후엘룬 같은 신부와 결혼하는데 필요한 선물을 마련할 수 없었다. 삼형제는 아무것도 모르고 행복에 젖어있는 두 사람을 추격했다. 그들이 신혼부부를 급습하자 칠레두는 급습한 자를 마차에서 떼어내기 위해 즉시 앞으로 내달았다. 예상대로 칠레두를 쫓아오는 공격자들을 떨쳐내고 산을 한 바퀴 돌아 다시 신부에게 돌아가 어린 신부를 구하려 했다. 그러나 후엘룬은 남편이 공격자들을 그들의 땅에서 속일 수 없다는 것을 알았다. 후엘룬은 십대 소녀였지만 남편을 살리기 위하여 자신이 그 자리에 남아 납치범들에게 굴복해야 한다고 판단했다. 만일 칠레두와 함께 말을 타고 달아난다면 결국 붙잡혀서 남편은 죽임을 당할 것이다. 자신만 붙잡히면 칠레두는 혼자서 충분히 달아날 수 있으리라 판단한 후엘룬은 남편이 자신의 계획을 따르도록 설득했다. "살아만 있으면 마차마다 처녀들이 당신을 기다리고 있을 거예요. 당신은 다른 여자를 찾아 신부로 삼을 수 있고, 그 여자를 나 대신 후엘룬이라고 부르면 돼요." 이어 후엘룬은 헤어지는 선물로 저고리를 벗어 신랑 얼굴에 던지며 말했다. "이것을 가져가요. 내 냄새를 맡으며 가요."

목숨을 구하기 위하여 칠레두가 다급히 달아나는 것을 확인한 후엘룬은 소리쳤다. "나의 사랑! 칠레두." 후엘룬은 울부짖었다. 여인의 울부짖음으로 오논강이 물결치고 숲이 흔들릴 정도였다고 몽골비사에서는 적고 있다. 떠나간 그 사랑을 그리워하며 큰 소리로 울었다고 전한다.

후엘룬을 납치한 남자, 그의 이름은 예수게이, 바로 칭기즈칸의 아버지였다. 사랑하는 사람을 애타게 부르며 울부짖던 여인은 납치당한 후엘룬으로, 앞서 말했듯이 칭기즈칸의 어머니였다. 칭기즈칸의 어머니가 그랬듯 칭기즈칸의 아내도 후일 같은 일을 겪는다. 운명은 젊은 날의 칭기즈칸을 고난으로 몰았다. 아버지의 약탈로 얻은 어머니는 사랑이 깨어지는 비통함을 받아들여야 했다. 어머니의 눈물로 테무친, 칭기즈칸이 태어났다. 인생에는 축제만 있지 않았다. 축제는 반드시 끝난다. 그리고 다시 축제를 열기 위해서는 땀과 노력이 있어야 한다. 칭기즈칸이 살던 몽골의 초원은 강자만이 살아남을 수 있는 척박한 곳이었다.

유목민에게 교역과 약탈은 일상화된 곳이었다. 관습적이었다.

그렇지 않으면 죽음을 받아들여야 했다. 먹을 것이 모자라고 늘 물자가 부족했다. 몽골인들의 약탈은 결핍에서 비롯되었다. 복수하기 위해서나 명예를 위해서 타 부족을 공격하는 일은 적었다. 전투에서 이기면 약탈품을 가지고 와서 가족이나 친구와 나누었다. 나누는 물자의 규모에 따라 위신이 달라졌다. 몽골인들은 머리나 머리 가죽을 모으는 허세를 부리지 않았다. 이들에겐 물자가 필요해서 공격했고, 약탈품을 얻으면 그것으로 만족했다. 예수게이에게 후엘룬은 가장 귀한 약탈품이었다. 결혼을 할 수 없는 가난한 청년에게 신붓감을 얻었다는 것만큼 자랑스러운 일은 없었다. 몽골의 여인들은 운명을 받아들일 줄 알았다.

칭기즈칸의 아버지 예수게이가 타타르족과 싸울 때, 후엘룬은 첫 아이를 잉태했다. 칭기즈칸의 어머니 후엘룬이 칭기즈칸을 낳을 때 예수게이는 타타르의 적장을 잡았다. 그의 이름이 테무친 우게였다. 비록 적장이었지만 그의 당당함에 반한 예수게이는 테무친에게 자신의 부하로 일할 것을 권했다. 적장 테무친은 거부했다. 사나이로서 적장 밑에서 일하고 싶지 않다고 했다. 당당하고 기백이 넘치는 젊은 장수였다. 호의는 고맙지만 명예롭게 죽여 달라고 했다. 예수게이는 아쉬워하면서 적장 테무친을 죽였다. 그리고 그의 이름을 바로 태어난 자신의 자식에게 그대로 명명했다. 칭기즈칸의 원래 이름인 테무친은 이렇게 지어졌다. 테무친은 태어나면서부터 이미 고난이 예고되어 있었다. 갓 태어난 테무친은 아버지에 의하여 죽임을 당한 적장의 이름을 받고 태어난 폭풍의 눈 같은 존재였다. 테무친을 역사에서는 이렇게 그리고 있다.

1162년 한 사내아이가 양의 복사뼈만한 핏덩이를 주먹에 꽉 쥔 채 태어났다. 아이의 주먹에 쥐어진 복사뼈만한 핏덩이는 용기, 전투, 그리고 승리의 표시로 해석됐다. 그의 인생항로는 순탄치 않았다. 칭기즈칸의 인생은 극복의 역사였다.

예수게이는 아들 테무친이 아홉 살에 이르자 옹기라트의 지도자 데이 세첸에게 데릴사위로 주었다. 정략결혼이었다. 예수게이에게는 우군을 얻을 수 있는 기회였다. 하지만, 정략결혼으로 얻어지는 이득은 없어지고 말았다. 그 희망은 무산되고 말았다. 테무친이 다 자라기 전에 예수게이 자신이 독살 당함으로써 꿈은 깨어지고 말았다. 예수게이는 테무친을 데릴사위로 남겨두고 돌아오는 길에 우연히 타타르족이 잔치하는 야영지에 들렀다. 몽골의 전통은 음식을 다 같이 나누어야 했다. 지나가는 나그네에게도 음식을 대접하는 것이 관습이었다. 타타르족은 예수게이가 살해한 테무친 우게가 속해 있는 집단이었다. 타타르족의 한 사람이 예수게이를 알아보았다. 예수게이에게 줄 음식에 독을 집어넣었다. 예수게이는 자신이 저지른 일로 복수를 당해 죽음을 맞았다. 칭기즈칸의 고난은 이때부터 시작되었다.

초원의 법칙은 냉혹한 법이다. 모두가 살아남기 위한 서약과 정략결혼이 이루어지는 땅이지만 그중 하나가 무너지면 그것은 그 순간 남의 것이 된다. 예수게이가 죽자 그동안 유지되었던 동맹관계는 무너졌다. 남은 자가 죽은 자의 모든 것을 차지하는 것은 초원의 법칙이었다. 초원에서는 강한 자만이 살아남을 수 있었다. 칭기즈칸의 아버지 예수게이가 독살되자 어린 아들 테무친에게 남은 것은 아무것도 없었다. 테무친은 어머니와 동생들과 함께 버려진 채 살아남아야 했다. 테무친은 족장의 아들로 태어났으나 아버지 예수게이의 죽음과 더불어 홀로 남게 되었다.

불행을 행복으로 이끌어 올려 축제로 만드는 것은 개인의 몫이다. 칭기즈칸은 지금 힘이 든다고 세상을 탓하지 않았다. 자신의 부족을 채우려 노력했다. 세상은 나를 힘들게 만들지도, 나를 적극적으로 돕지도 않는다. 세상을 원망한다고 세상은 동요하지 않는다. 기쁨도 슬픔도 내 마음의 일이다. 세상이 나를 슬프게 한 것이 아니라 내 마음이 슬픈 것이다. 세상이 나를 기쁘게 한 것이 아니라 내 마음이 기뻐하는 것이다. 어떤 사람은 가진 것을 남에게 나누어주면서 웃고, 어떤 사람은 남의 것을 빼앗으면서 화를 낸다. 내가 하고 싶은 일을 하면 된다. 내 마음을 잘 다스리면 인생은 성공할 수 있다. 사람들은 변덕 많은 사람을 따르지 않는다. 역경은 누구에게나 있다. 그러나 그것을 극복하는 사람은 적다. 칭기즈칸은 그 역경 속에서 자라면서 자신을 강화했고 세상과의 적응에 성공했다. 그의 어린 시절은 그 시절의 몽골인이 그러했듯 힘들었다.

칭기즈칸에겐 특별한 것을 찾기가 쉽지 않을 만큼 평범한 아이였다. 어린 칭기즈칸은 개를 무서워했다. 개를 보면 몸서리를 치며 무서워했다고 역사에서는 전한다. 그리고 어린시절에는 잘 울었다. 그는 눈에 띄지 않는 아이였다. 한 번은 예수게이 가족이 이동할 때 모르고 남겨놓고 가 다른 가족이 돌봐 주어 살아남기도 했다. 인생이란 사실 극복의 역사다. 기왕 사는 인생을 비극으로 만들 필요가 없다. 성공한 사람으로 살아 인생을 축제로 만들어야 한다. 인생에서 성공하려면 첫째로 하고 싶은 일을 하며 살아라. 인생의 성공은 하고 싶은 일을 하며 사는 것이 성공이다. 특기가 있다면 특기를 살려라. 성공을 바란다면 모험을 해라. 모험이 클수록 승부의 결과로 얻어지는 과실은 크다. 위기는 새로운 세계로 들어가는 관문이다. 위기를 극복한 후에야 새로운 세계가 기다리고 있다.

칭기즈칸의 아버지 예수게이가 독살당하고 나서 칭기즈칸의 가족은 버려졌다. 그들은 들쥐를 잡아먹으며 살아야 했다. 이 시대에도 빈민이 있듯이 그 당시의 초원에서도 빈민이 있었다. 바로 칭기즈칸의 가족이 빈민이었다. 그들은 먹을 것을 가지고 싸우다 형제끼리 죽이는 어리석음을 범하기도 한다. 멀리서 보면 구름이 피어오르고 들꽃이 피는 초원은 아름답다. 바람이 불어가는 대로 풀이 누웠다가 일어서고 들꽃이 뿜어낸 향기가 코를 자극하기도 했다. 강물은 흔들림 없이 흘러가고 있다. 강물 위에 반짝이는 물비늘이 찬란하다. 그러나 그곳에서 사는 생명이 있는 것들은 치열하게 경쟁하며 살아가야 한다. 늑대는 다른 살아있는 생명을 공격해서 죽여야만 며칠을 버틸 수 있다. 칭기즈칸의 가족은 매일 무엇인가를 잡지 않으면 살아남을 수 없었다. 비극은 이러한 절박한 가난에서 비롯되었다.

가족들은 들짐승과 들쥐를 사냥하거나 오논강에서 낚시를 했다. 겨울이 오면 가축을 몇 마리 잡았다. 그것으로는 부족했다. 모자라는 식량임에도 칭기즈칸의 이복형제 벡테르는 사냥한 물고기와 동물들을 빼앗아가곤 했다. 이기적인 벡테르는 이렇게 번번이 가족의 화해를 무너뜨렸다. 칭기즈칸은 자신의 친동생과 약속했다. 사냥하거나 낚시로 잡은 것들을 빼앗아간다는 이유로 이복동생 벡테르를 죽이기로 한 것이다. 그만큼 몽골의 초원은 살아내기가 힘든 곳이었다. 그리고 칭기즈칸은 자신 위에 누가 군림하는 것을 견디지 못했다.

몽골 유목민의 가족생활은 엄격한 위계질서에 의한 통제를 받았다. 숱한 위험이 도사리는 초원에서 아이들이 부모의 말에 복종하는 것은 당연한 일이다. 아버지가 집을 비우면 장남이 그 역할을 대신한다. 장남은 동생들을 통제하고 할 일을 지정해 주었으며 마음대로 물건을 주거나 빼앗을 수도 있었다. 형도 아버지처럼 동생들에게는 절대적인 존재였다.

벡테르는 칭기즈칸보다 약간 나이가 많았다. 벡테르는 아버지의 죽음 이후 집안에서 가장 나이가 많은 남성으로서 당연하게 권력을 행사하기 시작했다. 사춘기에 들어서면서 둘은 더욱 경쟁관계가 되었다. 처음에는 사소한 문제에서 발단되었다. 칭기즈칸이 활을 쏘아 잡은 종다리를 벡테르가 가져간 것이다. 그리고 또 한번은 칭기즈칸과 친동생 카사르는 배다른 두 형제, 벡테르와 벨구데이와 함께 오논강가에서 낚시할 때, 칭기즈칸이 고기를 잡았지만 배다른 형제들이 그것을 채 갔다. 테무친과 카사르는 울분을 참지 못하고 어머니 후엘룬에게 그 일을 이야기했다. 그러나 후엘룬은 이복형의 편을 들었다. 그리고 형과 싸우지 말고 그들을 버린 적, 타이치우드부족을 물리칠 걱정이나 하라고 야단쳤다.

그것은 벡테르가 맏아들로서 동생들의 행동을 제어할 수 있다는 것을 의미했고, 몽골족의 관습에 따라 칭기즈칸 자신의 어머니 후엘룬과의 성적인 관계를 맺을 수도 있음을 의미했다. 몽골족의 관습에 따르면 형제 중에 한 사람이 죽으면 그의 형제들 중한 사람이 그 미망인을 데리고 살게 되어 있다. 그리고 아버지가 죽으면 가족 중 장남이 자신을 낳은 어머니를 제외하고는 알아서 처리할 수 있었다. 후엘룬의 이복아들인 벡테르는 자신의 친어머니를 제외한 여자를 데리고 살 수 있었다. 그렇다면 칭기즈칸의 어머니인 후엘룬을 이복형 벡테르가 데리고 살 수 있음을 이야기하는 것이었다. 벡테르는 아버지가 다른 부인에게서 낳은 아들이었기 때문이다. 칭기즈칸은 벡테르 문제를 놓고 어머니 후엘룬과 감정적으로 싸우다가 치밀어 오르는 분노를 표시하고는 밖으로 나갔다. 동생 카사르도 그의 뒤를 따랐다.

칭기즈칸과 동생 카사르는 이복형 벡테르를 죽이기로 결심했다. 칭기즈칸과 동생 카사르는 작은 언덕에서 벡테르를 발견하고는 양쪽에서 다가갔다. 손에는 활이 들려 있었다. 칭기즈칸과 그의 동생 카사르의 활시위는 팽팽하게 당겨져 있었다. 벡테르는 칭기즈칸과 카사르를 보았고 그들이 가진 활의 시위가 자신을 향하고 있음을 보았다. 벡테르는 달아나지 않았다. 그들의 결심을 알아차린 벡테르는 자신을 방어하려 하지 않았다. 그 죽음 직전의 순간에 벡테르는 자신은 죽이되 남동생 벨구데이만은 죽이지 말아 달라고 당부했다. 그리고 죽음을 기다리듯 팔짱을 꼈다. 칭기즈칸과 카사르의 활에서 화살이 날아갔다. 벡테르는 당당하게 죽음을 받아들였다.

이 비극의 현장에서도 하늘은 마냥 푸르렀을 것이다. 바람이 향기로웠을지도 모른다. 나에게 절실할 때에도 세상은 침묵했다. 그리고 태연했다. 눈물이 떨어진 자리에도 꽃이 피어나고 사람이 죽은 자리에도 풀은 자랐다. 자연은 늘 같은 모습을 하고 있었다.

고난은 여기서 끝나지 않았다. 이 고난은 자신이 만든 고난이었고 위기였다. 지금까지 칭기즈칸의 가족은 버림받은 사람들이었지만 범죄자들은 아니었다. 그러나 지금 칭기즈칸이 저지른 일은 살인이었다. 누구나 칭기즈칸이 저지른 살인을 이유로 그를 죽일 수 있었다. 그것은 정당한 행동이었다. 초원의 법칙이 그랬다. 칭기즈칸이 저지른 이야기는 바람을 타고 초원에 전해졌다. 칭기즈칸은 친족을 죽인 살인자였고, 살인자를 징벌하는 것은 초원의 법칙이었다.

고난은 누구에게나 온다. 인생은 극복의 역사다. 극복하지 못하면 초원에서는 죽거나 노예로 전락하고 빈민으로 떨어진다. 진리보다 무서운 것이 힘이고, 정의보다 무서운 것이 힘이다. 강한 자가 살아남는 초원에서는 어떻게 하든 살아남아야 하고 힘을 길러야 한다. 시련을 두려워하지 마라. 시련을 정복한 자리에 희망이 서 있다. 그 희망의 고삐를 놓치지 않고 가다보면 빛이 보인다.

칭기즈칸은 지명수배자가 되었다. 칭기즈칸은 위기에 직면했다. 아버지 예수게이가 뿌려놓은 것까지 거두어야 했다. 아버지가 족장으로서 거느렸던 타이치우드족의 일행은 칭기즈칸이 자라는 것을 보고 위기를 느꼈다. 그들이 벌였던 과거의 일을 빌미로 칭기즈칸이 자신들에게 화살을 겨눌지도 모르기 때문이었다. 살인을 핑계로 칭기즈칸을 제거할 기회를 잡은 타이치우드족은 칭기즈칸을 벌하기로 하고 추격하기 시작했다. 칭기즈칸은 산악지대로 달아났지만 결국 잡히고 만다.

탈출을 결심한 그는 이곳에서 두 사람의 도움을 받았다. 그중 한 사람이 타이코타이 키릴토크였다. 그는 칭기즈칸의 아버지 예수게이와의 동맹시절 들판에 버려진 어린 칭기즈칸을 데리고 와서 친아들처럼 거두며 말 타는 법을 가르치기도 했던 사람이었다. 마음 한편으로는 칭기즈칸을 두려워하고 다른 한편에서는 아들 같은 애정을 느꼈던 그는 칭기즈칸을 저버릴 수 없었다. 애증이 엇갈리는 사람의 묵시적 도움이었다. 그리고 또 한 사람은 키릴토크가 부족민에게 감시를 맡겼는데 그 가족들이 그를 풀어준 것이다. 그들에겐 목숨을 건 모험이었다. 그렇게 두 사람의 도움으로 탈출에 성공했다. 사랑과 두려움의 대상인 칭기즈칸의 탈출을 방조한 키릴토크의 도움은 확실한 듯하다. 후일 칭기즈칸의 나이야란 부하가 키릴토크를 잡았는데 칭기즈칸의 어릴 적 추억을 내세우며 나를 잡아간다면 오히려 네가 목숨을 잃게 될 것이라고 말해 풀어주었다. 칭기즈칸은 그 점에 대해 나이야에게 칭찬을 했다.

하지만, 몽골의 전승과 자료들은 이 기간에 칭기즈칸이 포로로 잡혀 짧은 기간 동안 노예생활을 했다고 전한다. 같은 시대의 중국인 연대기에는 칭기즈칸이 적어도 10년 이상 노예생활을 했다고 적었다. 정리하면 잡혀 얼마간 노예로 생활하다 탈출했다고 볼 수 있다.

삶의 방법은 다양하다. 자신의 인생관으로 세상을 사는 것은 성공이며 축제다. 실패를 두려워하거나 시련에 가슴을 치며 세상을 원망할 필요는 없다.

　칭기즈칸은 고비 때마다 선택해야 했다. 그 선택이 그를 고난으로 안내하기도 했지만 결국은 극복해냈다. 시련은 견딜 수 있는 만큼만 온다고 한다. 고난을 경험으로 삼아 성공을 위한 발판으로 딛고 재기하면 된다. 시련은 새로운 기회일 수 있다. 남을 도우며 사는 시련, 스스로 선택한 시련은 행복이다. 그리고 진정한 한바탕 삶의 축제다. 자신이 선택한 생이기 때문이다. 칭기즈칸은 모두가 사는 길을 선택했다. 큰 길을 선택하여 오래도록 누릴 수 있는 기반을 만드는 일에 매진했다. 그리고 달려나갔다. 오늘 실패한 사람은 그 실패에서 탈출하라. 탈출해서는 다시 일을 시작하는 것이 중요하다. 일단 일을 시작해야 활로가 보인다. 칭기즈칸은 노예로 잡혀 있는 기간에도 꿈을 꿨다.

기술자들을 죽이지 마라

칭기즈칸이 성공한 것은 자신의 운명과의 전쟁에서 이겼다는 것이다. 그에게 역경은 탄생에서부터 예고되었다. 자신이 태어날 때 자신의 아버지에게 죽임을 당한 적장 테무친의 이름을 그대로 이어받아 쓰게 된 것부터가 그렇다. 죽임을 당한 자의 이름을 받아들고 살아가는 그것부터가 이미 고난을 암시하고 있었는지도 모른다.

칭기즈칸은 진정한 강자가 되기까지 숱한 죽음의 위협 속에서도 살아남아 몽골고원에 우뚝 선 존재가 된다. 그 당시 지구상에 문명권은 이슬람과 중국문명이었다. 유럽은 아직 대적할 존재가 아니었다. 이 두 개의 문명은 서로 자존심을 내세우고 있었다.

『워싱턴 포스트』는 지나간 1천 년 역사에서 가장 거대한 사건으로 칭기즈칸의 몽골제국을 꼽았다.

몽골이라는 한 단일 종족이 전 세계에 자신의 의지를 완벽하게 발휘한 것이다. 그와 그의 후손들은 유라시아 대륙에 광대한 자유무역지대를 만들었고, 동서양 문명의 연결을 강화했다. 그들은 인터넷이 발명되기 이미 7세기 전에 전 세계적 연결망을 구축해 놓았다. 그는 사람과 기술을 이동시켜 세계를 좁게 만든 인물이다.

이렇게 평한 데에는 그럴만한 충분한 근거와 타당함이 있다. 몽골 부족은 글자가 없었다. 그럼에도, 그들의 제국은 칭기즈칸이 죽은 후에도 150년을 견뎠다. 후대에 주변 민족들의 역사기록에 의해 우리는 칭기즈칸을 약탈자로 알고 있다. 한국의 교과서에서도 세계사를 보면 서양 편향적인 것을 쉽게 알 수 있다. 알렉산더와 나폴레옹에 대한 기술은 자세한데 몽골의 칭기즈칸에 대한 기술은 상대적으로 적다. 그러나 이 광활한 제국이 150년이 넘게 유지되었던 것은 무력의 힘만으로는 설명될 수 없다. 그들은 800년 전에 이미 21세기를 살다 간 사람들이었다. 칭기즈칸의 삶은 유라시아의 광활한 초원에서 시작되었다. 그는 선대로부터 이어 내려오던 오랜 내전을 종식하고 몽골 초원을 통일한 다음, 바깥세상으로 눈을 돌렸다. 그리고 달려나갔다. 푸른 전사들의 말발굽소리가 진동할 때 문명국가라 자처하던 나라들은 무너졌다.
몽골의 푸른군대는 바람처럼 왔다가 바람처럼 사라졌다. 강력한 힘을 동반한 그들이 지나간 자리는 다시 적막이 찾아왔지만 그들의 지배 아래에 있어야 했다. 그들은 분명 무모했으나 그 무모함을 극복했다. 그것은 신념과 결속의 산물이었다. 믿음이 있으면 성공확률은 한층 높아진다. 칭기즈칸을 정점으로 그를 따르는 푸른군대가 만들어 낸 합작품이었다. 그의 통치철학과 전략, 전술은 남다른 것이었다.

몽골초원에서는 이제 막 태동하기 시작한 칭기즈칸의 거대한 흐름이 발원하고 있었다. 그 힘의 근원은 조용하면서도 빠른 속도로 몰아쳐 다가오는 미래를 요동치게 할 힘이었다. 지금까지와는 다른 문명이 준비되고 있었다. 그리고 미래를 향한 일대 비약의 시점에 와 있었다. 변화의 시기에 살아남으려면 변하는 세계에 적응하도록 같이 변해야 한다. 지금 세계화 시대를 맞고 있는 우리에게도 중원을 달리던 기마민족의 피가 흐르고 있다. 이제 다시 한민족의 붉은 전사들이 세계로 진군할 것이다. 안에서 분출하는 열정이 밖으로 넘치고 있다.

몽골의 푸른 전사들은 적응의 귀재였다. 그들이 가진 것은 말과 활, 그리고 칼이 전부였다. 그들에게는 대포나 전차가 없었다. 새로운 병기라곤 없었다. 그리고 그들은 머물고 방어할 수 있는 성을 가지고 있지도 않았다. 당시의 첨단무기로 무장한 문명국가들의 군사들은 어디에서 왔는지도 모르는 말을 탄 사람들에게 참패를 당했다. 그들에게 치욕의 패배를 당하고 말았다. 이 두 집단의 싸움은 집에서 기르는 사육된 가축과 야생동물과의 싸움과 같았다. 늑대와 개의 싸움이었고, 멧돼지와 집돼지의 싸움이었다. 잡아먹지 못하면 잡아먹히는 살벌한 들판에서 자란 야생의 기질을 가진 동물들에게 살찌게 길들여진 가축은 속수무책이었다.

그들은 진화했다. 한 번의 전쟁에서 새로운 전쟁방법을 배웠다. 그리고 다음 전쟁에서는 그 방법을 이용해 승리했다. 몽골의 힘 발달한 문명의 전폭적 수용에 있었다. 그리고 수용을 적용한 새로운 창조에 있었다.

문명과 야만의 싸움이었지만 야만이 승리했다. 몽골의 전사들은 지혜로웠다. 자신들이 가지지 못한 것을, 성을 쌓고 사는 사람들은 가졌다는 것을 알았다. 몽골의 전사들에게는 처음 보는 문명의 물건들을 만들 사람이 필요했다. 전쟁포로 중에서도 기술자들은 죽이지 않았다. 그들의 기술을 받아들였다. 대포 만드는 기술자를 이용해 대포를 만들고, 성을 기어오를 수 있는 구조물을 만드는 기술자를 이용해서 성곽을 공격할 때 사용할 구조물을 만들어 공격을 했다. 그들은 문명세계의 성을 처음 봤을 때 당황했다. 공격할 묘책을 찾기가 쉽지 않았다. 할 수 있는 방법은 모두 동원했다.

그러나 도저히 감당해 낼 수 없을 정도로 수 차례의 공격에도 성이 끄떡없이 견고하자 그들은 다른 방법을 쓰기도 했다. 성을 공격하다 패배의 긴박한 위기에 처하면 긴급히 도주하면서 자신들의 중요한 물건들을 남겨놓고 철수했다. 그러면 성안에 있던 군사들이 그 전리품들을 실어 나르기 위하여 마차를 가지고 성문을 열고 나왔다. 전리품들을 챙겨 성문으로 들어가는 순간 바람처럼 다시 나타나 성안으로 진격해 들어갔다. 그들의 기동성은 가축과 맹수의 싸움에 비교할 정도였다.

성안은 순식간 혼란에 휩싸이고 점령당했다. 그들은 배우면서 전쟁을 수행했다. 전쟁터가 곧 배움터였다. 그들에게 한 번 내려진 명령은 죽어도 임무를 완성해야 했다. 그것은 대륙의 초원 위에서 극도로 힘든 환경을 극복해 가는 과정에서 터득한 생존전략이었다. 피를 부르는 환경에서 살아남기 위해서 조직의 결속력을 키웠다. 늑대가 생존을 위하여 무리를 지어 살며 각자의 임무에 충실하듯 그들은 목표를 정하면 죽음을 무릅쓰고 달려들었다. 그리고 성취했다.

망설이는 시간은 낭비한 시간이다.

맹수가 되느냐 가축이 되느냐 하는 것은 자신이 정할 일이다. 이 세상을 받아들이거나 이 세상을 이해하려면 우물 안에서, 온실 안에서 벗어나 야성을 찾아가야 한다. 야성으로의 귀환은 큰 세상으로 나가느냐, 멈추어 안락을 취할 것이냐의 선택이다. 더 큰 세상은 안에 있지 않고 밖에 있다. 두려움을 벗어버리는 순간 세상은 다가온다는 것을 누구보다도 칭기즈칸은 알았다.
칭기즈칸을 만든 것은 칭기즈칸 자신과 몽골의 푸른 전사들이었다. 몽골의 전투방식은 끝없는 약탈현장에서 만들어진 것이었다. 직접 전투가 치러지는 현장에서 가장 효율적인 방법을 찾아냈다. 몽골 전사들이 승리한 것은 우월한 무기 때문에 승리한 것이 아니었다. 몽골인의 승리는 작은 무리를 지어 아주 효과적인 전투방법을 개발한 것에 있었다. 가장 효과적인 전투는 단결과 규율에 있음을 전투현장에서 체감했다. 지도자가 내리는 명령이 얼마나 중요하고 이를 어길 시에 얼마나 혹독한 현실이 닥쳐오는가를 체험했다. 하지만, 이들은 용맹과 단결만으로 성공할 수 없음을 깨달았다. 그들이 만난 거대하고도 높은 성은 넘지 못할 대상처럼 보였다. 몽골의 푸른 전사들은 그들이 가져보지 못한 기발하고도 엄청난 힘을 가진 공격무기들을 만났다. 과학적인 무기들을 만들어내는 기술자들의 중요성을 간파했다. 칭기즈칸은 명령을 내렸다.

　　기술자는 죽이지 마라.

　칭기즈칸은 이들이 가진 과학적인 무기들을 흡수했다. 전투가 끝날 때마다 포로들 가운데 기술자들을 가려내 공격무기를 만들어내도록 했다. 새로운 전투가 벌어질 때마다 무기는 더욱 정밀해졌고 효과적으로 개선되어 갔다. 몽골의 푸른 전사들은 적을 잡으면 무조건 죽였다. 예외적인 존재는 기술자들뿐이었다.

　사무원, 의사, 천문학자, 재판관, 랍비, 사제도 받아들였다. 심지어 예언자까지도 기술자로 받아들였다. 푸른 전사들이 좋아한 기술자들은 상인, 낙타를 모는 사람, 여러 가지 언어를 구사할 줄 아는 사람과 목축과 사냥에 능한 사람들이었다. 다양했다. 대장장이, 목수, 가구장이, 직조공, 광부, 염색전문가 등도 포함됐다. 이들 외에도 가수, 연예인, 약제사, 요리사 등도 필요했다. 어떠한 기술을 가졌든 기술이라고 인정되면 모두 받아들였다. 그리고 이들을 활용했다. 칭기즈칸은 어떤 기술이든 받아들이려 노력했다.

기술자들은 우대했지만 높은 신분을 가진 자들은 철저하게 응징했다. 몽골전사들은 왕족과 귀족들을 잡으면 가능한 한 빨리 죽여 버렸다. 다시 반란을 일으킬 것을 염려한 면도 있지만, 몽골의 전사들은 이들을 철저하게 무시했다. 칭기즈칸이 정복한 땅에는 기술자들이 고위직을 담당했다. 하지만, 몽골의 전사들은 적을 고문하거나, 신체를 절단하거나 불구로 만들지 않았다. 또한, 몽골의 전사들은 도시에 살던 문명인들을 용서하지 않았다. 전쟁의 승리를 위한 도구로 철저하게 이용했다.

칭기즈칸은 전쟁의 승리를 위해서는 무엇이든 받아들였다. 목적을 위해서 수단 방법을 가리지 않았다. 몽골의 초원에서는 무엇보다 살아남는 것이 가장 중요한 일이었기 때문이었다. 그리고 정주민들은 이들에게 적어도 전쟁 중에는 정복대상일 뿐이었다. 초원의 규칙에는 전쟁에서 이기면 목축 생산량의 몇 배를 가질 수 있었지만, 전쟁에서 지면 적의 노예가 되거나 죽임을 당해야 했다. 삶과 죽음이 늘 따라다녔다. 상황판단 한번 잘못하면 바로 죽어야 했다.

칭기즈칸은 승리를 위하여 제일 필요한 집단이 기술자였음을 가장 먼저 알았다. 몽골제국의 후진성과 야만성을 털어버리는 계기로 삼았다. 정주민들이 가지고 있던 기술력과 문명을 거침없이 받아들이고 재창조하여 어느 문명제국보다도 위대한 제국을 만들어냈다.

제2장

강력한 응집력과 역동적인 체제, 천호제를 만들다

■ 지금은 기회의 시기다

■ 가벼운 몸으로 속도에 도전하는 전사들

지금은 기회의 시기다

세상이 변하고 있었다. 가장 큰 기회는 역동하는 변화의 시기에 온다. 기회는 위기와 함께 온다. 고정된 틀 속에 정체된 사회에서는 무엇도 얻어내기 어렵다. 기득권자가 항상 많은 것을 다시 가지게 된다. 그러나 변화의 속도가 빠르고 변화의 방향이 예측하기 어려운 위기의 시대는 분명 운명을 바꿀 수 있는 절호의 시기다.

칭기즈칸이 지나간 자리에는 문화와 사상의 흐름이 용틀임을 하며 바뀌고 있었다. 칭기즈칸이 만들어낸 급류에 휩쓸려서는 무너졌다. 급류의 속도만큼 변화의 속도를 증가시켜 내성을 길렀다. 그리고 정주민들이 가졌던 장점을 끌어내어 개선하면서 함께 흘러갔다. 변화의 주역이 되어 그들을 이끌어갔다. 피할 수 없다면 즐기면서 인생을 살아야 한다. 이 변화의 시기에 칭기즈칸은 중심을 놓지 않고 몽골의 전사들을 이끌었고 다스렸다. 칭기즈칸은 무서운 속도로 세상을 변화시켰다. 새로운 것을 탄생시켰다.

권력이 이동하고 문화가 역동하고 있었다. 정체성을 찾기도 전에 새로운 풍경이 전개될 조짐이 보이기 시작했다. 문명과 야만이 만나 야만이 승리하는 특별한 전쟁사를 만들어낼 준비가 더 성숙해가고 있었다. 기술이 없던 집단이 기술력이 충만한 사회를 집어삼키는 역사에서 일찍이 없었던 일들이 벌어질 것을 예고하고 있었다. 준비하는 기간은 지루할 수 있다. 결단의 시간은 짧을수록 좋다. 칭기즈칸의 판단은 예리했다. 그리고 적중했다. 칭기즈칸은 새로운 지도체제를 만들 준비를 하고 있었다.

몽골군은 '낮에는 늙은 늑대의 경계심으로, 밤에는 갈까마귀의 눈으로 지켜보아라. 전투에서는 적을 매처럼 덮쳐라.' 라는 말을 충실히 실행했다. 준비의 시간은 충분하게 주지만 일단 결정되면 과감하게 돌진해야 한다. 망설이는 사람은 시간 벌레다. 시간을 먹고 살면서 아무것도 이루어 놓지 못하는 시간 벌레는 인류에게 빚을 진 것과 같다.

인생은 태어날 때 할 일이 있어 태어났다. 먹고 놀고 잠을 자다 죽으라고 태어났을 리가 없다. 우리는 자신의 임무를 잊은 존재이다. 자신의 태어난 임무를 찾아내야 한다.

내가 할 일이 무엇인가를 확인했다면 문을 나서라. 과감하게 마음이 정해진 곳으로 뛰어들라. 푸른 초원은 바람에 아주 가늘게 떨며 말들의 진격을 받아들일 준비를 하고 있었다. 유목민과 정착민의 다른 피를 확인해야 할 때를 몽골의 초원은 알고 있었다.

몽골의 초원에서 권력이동의 폭과 속도는 우리가 생각하는 것보다 훨씬 광범위하고 빠르게 진행되었다. 권력은 행동하는 능력과 주어진 여건을 변화시키는 능력, 남을 이끌고 생산하는 능력 등 국경을 초월한 지식에 따라 이루어졌다.

푸른 초원에서는 권력이동을 예고하는 말발굽소리가 요란했다. 가난하고 견디기 어려운 환경 속에서 살아남은 푸른 초원의 전사들이 준비하고 있었다. 문화를 가지고 있고 예의와 범절을 알며 사람의 사는 의미가 무엇인가를 안다고 자부하던 문명국가 사람들. 그들이 무식하고, 야만적이고, 상대할 인간들이 아니라며 멸시한 유목민들이 문명국가를 향한 공격 준비를 마무리하고 있었다.

칭기즈칸은 몽골의 전통에 따라 사냥을 시작했다. 몽골족에게 사냥은 두 가지의 의미가 있었다. 하나는 군사훈련을 위한 방법이었다. 몽골의 어린아이들은 4살 때부터 말을 탔다. 말은 그들의 교통수단이자 놀잇감이었고 그들의 생존을 위한 도구였다. 그 말을 타고 사냥을 했다. 늑대나 이리 그리고 곰을 잡는 일이 전쟁과 다르지 않았다. 칭기즈칸의 말을 모아 놓은 『대자사크』에는 이런 내용이 있다.

전투에 태만한 병사와 사냥 중 짐승을 놓친 자는 태형 내지 사형에 처한다.

비록 사냥이지만 그들에게는 생존을 위한 방법이었고, 놓치는 것은 수치였다. 그리고 또 하나의 의미는 식량을 준비하는 방법이었다. 그들이 전쟁을 준비하는 방법은 사냥이었다. 해가 뜨면 사냥터로 달려나가고 어두워지면 그들은 돌아왔다.

한바탕 잔치같이 그들은 사냥에 몰두했다. 가축을 잡아 말리고 가축과 들짐승의 가죽으로 옷을 만들었다. 그들이 평소 가지고 다니는 것이 마차 하나에 다 실을 수 있는 소박한 것이듯 전쟁 준비도 간단했다. 문명인들의 관점에서 보면 초라하기 이를 데 없는 전쟁준비였다. 이 초라한 준비가 마치 밭에 뿌려진 작은 씨앗과 같았다. 이 같은 훈련은 승리의 기폭제가 될 씨앗들이었다. 아주 작은 수의 기마부대는 이렇게 준비를 완료했다.

칭기즈칸은 몽골고원을 통일하고 나서 아주 조용하게 그리고 아주 은밀하게 그들의 준비를 마쳤다. 문명세계에서는 그들의 변화를 알 수 없었다. 문명인들의 영역에서 멀리 떨어진 변방인 이유도 있었지만, 자신들의 적이 되지 못한다고 생각했기 때문이다. 이따금 자신들의 변방을 침범하는 정도의 적으로만 인식했지 존립을 위협할 정도로는 생각하지 않았다.

이제 몽골초원의 유목민들은 그들의 자식을 잡아 노예로 끌고 가거나 그들의 생명과 재산을 빼앗아 갔던 문명세계를 향하여 공격의 날만을 기다리고 있었다. 유목민이 역사의 흐름을 이토록 전방위적이고 전면적으로 바꾼 것은 인류역사상 처음이자 마지막이었다. 이것은 그 시대에 문명이 야만을 정복하는 일반적인 역사의 흐름을 바꾼 것이었다. 유목민에 의해 역사가 새롭게 태어나려는 순간이었다. 그들 푸른군대의 거센 말발굽 소리와 함께 권력의 이동은 시작되고 되었다, 그 중심에서 푸른군대를 지휘한 자가 바로 칭기즈칸이었다.

칭기즈칸의 원래 이름은 테무친이다. 몽골고원을 통일한 테무친은 몽골고원의 추천으로 칭기즈칸으로 옹립되었다. 그는 몽골초원을 통일한 후 기존의 씨족공동체를 해체했다. 대신 천호제라는 새로운 통치시스템을 구축했다. 몽골의 전사들에게 천호제는 대변혁이었다. 이것은 그들이 조상으로부터 물려받았던 전통과 삶의 방법을 바꾸는 역사적인 사건이었다. 피의 우위보다는 조직을 우위에 둔다는 것을 의미했다. 그러나 칭기즈칸의 부족민들은 받아들였다. 시대에 맞는 조직과 편성을 갖는 것은 야망의 실현을 위하여 불가피했다. 모든 조직은 다시 편성되었다.

천호제는 보수성을 바탕으로 한 몽골사회에 불어 닥친 태풍과 같은 변화였다. 기존 혈통위주의 사회를 뒤집어엎어 버리고 능력에 따른 계약형 사회의 출발을 선언한 것이었다. 몽골사회는 씨족공동체였다. 혈족으로 구성된 조직은 능률성이 떨어졌다. 갈등과 반목의 가능성이 항상 내재해 있었다. 천호제는 결과적으로 실력으로 인정받고 성과로 능력을 판가름하는 능률위주 사회의 탄생을 알리는 전주곡이었다.

10진법을 기반으로 한 천호제는 몽골사회를 송두리째 바꾸어 놓았다. 십호제를 기초단위로 해서 백호, 천호, 만호제로 구성되는 군사조직이었고, 행정조직이었다. 능력에 따라 지휘관이 바뀌었다. 십호제의 지휘관은 연장자가 맡는 것이 원칙이었으나 능력이 부족하면 자체 내에서 지휘관을 선발할 수 있는 민주적인 제도였다. 자격이 없는 십호장, 백호장, 천호장은 그 안에서 갈아치울 수 있다는 법을 만들만큼 내부조직에 활력을 요구했다. 칭기즈칸은 선언했다.

> 자격이 없는 십호장, 백호장, 천호장은 그 안에서 갈아치워야 한다.

천호제의 도입은 몽골사회를 가장 깊고도 핵심적으로 바꾸어 놓게 한 제도였다. 천호제는 내부적으로는 응집력을, 외부적으로는 통치의 근간이었다. 총동원 체제이면서 자체 집단 내에서는 결집력을 갖게 한 조직이어서 칭기즈칸의 명령 한마디가 떨어지면 일사불란하게 움직일 수 있는 조직의 완성이었다. 기득권 세력이었던 원로들인 씨족장과 부족장들의 불만의 소리가 높았지만, 일반 몽골사회에서는 환영했다. 신분에 상관없이 백호장, 천호장이 될 수 있었다. 신분제사회에서 능력사회로의 대전환이었다.

테무친은 이 개혁을 완성하고 1206년 칭기즈칸으로 추대되었다. 그리고 자신을 따르는 용맹하기 이를 데 없는 기마군단을 푸른군대라고 명했다. 이제 초원의 전사들은 모든 준비를 마쳤다. 칭기즈칸은 모두에게 공정했다. 같은 게르에서 잤고, 같은 음식을 먹었다. 자신의 호칭에도 경칭 쓰는 것을 경계했다.

> 다른 사람에 대해 좋고 나쁨을 말하지 말고, 호언장담하지 마라.
> 그리고 누구든 경칭을 쓰지 말고 이름을 불러라. 천호장이나 칸

을 부를 때에도 마찬가지다.

칭기즈칸이 몽골초원에 내린 법이었다. 단순하고도 명쾌한 어법으로 그는 말했다. 단순하면서도 명쾌한 이 말에 담긴 뜻은 쉽지만, 실천은 어려운 일이었다. 존중받기를 스스로 거부한 칸에게서 지도력이 보인다.

몽골에서는 인생이 지루할 수 없었다. 살아남기 위한 피눈물 나는 노력과 인내가 그랬다. 늘 먹을 것이 부족했다. 살아있는 것들이 그들의 눈에 보이면 그들이 가진 화살이 겨누어졌고 그들의 칼이 가만있지 않았다. 잡아먹지 않으면 잡아먹히는 곳이었다.

그들은 달팽이처럼 집을 가지고 다니는 종족이다. 마차 한 대에 집을 포함해 모두 실을 수 있는 생활도구로 그들은 살았다. 단출하기 이를 데 없었다. 풀들이 자라는 곳이면 그들은 어디든 이동했다. 그들은 죽으면 땅에 묻지만, 그곳을 다시 찾아올지는 기약할 수 없었다. 기약할 수 없는 이동이 생활이었고 받아들여야 하는 숙명이었다. 가난과 질곡과 역경을 벗어 던지고 일사불란한 대열을 준비하고 있었다.

이들은 드디어 진군 나팔소리와 함께 달려나갔다. 칭기즈칸의 단호하고 우렁찬 한마디에 일제히 달려나갔다. 그리고 그들 앞에서 문명국가들은 무너졌다. 그들이 달려가면 모두 무릎을 꿇었다. 그들은 싸우는 것밖에는 몰랐다. 그리고 본능적으로 이기는 방법을 아는 전사들이었다. 그들보다 월등하게 많은 무기와 식량을 가진 문명국가들도 힘없이 쓰러졌다.

몽골의 전사들은 오로지 하나를 향하여 달려가고 있었다. 문명의 중심이었다. 진군의 나팔소리와 함께 달려나가는 몽골의 전사들은 거침없이 내달렸다. 문명의 흐름을 역행하여 칭기즈칸은 승리를 만들어냈다. 거칠고 험한 싸움에서 칭기즈칸은 승리했다.

사람은 큰물에서 놀아야 큰 물고기를 잡을 수 있다. 넓은 세상에서는 할 일이 많다. 넓고도 방대한 지역을 초토화하며 칭기즈칸은 대지를 점령해 나갔다. 확률적으로 이루어지기에는 너무나 적은 가능성이 실제로 이루어지고 있었다.

정지되었던 시계는 거칠게 돌기 시작했다. 지구에서 일어난 적이 없었던 일들이 실제로 벌어지고 있었다.

가벼운 몸으로 속도에 도전하는 전사들

    몽골군은 몸이 가벼웠다. 그들은 유목민인 만큼 적게 가지고 다니는 것이 일상생활화되어 있다. 잦은 이동은 물건의 축소를 위한 새로운 방법을 고안해냈다. 접는 의자나 말린 고기같이 작고 유용하게 쓸 수 있는 것들을 만들어냈다.

    푸른군대가 적과 싸울 때 사용하는 무기는 활, 쇠몽둥이, 칼이었다. 몽골군대는 보급이 끊어져도 두 달은 버틸 수 있었다. 전투식량을 항상 가지고 다녔다. 보오르초라는 것인데 육포와 비슷한 것이다. 소고기를 떠서 자신이 앉은 말안장 밑에 담요처럼 펴서 넣고 다녔다. 두 달 동안 먹을 것이라고 해도 그리 무겁지 않았다. 보오르초는 주로 소의 방광에다 넣었다. 방광 속에는 잘 건조된 소 한 마리 분의 건육이 들어간다. 몽골 병사 한 명이 보오르초 한 자루로 1~2년을 견딜 수 있다.

    마르코 폴로의 전언에 따르면 몽골전사들은 음식을 조리하기 위하여 불을 피우지 않고, 열흘 동안 쉬지 않고 여행을 할 수 있으며, 이동하면서 가축의 젖을 짜고 가축을 도살하여 식량을 만들었다고 한다. 물이 없으면 말의 피를 마셨다. 그리고 가늘게 자른 육포와 말린 우유를 가지고 다니며 말을 탄 채로 먹었다. 새로 고기가 생겼는데 조리할 시간이 없으면 날고기를 안장 밑에 넣고 다니면서 씹을 수 있을 만큼 부드러워지면 그것을 식량으로 대체했다고 한다. 그들의 기동성은 정착하며 살던 사람들로서는 도저히 따라 갈 수 없을 만큼의 특별한 것이었다. 음식물을 만들기 위해서 식량을 별도로 나르고 그것을 다듬고 조리하기 위해서 끓이고 설거지까지 해야 하는 시간이 그들에게는 필요 없었던 것이다.

몽골의 푸른군대는 인생의 목적이 전쟁에서의 승리였다. 전쟁을 통해서 인생의 성공을 맛볼 수 있었다. 몽골족은 전원이 동원되는 특수한 조직을 갖추고 있었다. 지면 모든 것을 잃는다는 것을 그들은 체험으로 알고 있었다. 그렇기에 전쟁이 벌어지면 총력체제가 이루어졌다. 군수물자의 보급은 푸른군대만이 가진 방법에 의해 수행되었다. 살아있는 양이나 소 같은 가축을 이용해 무기를 실어 나르고, 비상시에는 그 가축을 식량으로 사용했다. 가축은 두 가지 용도를 가지고 있었다. 보급품 수송수단과 식량으로 사용할 수 있었다. 가축의 담당은 여성이나 목동 같은 비전투요원이 맡았다. 그들은 모두가 말을 탈 줄 알았으므로 이동이 빨랐다. 아이들도 말과 더불어 아침을 맞았고 말 잔등에서 노는 것이 놀이였다. 그들은 많은 시간을 말과 함께 보냈다.

이러한 몽골의 푸른 전사들은 칭기즈칸의 명령을 기다리고 있었다. 그들이 푸른 초원을 가로지르며 말을 달려 정착민들을 공격한 것은 그만한 이유가 있었다. 그들에게는 오랜 증오가 있었다.

제3장

약탈당해 온 어머니의
자식인 칭기즈칸이 아내를
약탈당하다

■ 실패가 가장 큰 교육이다

■ 적군의 무리에서 아내를 구했으나, 아내는 적군의
아이를 잉태하고 있었다

■ 칭기즈칸과 안다 자모카의 우정과 배반

실패가 가장 큰 교육이다

　칭기즈칸의 가족과 함께 살던 노파가 가장 먼저 초원 멀리에서 들려오는 말발굽소리를 들었다. 그 말발굽소리는 긴박했다. 무엇인가를 공격할 때가 아니면 한 무리의 다급한 말발굽소리가 이렇게 빠른 속도로 다가오지는 않는다. 처음에는 아주 멀리서 들릴 듯 말듯 하던 말발굽소리가 점점 빠른 속도로 가까워져 오는 것을 알아챘다. 순간 놀라움과 노인의 직감으로 예사로운 말발굽소리가 아님을 직감했다. 초원에서 나고 자란 늙은 노파는 세상을 읽을 줄 아는 눈과 귀를 가졌다. 초원에 길든 눈과 귀였다. 순간 노파는 소리를 질러 다른 사람들을 깨웠다. 칭기즈칸과 형제들은 경황없이 옷과 신발을 챙기고는 밖으로 뛰어나갔다. 말에 올라타고는 말발굽소리가 들려오는 반대편으로 그들은 마구 달렸다. 그러나 달려가는 그들 뒤에 남겨진 사람들이 있었다. 칭기즈칸의 아내와 계모 소치겔, 그리고 그들을 구해준 노파는 다 같이 갈 수 없는 상황에서 남겨둘 수 밖에 없었다.

자신의 아내와 두 명의 여자는 그들을 죽이러 오는 자들에게 전리품으로 남겨놓은 것이었다. 그들이 도망칠 수 있는 시간을 벌어줄 것이기 때문이다. 다 같이 죽을 수 없다는 위급한 상황에서 미래를 기약하면서 헤어지는 것은 유목민들에게 부득이 필요한 조치였다. 초원은 도망가기에 어려움이 있는 곳이었다. 사방이 확 트여 보이기 때문에 숨을 곳이 없었다. 집안의 가장으로서 자신의 아내를 남겨두고 도망치는 심정은 본인 외에는 아무도 모른다. 목숨을 건진 것만도 다행이었다. 아내를 빼앗긴 칭기즈칸은 몽골초원의 수치거리였다.

햇볕만으로 가득한 세상은 사막이 된다. 그늘 속의 세상보다 그늘이 없는 세상이 더 삭막하다. 성공만으로 이루어진 인생은 진정한 삶의 맛을 모르기 마련이다. 숲에 나무가 자라고 동식물이 함께 어우러져 풍요로운 공간을 만들게 된 것은 그늘이 적당히 있기 때문이다. 실패는 인생의 그늘이다. 그 그늘에서 삶의 의미와 중요함을 배우게 되는 것이다.

세상을 살면서 넘어지지 않고 살아가리란 희망을 갖지 마라. 절대로 인생은 넘어지게 되어 있고 넘어지면 잠시 쉬어 가면 된다. 다시 일어나는 것을 배워야 하는 이유는 인생은 넘어지지 않고 살아갈 수 없기 때문이다.

애초에 특별하게 태어난 사람은 적다. 사람은 저마다의 특성으로 세상을 바라보고 살아가지만, 자신에게 가장 특별한 것이 무엇인가를 알아내는 것이 진정 중요한 일이다. 사람은 비슷하지만 저마다의 색깔이 있고 생각이 있다. 사람은 결국 분명 다르다.

같은 산에서 같은 물과 바람만으로 풀이 자라지만 어떤 것은 독초가 되고 어떤 것은 약초가 된다. 독초와 약초는 사람의 처지에서는 확연히 선악이 구별되지만 다른 동물에게는 약초가 독초가 될 수도 있다.

다른 사람이 내가 가진 특성을 일러 약점이라고 하지만 그것이 강점이 될 수 있다. 그러한 어려움에 봉착했을 때 적극적인 방법으로 도전하는 삶이 성공을 향한 길목으로 들어서는 것이다.

칭기즈칸은 극한의 상황에서 도전을 택했다. 인생에서 기회는 예기치 않은 곳에서 온다. 사업에 실패하거나 넘어졌을 때 자신을 돌아볼 기회로 삼아야 한다. 자신을 객관적으로 돌아볼 수 있는 시간이다. 불가에서는 수련을 통해 자기 자신을 들여다볼 수 있는 경지에 이르는 훈련을 한다. 자신이 수련하는 모습을 객관적으로 바라보는 것이다. 넘어졌을 때 멀리 보고 넓게 보라. 길을 가다 넘어졌을 때 엎어진 그대로 쉬어가라. 그 곳에서 그대로 눈을 뜨면 당신을 위로하는 꽃이 피어 있을지도 모른다.

키 작은 보랏빛 제비꽃이 예쁘게 웃고 있을 지도 모른다. 민들레꽃은 봄부터 가을까지 핀다. 한 편에 피고 또 한 편에서는 지고 있다. 인생은 단거리 달리기가 아니다. 인생의 긴 꽃밭에서 같은 시간에 피는 꽃과 지는 꽃이 있듯이, 실패와 성공은 교차하게 되어 있다. 넘어졌을 때 서두르면 더 큰 낭패를 볼 수 있다. 실패한 데에는 분명한 이유가 있다. 그 이유를 확인하고 점검한 후 다시 시작해야 한다.

인생을 혼자 산다고 자신하면 무너진다. 사업은 조직을 통한 경영방법의 확립으로 이루어진다. 일정 규모 이상 되면 내가 할 수 있는 일이란 극히 적다. 경영자는 방향과 상황에 따른 판단만을 정해주면 된다. 실무자가 하는 일을 많이 안다고 좋은 것도 아니다. 경영은 전체를 볼 수 있으면 되는 것이다.

칭기즈칸은 몽골초원의 늑대와 같은 기질과 여우와 같은 간교함도 함께 가지고 있었다. 근본적인 기질은 늑대의 기질이 강했지만, 초원에서 살아남기 위해서 그는 적응이 필요했다. 강해서만 살아남는 곳이 아니었다. 살아남기 위해서는 교묘한 술수와 타협도 필요했다. 아버지가 독살당하는 순간부터 시작된 그의 인생의 험한 행로는 여러 번 죽음과 삶을 줄타기하듯 살아왔다. 이복형을 죽이고 쫓기다 잡혀 탈출하기도 하고, 아내를 버리고 도망가는 긴박한 위험도 있었다. 칭기즈칸은 그 속에서도 살아 남았다. 가족 일부를 적에게 넘겨주다시피 하고 도망친 것을 보면 그 때의 상황이 얼마나 긴박하고 위험한 상황이었는가를 짐작할 수 있다.

케를렌 강가 한적한 곳에 게르를 치고 생활하고 있던 새벽에 메르키트 부대가 칭기즈칸의 일가족을 공격해 왔다. 메르키트 부족은 지난 날 칭기즈칸의 아버지에게 칭기즈칸의 어머니인 후엘룬을 납치당한 부족이었다. 사랑하는 여인을 빼앗긴 그들에게는 당한 것을 복수하려는 마음이 강했다. 빼앗긴 것을 찾아오는 것은 초원의 법칙이었다. 아버지가 저질러 놓은 업보를 자식이 갚는 셈이었다. 약탈혼이 성행하던 초원에서 여자는 강자의 몫이었다. 바로 그들에게 칭기즈칸은 자신의 아내를 약탈당했다.

칭기즈칸은 초원에서 어떻게 살아남아야 하는가를 가슴에 새기며 북쪽의 산으로 달렸다. 숲은 그를 숨겨줄 수 있는 장소였다. 침입자들이 들이닥쳤을 때 게르는 비어 있었다. 이들이 방금 자신들의 공격을 눈치채고 급하게 게르를 비운 것을 알아차렸다. 그들은 칭기즈칸 일행을 찾기 시작했다. 칭기즈칸은 말을 달려 이미 그들의 추격권을 벗어나고 있었고, 남겨 둔 칭기즈칸의 아내와 노파, 그리고 계모 소치겔은 수레를 준비하여 도망치고 있었다. 노파가 끌고 가는 마차에는 칭기즈칸의 아내 버르테와 계모 소치겔이 숨어 있었다. 황소가 느리게 끌고 가는 수레는 그들이 탄 말의 빠른 속도에 의해 가시권에 들어왔다. 습격자들은 수레의 방향과 거리를 짐작하고는 이들이 어디에 있던 사람들인지 알아챘다. 그들은 금세 수레를 따라잡았다. 그 수레에 숨은 여인은 밝혀졌다. 이들은 그들에게 전리품이었다.

메르키트족은 칭기즈칸을 쫓았다. 주변을 뒤졌다. 추적을 당하는 칭기즈칸은 계속 이동하면서 부르칸 칼둔의 비탈이나 숲에 숨었다. 그들이 돌아간 것을 확인하고는 칭기즈칸은 신에게 기도를 드렸다. 자신을 숨겨주어 살게 한 산에 감사기도를 드렸다. 칭기즈칸이 기도를 드리는 부르칸 칼둔은 몽골에서 가장 높은 산으로 신의 산이라는 의미가 있는 신성한 산이다.

칭기즈칸은 메르키트족에게 잡히지 않도록 도와준 해에도 감사의 기도를 드렸다. 또 자신이 도망칠 수 있도록 습격자들의 침입을 알려주고 자신은 잡혀간 노파에게 감사의 기도를 했다. 칭기즈칸은 정령들에 감사하기 위해 몽골의 오랜 습속대로 허공과 땅에 젖을 뿌리고 허리띠를 풀어 목에 걸었다. 몽골족에게는 허리띠는 남자만의 상징물이었다. 허리띠는 남자만이 맬 수 있었다. 허리띠를 풀고 기도를 한다는 것은 자신의 모든 것을 벗어던지고 아주 낮은 자세로 기도에 임한다는 것을 의미하는 것이었다.

칭기즈칸은 대지에 엎드렸다. 그리고 아홉 번 머리를 깊이 숙여 성스러운 신 앞에 감사기도를 올렸다. 그렇게 사흘간 기도를 드렸다. 경건하게 기도를 한 그는 앞으로도 자신을 돌보아 줄 것을 간절하게 기원했다. 이제 부르칸 칼둔은 칭기즈칸에게 힘을 모아주고 지켜주는 산이 되었다. 힘의 원천이자 의지의 성산이었다.

아내를 잃어버린 자로서 그는 강자가 아니었다. 자신이 살기 위해 아내마저 버리고 도망친 그는 어찌할 방도가 없었다. 강하지 못하면 아내뿐만이 아니라 자신마저도 살아남을 수 없었다. 그에게는 메르키트족을 공격할 어떤 힘도 능력도 남아있지 않았다. 비통하지만 먼저 살아갈 길을 찾아야 하는 것이 현실이었다. 낭만이나 의협심으로 해결할 수 있는 일이 아니었다. 새로이 준비해야 했다.

칭기즈칸은 얼마 전 옹칸 휘하의 하급지도자로 들어올 것을 요청받은 적이 있었다. 그때 칭기즈칸은 그의 제안을 거절했었다. 그 결과가 지금의 모습이었다. 자신에게는 아무런 기반도, 기댈 곳도 없었다. 그는 새로운 결정의 시기가 임박했음을 느꼈다. 어느 집단에도 소속되지 않고 살아가려는 생각이 무모한 것이었음을 깨달았다. 생각의 전환이 필요함을 간절하게 느끼고 있었다.

운명이 그를 부르고 있었다. 운명은 그의 안락한 생활을 허용하지 않았다. 새로운 길로 칭기즈칸을 불러 안내했다. 이제 그는 쫓기고 있었고 아내를 찾아야 했다. 아버지의 유산을 물려받지도 못하고 도리어 그들에게 쫓기고 있었고 메르키트족으로부터도 도망자 신세가 되어야 했다.

도망자로서 살아가야 하든가 살벌한 전쟁의 풍화 속으로 뛰어들어야 하는가의 갈림길에서 그는 먼저 그의 아내 버르테를 떠올렸다. 진정으로 사랑했고 행복했다. 한 사람의 사랑을 받으며 산다는 것의 달콤함을 느꼈다. 모처럼 어느 무리에도 속하지 않은 안정된 생활을 즐기고 있을 때, 그는 공격을 받아 날개를 잃은 새처럼 초라한 신세가 되었다. 아내를 빼앗긴 자로서 자신이 부족하고 한심하게 느껴졌다. 몽골에서 남자가 여자를 빼앗기는 것은 치욕이었다. 어디에서도 인정받을 수 없는 최대의 치욕이었다. 아내를 찾으려면 폭풍 속으로 걸어 들어가야 했고 그렇지 않으면 도망 다니는 치욕적인 삶을 견디며 살아야 했다.

그러나 이제는 선택의 여지가 없었다. 그를 노리는 눈이 한둘이 아니었다. 한때는 자신의 아버지가 다스리던 부족이었으나 지금은 그를 잡아 죽이려는 무리가 있었고, 또 하나는 자신의 아내를 강탈해간 메르키트족이다. 그렇다면 자신을 보호하기 위해서도, 가족의 안위와 아내를 찾기 위해서도 집단으로 들어가야 했다. 그것은 초원지대에서 살육과 강탈을 하며 살아가야 하는 것을 의미했다. 거친 폭풍 속으로 자신을 온전히 밀어 넣어야 하는 것을 뜻하는 것이었다.

칭기즈칸은 선택의 시간이 왔음을 강하게 느꼈다. 폭풍 속으로 뛰어들기로 했다. 죽음을 각오하고 아내를 찾기로 했다. 그는 산에서 다시 기도를 드렸다. 어려운 일이나 중요한 결정을 내릴 때면 그는 산속에서 기도하고 계획을 마련했다. 산에서 나올 때 그의 표정은 비장했다. 그는 옹칸에게로 가기로 마음을 정했다. 옹칸은 아버지 예수게이의 안다였다. 안다는 몽골에서 의형제 또는 동지를 의미했다.

칭기즈칸은 불과 얼마 전 마음 졸이며 버르테를 찾아가던 때를 생각하고 있었다. 아버지가 독살되기 전 16세가 되던 해에 정혼한 버르테를 자신의 아내로 삼기로 하고는 길을 나섰다. 테무친은 배다른 형제 벨구데이와 함께 케룰렌 강가를 따라 걸어가고 있었다. 마음은 벌써 행복했다. 철없던 나이 9살 때에 그녀를 만나고는 헤어져 지금까지 한 번도 만나보지 못했다. 우리나라의 데릴사위 같은 신분으로 버르테의 집안에서 한동안 지냈다. 버르테는 아버지가 정해준 여자로 연상임에도 좋은 친구였다. 사랑이 무르익기도 전에 헤어졌지만, 그 시절의 아름다운 풍경이 간혹 떠올랐다. 지금은 어떤 모습을 하고 있을까. 칭기즈칸은 이제 청년이 되어 혼자서도 초원에서 살아갈 수 있는 나이가 되었다. 버르테는 지금쯤 결혼했을지도 모른다. 결혼을 하지 않았다면 소식 없는 칭기즈칸을 기다리지 못하고 새로이 정혼을 했을지도 모른다. 몽골족에게 18살은 결혼적령기를 넘긴 나이였다.

아버지 예수게이가 살아있을 적에는 족장의 아들로서 약혼한 사이였지만 이제는 도와줄 사람 하나 없이 살아가야 하는 외롭고 힘없는 존재로서 찾아가는 것이다. 결혼을 하지 않았다면, 그동안 연락 한 번 없이 보낸 세월이었지만 받아 주리라 믿으며 가고 있었다. 버르테의 아버지 데이 세첸은 칭기즈칸에 대한 소식을 전해 들어 알고 있었다. 칭기즈칸이 속한 타이치우드족과 문제가 있어 그는 쫓기는 신세이고 길 잃은 늑대 신세가 되었다는 것을 알고 있었다. 데이 세첸은 오랜만에 연락도 없던 사람이 찾아왔음에도 반겨주었다. 버르테는 결혼하지 않았고 데이 세첸은 둘의 결혼을 허용했다.

테무친과 동생 벨구데이 그리고 버르테 세 사람은 집으로 돌아가고 있었다. 두 사람이 가서 세 사람이 되어 돌아가고 있었다. 몽골의 초원은 갑자기 활기를 얻은 듯 아름다웠고 구름은 더 높았다. 몽골의 여자가 시집을 갈 때는 남편 부모에게 옷을 선물하는 것이 관례였다. 버르테는 초원에서 가장 질 좋은 모피인 검은 담비 외투를 가져왔다. 칭기즈칸에게는 아버지가 없었다. 그는 이 의미 있는 선물을 어떻게 처리할까 고민했다.

칭기즈칸은 아버지의 친구, 옹칸에게 선물하기로 했다. 그의 이름은 토그릴이었다. 툴라 강변의 검은 숲이라 불리는 카라툰과 오르곤 강 사이에 사는 케레이트 부족이었다. 칭기즈칸의 아버지 예수게이는 케레이트 부족과는 친족관계가 아니었지만, 한때 옹칸과 동지로서 함께 전투에 나가 싸웠다. 예수게이와 옹칸의 관계는 두터웠다. 옹칸이 최고 통치자였던 구르칸을 쓰러뜨릴 때 예수게이가 도와주었다. 칭기즈칸의 아버지가 어머니 후엘룬을 납치해온 부족이며, 지금 칭기즈칸의 아내를 빼앗아간 부족인 메르키트족에 대적해서 옹칸과 연합해 싸우기도 했다. 아버지가 살아 있다면 혈맹관계를 유지하고 있을 사이였다.

아버지에게 선물해야 할 결혼예물을 아버지의 의형제인 옹칸에게 바친다는 것은 여러 가지 의미가 있었다. 막강한 힘을 과시하는 옹칸에게 충성을 서약하고 적법한 그의 아들로서 칭기즈칸 자신뿐만 아니라 가족의 안위도 그에게 의지하는 것을 의미하는 행위였다. 그리고 칭기즈칸은 자신의 아내 버르테를 약탈해간 메르키트 부족을 습격하고 싶다고 했다. 옹칸은 순순히 그의 부탁을 들어주었다. 그것은 옹칸에게도 메르키트족에게 원한이 있었기 때문에 가능했다. 옹칸은 또한 몽골의 떠오르는 존재인 자모카의 지원을 요청했다.

자모카는 젊은 용사로서 상당한 세력을 유지하고 있었다. 또한, 그는 칭기즈칸의 의사를 전적으로 받아들여 줄 수 있는 존재였다. 자모카는 어린시절 칭기즈칸과 의형제를 맺은 사이였다. 그는 칭기즈칸의 인생에 결정적인 도움과 더불어 훗날 적대관계에 서게 된다. 몽골초원에 마지막 남은 두 지존은 서로 맞붙어야 하는 대결의 장에서 만난다. 칭기즈칸이 진정한 승리자가 되는 계기를 마련해준 인물이기도 하다. 우정과 배반이라는 특별한 관계로 초원의 강자로 부상하며 두 사람은 후일 다시 만나게 되는 것이다. 칭기즈칸을 키운 건 어쩌면 자모카였는지도 모른다.

자모카는 메르키트족을 습격하는 일에 흔쾌히 나섰다. 옹칸의 군대와 자모카의 군대는 두 부대로 나누어 메르키트족 영토로 공격해 들어가기로 했다. 옹칸과 자모카에게는 초원의 세력을 강화하는 계기가 되는 공격이었고 칭기즈칸에게는 아내 버르테를 찾기 위한 공격이었다. 칭기즈칸은 긴장했고 메르키트족을 공격해서 승리한다 해도 버르테를 찾을 수 있을지 마음이 착잡했다. 그리고 버르테의 안녕에 도리어 문제가 되지 않을까 걱정이 되었다. 처음으로 한 여자의 사랑을 받아본 칭기즈칸으로서는 버르테의 구원이 간절했다. 말은 그가 올라타기를 기다리는 듯했다.

적군의 무리에서 아내를 구했으나
아내는 적군의 아이를 잉태하고 있었다

인생이란 자신의 꼬리를 감춘다. 자신의 전신을 다 드러내지 않는다.
그래서 인생을 정의 내리는 순간 새로운 정의가 기다리고 있음을 알게
된다.

그 인생에서 가장 신비스러운 존재는 여자다. 여자에게는 남자
가 그러하다. 내가 가지지 않은 반을 가진 존재이며 합쳐져야 비
로소 기쁨을 확인하는 존재였다.

칭기즈칸은 아주 묘한 기분이었다. 자신의 어머니 후엘룬이 메
르키트족과 결혼하여 메르키트족의 여인이 되려는 순간 아버지
예수게이가 납치해와 자신을 낳았다. 헌데 지금은 자신의 아내
버르테를 빼앗아간 메르키트족에게서 자신의 아내를 찾으러 가
는 것이다. 인생의 목적이 무엇이든 내가 좋아하는 사람이 눈을
반짝거리며 나를 바라보고 있으면 세상은 다 내 것이 된다. 이 세

상을 살면서 한 사람을 사랑하고 있다는 것은 그 자체로 축복이다. 삶의 목적은 단순하다. 단순함이 가장 이루기 어려운 경지인 것도 사실이다. 세상에서 다 살 수 있어도 마음은 살 수 없다. 그래서 사랑은 고결한 것이다. 금전으로 거래될 수 없으며 거래의 대상이 되었다 해도 마음까지 거래되지는 않는다.

칭기즈칸은 아내 버르테를 떠올렸다. 아버지에 의해서 세상을 모르던 9살 때 만나 잠깐 같이 살다가 아버지의 죽음과 더불어 그녀와 헤어져서는 청년이 되어서야 그녀를 다시 만났다. 지금도 그렇지만 그녀를 만날 때는 칭기즈칸에게는 시련기였다. 가진 것도 없고 속한 곳도 없었다. 거기에다 쫓기는 신세였다. 그럼에도, 버르테는 칭기즈칸을 따랐다. 힘든 시기에 따뜻한 사랑을 얻어 행복했는데 그녀를 빼앗아간 것이다. 아버지가 저질러 놓은 일로 자신이 다시 묶이는 것에 대해 누구보다 먼저 생각을 했지만, 아버지를 원망할 수는 없었다. 지금까지 살아오면서 강하지 않으면 살아남을 수 없음을 뼈저리게 느끼고 있었다. 강하기 위해서는 혼자 힘으로는 안 된다는 것도 깨달았다. 기댈 언덕이 필요했다.

지금 칭기즈칸은 아버지의 옛 동지였던 옹칸과 의형제인 자모카의 도움을 받아 아내를 찾으러 가고 있다. 과연 버르테를 만날 수 있을까. 이미 다른 사람에게 넘겨진 아내는 온전할까. 혹시 죽지는 않았을까. 만감이 교차했다. 어떻게 해서라도 버르테를 만나야 했다. 긴장과 함께 우려의 마음이 동시에 드는 것을 막을 수 없었다.

셀렝게 강변의 메르키트족의 영토를 향해 진격이 시작되었다. 말이 초원을 달려 멀리 메르키트족의 본영지에 가까워졌을 때 말고삐를 쥔 손에 힘이 더 보태졌다. 산속에서 밤 사냥을 하던 메르키트 부족 일단의 사람들이 침입자들을 보더니 자기네 진영으로 달려가 이 사실을 알렸다. 바로 뒤이어 따라 들어간 침입자들에 의하여 메르키트족 진영은 일대 혼란에 빠졌다. 우왕좌왕하는 사람들 속을 돌아다니며 칭기즈칸은 버르테를 찾았다. 정신없이 뛰어다녀도 버르테는 보이지 않았다.

버르테는 이 외부의 침입자들이 자신을 구하러 왔다는 사실을 알리 없었다. 버르테는 이미 메르키트족의 나이 든 전사의 부인이 되어 있었다. 버르테는 침입자들을 피하여 수레에 올라타고는 일단 전장을 피했다. 전투가 벌어지면 초원에서는 전사들은 싸우고 여자와 노약자들은 남기 마련이었다. 그들은 승자의 몫이 되는 것이 초원의 법칙이었다. 그들은 승자의 전리품이었다. 그것은 강한 자만이 살아남을 수밖에 없는 초원에서 일부라도 살아남기 위한 마지막 선택이었다. 그들까지 책임지려고 하면 전멸을 면할 수 없었다. 전투에서 진 사람들은 다시 힘을 길러야 하고, 힘이 길러지면 공격을 해서 승리를 해야만 잃어버린 것을 다시 찾을 수 있었다.

버르테는 혼란의 틈바구니에서 벗어나기 위해 수레에 몸을 싣고 이동하고 있었다. 칭기즈칸은 버르테를 찾기 위해 말을 달리며 있는 힘을 다해 목청껏 버르테를 불렀다. 목이 터지도록 외치는 소리는 소가 끄는 수레로 이동 중이던 버르테의 귀에 꽂혔다. 절규에 가까운 칭기즈칸의 목소리를 버르테는 단번에 알아들었다. 분명 자신을 찾는 칭기즈칸의 목소리였다. 버르테는 수레에서 뛰어내렸다. 그리고 칭기즈칸에게로 달려갔다. 어둠 속에서도 그를 찾을 수 있었던 것은 사랑을 기다리고 있었기 때문이었다. 칭기즈칸은 말 위에서 미친 사람처럼 버르테를 부르며 그녀의 모습을 찾으려 안간힘을 쓰고 있었다. 그는 거의 제정신이 아니었다. 그때 버르테가 칭기즈칸의 말고삐를 잡았다. 칭기즈칸은 본능적으로 공격하려고 몸을 돌렸다.

칼에 힘이 들어가는 순간, 그의 눈에 띈 것은 그토록 찾아 헤맸던 버르테였다. 바로 눈앞에 버르테가 있었다. 누가 먼저라고 할 것도 없이 그 혼란의 와중에서도 서로 끌어안았다. 몽골비사에서는 이들의 극적인 만남을 이렇게 묘사하고 있다.

> 한 사람은 목숨을 걸고 사랑을 찾아왔고 한 사람은 사랑하는 사람의 목소리를 듣고 주저 없이 달려갔다. 어둠 속에서 서로 알아보고 끌어안았다. 밤하늘에는 둥근 달이 휘황하게 빛나고 있었다. 혼란의 와중에 사랑하는 두 사람의 만남은 달빛에 젖어 다른 세상을 만들어내고 있었다. 얼마나 그리던 사람이었던가.

칭기즈칸은 승리자로 아내 버르테를 데리고 돌아왔다. 다른 두 여자는 구하지 못했지만, 아내 버르테를 다시 찾은 칭기즈칸은 승자였다. 노파와 계모 소치겔은 결국 찾을 수 없었다.

이것이 칭기즈칸이 큰 전투에 참가한 첫 번째 공격이었다. 진정한 전사로서 인정을 받은 셈이었다. 칭기즈칸은 아직 스무 살이 되지 않은 나이였다. 패기 왕성한 나이였다. 공식적으로 전사가 되어 싸운 전투에서 승리했고 이 전투는 그의 이름을 알리는 계기가 되었다. 이 전투가 그를 위한 전투였고 승리해서 그의 아내를 찾았기 때문이었다.

이 전투에서 칭기즈칸의 역할은 작았다. 옹칸의 군대와 자모카의 군대가 합세한 것에 칭기즈칸 가족집단이 더해진 것에 불과했다. 그는 지휘관도 아니었고 어떤 일을 하기 위한 결정권도 없었다. 그리고 이 전투에서 그는 도움을 받는 처지였다. 그렇더라도 이 전투에서 승리의 축하를 받아야 할 사람은 칭기즈칸이었다.

주도적이지는 않았지만, 칭기즈칸의 역할은 자연스럽게 주어졌다. 이 전투의 명분이 '칭기즈칸의 아내 버르테 찾아주기'였기 때문이다. 그 명분의 중심에 칭기즈칸이 있었다. 그들의 도움으로 사랑하는 사람을 다시 찾았고, 그것은 사람들에게 위험을 무릅쓴 용기있는 행동으로 보였다. 칭기즈칸에게 이 전투는 여러 가지로 의미있는 변화를 가져다주었다. 이 전투에서의 승리로 전투에 참여했던 전사들은 전리품을 나누어 받았고 이는 칭기즈칸이란 이름을 자연히 떠올릴 수 있는 계기를 만들어주었다. 그는 주인공인 셈이었고 그의 추종자가 생기는 발판이 되었다.

칭기즈칸은 아내 버르테를 데리고 집으로 돌아왔다. 두 사람의 재회로 사랑은 행복한 미래를 보장받는 자리가 되어야 했다. 그러나 세상은 내가 가고 싶은 방향으로 가도록 내버려 두지 않는다. 칭기즈칸은 버르테에게 아기가 생겼음을 알았다. 지금 버르테의 뱃속에 있는 아기는 자신의 아기가 아니었다. 버르테가 납치되었던게 벌써 10개월이 넘고 있었기 때문이다. 운명은 사람을 편한 길로만 인도하지 않았다. 그럼에도, 칭기즈칸은 모든 걸 받아들였다. 그리고 그것은 버르테의 잘못이 아니었다. 몽골초원에서는 여자와 아이들을 보살펴주어야 하는 것은 전적으로 남자들의 몫이었다. 그 일을 제대로 하지 못하면 남자로서의 능력이 없음을 의미했다. 칭기즈칸은 힘이 없었고 힘이 없다는 것은 그로서 남자로서의 자격이 없음을 뜻했다.

칭기즈칸은 현실을 직시했다. 자신뿐만이 아니라 자신이 보호해야 할 대상이 하나 더 늘었다는 것을 깨닫고 있었다. 자신을 중심으로 한 소집단의 구성원들이 안전하게 살아가기 위해서는 자신을 보호해줄 더 큰 집단으로 들어가야 한다는 것을 느꼈다. 단독으로 살아가기에는 위험이 너무 많다. 칭기즈칸은 의형제를 맺었던 자모카의 집단으로 들어가기로 했다. 사랑도 힘이 있을 때지킬 수 있었다. 지금 사랑하는 버르테를 다시 찾아 데리고 올 수있었던 것도 옹칸과 자모카의 도움을 받았기에 의해서 가능했다.

버르테는 아이를 낳았다. 버르테는 말이 없었다. 칭기즈칸도 말이 없었다. 만인의 축복을 받고 태어나야 할 이 갓난아이 앞에서사람들은 말이 없었다. 아이에게서 사악한 영혼을 몰아내는 의식을 치렀다. 백색 밀가루를 뿌리며 어린 영혼을 정화했다. 칭기즈칸은 이 아이의 이름을 조치라고 지어주었다.

조치는 몽골말로 방문객이나 나그네 또는 손님이라는 뜻이다. 이 아이는 칭기즈칸에게는 첫 번째 아들, 장남이었다. 처음으로아버지가 되게 해준 장남에게 집안의 기둥이니 앞날을 기약하는빛나는 이름을 지어주어야 했으나 방문객이나 손님이라는 뜻의이름을 지어주었다. 이것은 두 가지 의미 중 하나일 가능성이 크다. 하나는 자식으로 받아들이기를 거부한 흔적일 수 있고, 또 하나는 칭기즈칸이 의형제인 자모카의 집단으로 들어갔기 때문에 칭기즈칸의 소집단이 자모카에게 손님일 수 있다는 뜻으로 지어주었을 가능성도 있다.

칭기즈칸에게는 여러 가지로 생의 전환점을 만들어준 전투였다. 아내를 찾기 위해 스스로 모험을 택했고 옹칸과 자모카의 도움으로 목적을 달성했다. 이제 몽골의 전사로서 자신의 역할을 찾아야 하는 시점에 있었고, 개인적인 소집단이 아니라 몇 단계 큰 집단의 일원으로서의 역할을 감당해야 했다. 그리고 아들을 얻은 해이기도 했다.

칭기즈칸은 자신의 가족을 이끌고 조상이 살던 곳으로 갔다. 오논강과 케룰렌강 사이에 코르코낙 골짜기로 불리는 땅이었다. 그곳은 넓고 비옥했다. 그곳에는 그를 맞아준 의형제인 자모카가 있었다. 자모카의 집단으로 들어간다는 것은 무리를 따라서 행동해야 하는 것이었다. 독립적으로 사냥에 의존하던 생활에서 집단 유목민이 되어 생계를 유지해야 하는 생활의 전환이 필요했다. 안정된 생활이기도 했다. 그동안 고립된 생활을 하며 다소 부족한 삶을 이끌어왔던 것에 비하면 고기와 유제품을 안정되게 공급받으면서 편한 일상을 즐길 수 있었다. 반면 조직의 일원으로서의 제약이 있었다.

이들의 유목생활은 일 년을 단위로 변하며 그것에 순응하며 살았다. 야크, 소, 말, 염소, 양, 낙타 등을 길렀다. 계절에 따라 이동하며 먹을 것과 입을 것 그리고 잠자리에 이르기까지 생활의 모든 것이라고 할 정도로 이들 가축에 의지했다. 무엇보다 가축은 중요한 식량 공급원이었다. 생활필수품과 가재도구도 가축들이 이동하는 것에 맞추어져 있었다. 이동하는 생활인 유목도 가축들이 먹을 것을 구하기 위한 이동이었다. 가축의 생존이 사람의 생존과 아주 긴밀하게 묶여 있었다.

칭기즈칸과 안다 자모카의 우정과 배반

    이 가축 중 몽골족이 세계무대로 진출하게 되는 계기를 제공해 준 것은 단연 말이었다. 몽골족에게 말은 특별한 의미가 있었다. 교통수단으로서뿐 아니라 전쟁의 핵심적인 무기라고 할 수 있었다. 그들에겐 활, 칼, 쇠망치 그리고 마차 정도의 무기가 고작이었다. 그럼에도, 전 세계를 상대로 점령지를 확대해 나갈 수 있었던 것은 말이었다. 말은 그들만이 갖춘 특별한 능력을 맘껏 발휘할 수 있는 수단이었다. 그들은 태어나서 죽을 때까지 말과 함께 생활을 했다. 말이 친구였고 놀이 상대였다. 말 위에서 생각하고 말 위에서 생활한다고 해도 지나치지 않을 만큼 말과 친숙했다. 말을 다루는 능력이 타의 추종을 허락하지 않을 만큼 뛰어났기 때문에 전쟁에서 탁월한 재능을 보여주었다. 같은 기마병이라고 해도 순발력과 힘 그리고 말과의 일체감을 가진 그들을 당할 수가 없었던 것이다.

몽골의 어린아이들이 정착민의 기마병보다 훨씬 말을 잘 부린다고 해도 틀린 말이 아니다. 그만큼 말과의 밀착성이 뛰어났다. 그들의 이 천부적인 능력은 그들이 세계를 향해 나아가는데 필요한 훌륭한 자산이었다.

칭기즈칸이 자모카와 손을 잡은 것은 곧 그가 전사로서 살아가야 함을 의미했다. 부족과 부족의 사이에는 언제고 분쟁이 있었고 그것을 해결하는 방법은 습격 또는 약탈이었다. 초원은 역동적인 현장이었다. 늘 위험이 도사렸고 초원의 평화를 위협하는 적들이 곳곳에 있었다. 그런 적들과 맞서서 싸워야 했다. 초원에서 소집단으로 살아가기에는 많은 제약이 따랐다. 먼저 신변의 안전을 장담하지 못했다. 소수의 집단으로서는 다수 집단의 공격을 매번 감당해 내기는 무리였다. 칭기즈칸은 자모카의 일원으로서 특별한 대우를 받았다. 그것은 칭기즈칸의 능력을 특별하게 인정한 것이기 보다는 자모카와 의형제인 관계가 크게 작용했기 때문이다.

칭기즈칸은 개성이 강한 인물이었다. 포용력과 함께 강한 지도력의 소유자였음이 분명하다. 그는 초원에서 살아남기 위해서는 어떠한 행동을 해야 하는가를 항상 생각하며 살았다. 때론 비정하리만큼 냉혹한 결정을 내리기도 했다. 그러한 면은 어린 시절 자신의 사냥감이나 물고기 등을 빼앗아 가는 배다른 형을 화살로 쏘아 죽인 것에서도 알 수 있다. 남의 지배 아래에 있는 것을 다른 사람보다 힘들어했던 것 같다. 그는 애초에 지도력을 타고난 사람이었다.

칭기즈칸은 몽골족의 통일이라는 아버지의 유업을 이어갈 것을 가슴 깊은 곳에 품고 있었다. 그것은 그를 초원의 늑대로 길러낸 어머니의 영향도 있었다. 칭기즈칸은 자모카와의 동거기간 동안 이러한 웅대한 꿈을 숨기고 기회를 엿보고 있었다. 그러기 위해서는 좋은 인상을 남기는 것이 필요했다. 이러한 역할을 해 준 사람이 있었다. 바로 그의 충직한 동반자, 젤메와 보오르초였다. 그들은 칭기즈칸의 속마음을 읽은 측근이었고 동지였다. 칭기즈칸을 지도자로 키운다는 것은 칭기즈칸과 그의 일족을 도와준 자모카와 적대관계에 놓이는 몹시 어려운 처지에 서게 되는 것이었다.

그럼에도, 그들은 칭기즈칸의 친위군단을 구축하기 위하여 자모카 무리 내에서 열심히 뛰었다. 지도자로서의 이미지를 심는데 그들의 역할은 절대적이었다. 그들의 포섭활동이 이루어지는 대상은 주로 소외되고 약한 자들이었다. 누구나 꿈을 꾸며 산다. 그리고 자신의 꿈을 실현해 줄 수 있는 활로를 열어주는 사람을 고대한다.

칭기즈칸은 자신이 꾸는 꿈을 함께 꾸며 그 실현을 위해 동참해줄 사람들이 필요했고, 그들은 자신들의 꿈을 실현해 줄 지도자를 찾았다. 그 중개 역할은 젤메와 보오르초였다. 지도자로 칭기즈칸을 사람들에게 인식시켰다. 그들은 결속했고 그 단합력은 강했다. 자신의 얼굴은 자신의 행동이 만들어 놓은 작품이다. 칭기즈칸은 지도자상을 만들고, 그를 따르는 무리를 받아들여 함께 성공의 길을 달릴 수 있는 기반을 다질 준비를 하고 있었다. 칭기즈칸의 마음을 읽은 두 사람은 적극적으로 행동에 나섰다. 친구인 자모카 집단에 들어가 그 일부가 자신을 따르도록 한 것은 분명 배반이었지만 계속 진행되었다.

칭기즈칸은 자모카 세력의 한 축을 이루는 키야트계 귀족들을 집중적으로 공략했다. 칭기즈칸을 보아온 키야트계 사람들은 칭기즈칸이 자신들의 야망을 실현하게 해 줄 것이라고 생각했다. 키야트계 귀족들이 칭기즈칸의 입장을 받아들였다.

자모카 진영 내의 분위기는 서서히 대결을 향해 치닫고 있었다. 칭기즈칸과 자모카 두 사람의 반목의 틈에서 어느 쪽을 택해야 하는가는 운명을 건 문제였다. 점차 두 사람 중 한 사람을 택해야 할 시점이 가까워지고 있었다.

칭기즈칸은 대세를 몰아 오래전부터 인연이 있었던 샤먼인, 멍리크의 예언자적 능력을 이용하기로 했다. 오논강의 상류에 자리잡은 코르코나크 조보르는 샤먼들이 하늘과 땅과 우주의 정령들에 제사를 지내던 곳으로 아주 성스러운 지역이었다.

칭기즈칸은 이 성소에서 젤메와 보오르초와 더불어 세 번째의 동조자를 만났다. 그는 고려 유민의 후예로 알려진 모칼리였다. 칭기즈칸에게 모칼리는 또 하나의 큰 힘을 실어줄 사람이었다. 모칼리는 몽골 초원에 뜨는 큰 별을 알아본 첫 샤먼이었다. 모칼리는 샤먼 집단의 가장 인정받는 예언자였다. 그의 말에는 힘이 있었고 파급력이 강했다. 모칼리는 칭기즈칸에 대한 소문을 퍼뜨리기 시작했다. 몽골초원에 미래의 통치자가 출현했음을 공개적으로 선언했다.

"하늘은 칭기즈칸에게 이 대지를 통치케 할 것이다."

몽골초원은 들썩였다. 이 말의 근원지가 어디인가에 모두 관심이 쏠렸다. 몽골초원의 예언자, 모칼리에 의한 이 목소리는 아주 빠르게 그리고 커다란 파급력을 가지고 펴져 나갔다. 칭기즈칸이 몸을 의탁한 자모카의 귀에도 그 말은 전해졌다. 아주 미묘한 갈등이 일기 시작했다. 칭기즈칸과 자모카는 충돌이냐 결별이냐를 놓고 심각하게 고민하는 단계에 접어들고 있었다. 겉으로는 평온했지만, 안에서는 팽팽한 긴장이 감돌고 있었다.

사람들은 이런 긴장감을 짐짓 모른 체했지만, 그들과도 긴밀히 연결된 일이었다. 드디어 결정의 날이 다가오고 있음을 느꼈다. 충돌과 결별중 하나를 선택했을 때 어느 쪽에 서야 하는가를 그들도 결정을 내려야 했다.

샤먼집단 내에서도 이합집산을 위한 모임이 이루어지고 있었다. 이 중 샤먼집단의 강자인 바아린족의 족장인 코르치에게도 선택의 시간은 왔다. 모칼리와 텝 뎅그리는 사람들에게 가장 큰 파급효과를 미치는 영향력을 지닌 이 인물에게 접근했다. 그리고 설득했다. 만일 코르치가 칭기즈칸의 편에 서주기만 한다면 아주 큰 힘이 될 것이었다. 설득은 그리 쉽지만은 않았다. 칭기즈칸은 아직 미완의 그릇이었다. 그의 위치는 작고 초라했다. 그를 믿는다 하더라도 자모카의 수하에 있던 그를 지지하고 그가 실현코자 하는 야망에 동참한다는 것은 분명 모험이었다.

긴 설득의 시간이 지나고 코르치와 칭기즈칸이 마주앉았다. 마지막 담판이었다. 코르치는 직설법을 택했다. "당신이 나라의 주인이 된다면 나의 예언에 대한 보답을 무엇으로 하겠소?"라며 직접적인 보상을 요구했다. 대답은 간단했다. "만일 당신이 정말로 고원의 통치권을 내게 선사한다면, 당신을 1만 명의 지도자로 봉하겠다."라고, 코르치는 승낙하는 의미의 웃음을 지으며 함께 한 가지를 더 보탰다. "나를 1만 명의 지도자로 봉하시거든 고원에서 가장 아름답고 훌륭한 여인 중 서른 명을 선택하여 아내로 삼을 수 있는 권리를 허락하시오."라고. 이 말을 흔쾌히 승낙하면서 초원의 사내들이 던지는 덕담 같은 말이었다. 결판은 그렇게 칭기즈칸을 지원하는 쪽으로 났다. 칭기즈칸은 한쪽의 날개를 마저 얻어 비상할 수 있는 계기가 되었다.

그리고 운명의 날은 다가왔다. 자모카는 측근들과 회의 결과 칭기즈칸과는 결별하기로 했다. 자모카는 칭기즈칸보다 나이가 많았을 뿐 아니라 이 집단의 실질적인 지도자였다. 전체적인 위계상 자모카의 밑에서 그의 지시를 받아야 하는 것은 당연한 일이었다. 이복형을 죽일 만큼 강한 칭기즈칸의 카리스마는 자모카와 함께 생활하면서 많이 부딪혔을 것이다. 기록에는 어디에도 전하지 않지만, 칭기즈칸의 이 강렬한 카리스마는 결국 그들의 동맹 관계를 파국으로 치닫게 하는 원인이 되었을지도 모른다. 이 사건이 칭기즈칸으로서는 가장 큰 변화를 맞게 되는 기점이 되는 사건이라고 할 수 있었다.

1181년 5월 중순, 자모카는 겨울 야영지를 철수하고 여름 목초지로 갈 것을 명령했다. 긴 행렬의 선두에서 평소와 다를 바 없이 지도자의 의형제로서 자모카와 함께 말을 타고 가는 칭기즈칸에게 자모카는 선언을 했다. 예상은 하고 있었지만, 그날이 오늘이라고 생각하지 못했다. 자모카는 칭기즈칸에게 지도자의 자리를 함께할 수 없음을 일방적으로 선언한 것이다. 알게 모르게 점점 세력권을 넓혀가는 칭기즈칸이 두려웠다. 그러나 아무런 이유도 없이 내치기에는 그의 세력이 만만치 않았다. 공동으로 한 조직을 이끌어나가기에는 칭기즈칸의 야망이 짐이 될 수도 있었다.

자모카는 칭기즈칸에게 양과 염소떼를 데리고 가서 강가에다 야영지를 만들라고 지시했다. 따로 야영지를 지정하면서 양과 염소떼를 끌고 가서 야영하라는 것은 모종의 암시가 있는 것이다. 결별의 통지를 자모카는 그렇게 은유적으로 표현했다. 몽골족에게 말보다는 가치가 떨어지는 양과 염소를 별도의 지역에 끌고 가서 야영하라는 것은 지위를 한 단계 낮은 단계로 격하시키겠다는 것을 의미했다. 자신과 같은 지도자의 반열에는 놓아둘 수 없다는 것을 이야기하는 것이었다. 즉, 그 말은 헤어지자는 말의 다른 표현이었다. 이를 받아들이면 자신의 부하로서의 자리를 받아들이는 것이 되고, 그렇지 않으면 네 갈 길을 떠나라는 것이었다.

칭기즈칸은 이러한 사태를 맞고서 당황했다. 언젠가는 무리에서 떠나야 할 때가 오리라 생각했지만, 그날이 바로 오늘이라곤 예상하지 못했던 것이다. 자모카와의 동행이 일 년 반 정도 지난 시기였다. 칭기즈칸은 행렬의 무리 뒤에서 따라오던 자신의 가족과 일행들에게로 가서 이 소식을 알렸다. 자모카와 칭기즈칸의 분열은 이렇게 이루어졌다.

의형제이던 자모카와의 관계는 곧 적대적인 관계로 돌변했다. 엄청난 무리의 사람들이 각자 자신이 지지하는 사람을 향하여 발길을 돌렸다. 사람의 무리가 열을 이루어 나누어지는 분열의 광경은 아름다웠지만, 사람들의 표정은 굳어 있었다. 같은 목적을 가지고 살아가던 한 식구들이 적대적 관계로 나누어지는 현장을 바라보는 두 사람의 마음은 착잡했다. 한때는 의형제로 뜨거운 우정을 나누며 두터운 동맹을 축하하던 사이에서 이제는 서로 미워하며 서로에게 칼을 겨누게 될지도 모르는 사이로 나누어지는 것을 바라보고 있었다. 어느 쪽으로 더 많은 수의 사람들이 갈 것인지의 여부도 중요한 문제였다. 자신의 힘을 과시할 수 있는 근거가 되기 때문이었다.

이 긴박한 순간에 대샤먼 코르치가 사람들 앞에 나와 신의 계시를 공표했다.

나와 자모카는 성스러운 조상인 보돈차르가 잡아온 여인으로부터 태어난 자들이다. 우리 집단은 원래 자모카와 헤어져서는 안 된다. 그러나 나에게 신의 계시가 내려왔다. 나는 그 계시의 내용을 보았다. 하늘과 땅이 서로 논의하여 테무친을 국가의 주인으로 삼기로 했다. 이 신탁을 온 백성에게 전한다.

이 선언은 중대한 의미가 있었다. 칭기즈칸과 자모카를 따르는 무리가 각자의 선택을 하는 순간에 터져 나온 대샤먼인 코르치의 이 선언은 샤먼의 예언능력을 신봉하는 사람들의 마음을 흔들기에 충분한 내용이었다. 더구나 코르치 자신과 자모카는 같은 혈족이면서도 그 자신도 신의 계시를 따르겠다는 선언의 의미는 각별했다.

영원한 우정도, 영원한 적도 없는 것이 세상의 이치다. 흔히 사람의 관계를 이야기할 때 애증의 관계라는 표현을 종종 쓴다. 애증, 사랑과 증오라는 이 말이 한 쌍을 이루어 널리 사용되는 것을 보면 사람의 관계는 상당한 기복이 있음을 이야기한다.

칭기즈칸은 새살림을 차리는 처지이고 자모카는 자신의 살 중 한 부분을 떼어내는 아픔이었다. 결정이 이루어졌으면 행동은 확실하게 정리해야 한다. 신의에 어긋난다고 해서 어물거리면 모두 죽을 수 있다. 결정하기까지가 어렵지 일단 결정되면 모든 힘은 한 곳으로 쏟아 부어야 한다. 이제 두 사람은 동지가 아니라 적으로 초원에서 다시 만나게 될 것이다.

자모카는 칭기즈칸의 배반을 증오했다. 그러나 칭기즈칸의 배반을 자모카는 공격하지 않았다. 자신의 무리 중 일부의 사람들이 칭기즈칸을 선택하여 그 대열에 합류했음에도 징벌하지 않았다.

칭기즈칸은 이제 독립적인 세력을 가진 전사로서의 입지를 갖추게 되었다. 지금까지와는 다른 세상을 살아야 했다. 한 무리를 이끄는 지도자로서 판단하고 결정해야 하는 자리에 서게 된 것이다.

사업의 성공은 마음 약한 자에게는 오래 붙어 있지 못한다. 성공은 어질고 착한 곳에 있기보다는 악하고 거친 곳에 있다. 그리고 집요한 집착과 노력의 산물이다. 땀과 피를 요구한다. 인정을 베풀면서 사업에 성공할 수 없다. 경쟁사회에서는 때론 냉정한 결정을 해야 할 때가 있다. 전체를 보고 일부를 희생시킬 수 있어야 하고, 상대에게 지지 않기 위해서는 동지관계에 있는 사람에게도 승부근성을 발휘해야 할 경우가 생긴다.

돈과 명예는 더욱 그렇다. 모두가 가지고 싶어 하는 것을 내가 가지려면 내가 우선 강해야 한다. 그리고 그것을 가지고 싶어 하는 경쟁자들 간에 암투와 모함도 있을 수 있다. 그러한 도전을 다물리치고 일어선 자만이 성공할 수 있다.

칭기즈칸이 자모카와의 결별 시에 그러했듯 살아남기 위해서나 성공하기 위해서는 비정한 결정이 때로 필요하다. 그러한 법칙을 익힌 사람이 이 세상에서는 살아남을 가능성이 높다.

꿈꾸지 않는 자에게 미래는 없다. 성공의 기회는 누구에게나 오지만 아무나 성공하는 것은 아니다. 성공하는 사람은 달라야 한다. 남과 같아서는 결코 성공할 수 없음을 깨달아야 한다. 남들이 그 일은 성공할 수 없다고 할 때 일어서는 사람만이 성공할 수 있다.

칭기즈칸은 단호하게 결정했다. 배신일 수 있었지만 살아남기 위한 최후의 선택이었다. 다른 사람이 할 수 있는 일이라면 그것은 평범한 일일 가능성이 크다. 남들이 몽상가라고 할 때 그 길로 가는 사람은 성공의 길로 한발 다가서는 것이다. 세계는 열려 있다. 그 열린 길을 가는 것은 떠오르는 태양처럼 열망을 가진 사람의 것이다. 몽상가만이 새로운 것을 만들 수 있다. 그리고 새로운 길을 발견할 수 있다. 칭기즈칸은 다시 도전했다.

칭기즈칸은 배반으로 세상을 다시 열었다. 칭기즈칸은 주문하듯 외웠다. 실패를 두려워 마라. 설령 실패할지라도 도전하지 않

은 것보다는 낫다. 삶은 모두가 도전이다. 가장 큰 도전은 이미
탄생으로 이루어졌다.

제4장

세상에서 가장 큰 적은
자기 자신이다

■ 자신을 아군으로 만드는 일부터 시작하라

■ 산은 넘으라고 있는 것이다

자신을 아군으로 만드는 일부터 시작하라

성공하려면 무엇이 가장 중요하다고 생각하느냐고 물었다. 대답은 명쾌하고 단순했다. '욕을 먹을 준비가 되어 있느냐' 라는 것이었다. 의외의 답에 잠시 그럴까 하는 의문이 들었지만 결국은 수긍이 가는 답이었다. 욕을 얻어먹지 않고 성공을 하기란 쉽지 않다. 분명하게 보인다. 자신을 극복하지 못하면 무엇도 이룰 수 없다. 자기 자신을 극복하는 순간 비로소 세상에 도전할 기회가 주어진다.

이 세상을 살아가는데 가장 큰 적은 자신이다. 또한, 자신은 이 세상을 살아가는데 영원한 우군이기도 하다. 자신을 인생의 적으로 만들지 말아야 한다. 새로운 세상을 보려면 산을 넘어야 한다. 더 큰 세상을 보려면 바다를 건너야 한다. 내가 보는 세상은 우물 안일 수도 있다.

더 큰 세상으로 나가기 위하여 반드시 넘어야 할 산은 바로 자신이다. 사람들은 말한다. 세상이 나를 도와주지 않아서 성공하지 못했다고. 어떤 사람들은 성공한 다른 사람에 비해서 자신의 환경이나 여건이 부족해서 라고 말한다. 세상은 한 사람을 돕지도 끌어내리지도 않는다. 세상은 그 자리에 그냥 있을 뿐이다. 세상과 악수를 하고 다가서야 하는 것은 자기 자신임을 잊어서는 안 된다. 그 다가서는 길목에 자신이 버티고 서 있는 것이다. 언제나 인생을 이끌어 가는 것은 자기 자신이다. 망설이는 마음도 자신이고 무슨 일을 벌이려 하는데 자신 없어 하는 마음도 자기 자신이다.

최전선에서 진두지휘해야 할 사람은 자기 자신임을 잠시라도 잊어서는 안 된다. 자신을 넘어라. 자기 자신이 가장 큰 적임을 깨닫고 자신을 설득하고 앞으로 나아갈 때 비로소 세상으로 들어가는 문은 열린다.

우리에게 아픔이 크면 클수록, 슬픔이 깊으면 깊을수록, 괴로움이 많으면 많을수록 자신을 돌아보는 성찰이 필요하다. 남들이 사는 모습은 커 보이고, 자신의 성공은 보잘것 없는 것으로 여긴다. 자신의 고통이나 실패는 자기 일생을 완전히 망칠 만큼 중대사로 받아들여, 한번 실패하면 자기 학대를 일삼는다.

내가 경험한 세상은 나만 아는 것이 아니다. 나만의 고통이 아니고 나만의 지식이 아니다. 같은 세상을 사는 사람들이 공유한 경험이다. 같은 가치관과 인생관으로 이 세상에 접해 살아가기 때문이다. 내가 아는 것은 남도 안다. 내가 힘들 때는 남도 힘이 든다. 어려움을 극복하기 위해서는 자신을 긍정적으로 바라보고 자신에게 자신감을 불어넣어 주어야 한다.

자신을 가장 잘 아는 사람은 자신이다. 세상이 나를 배반했다고 하는데 가만히 생각해 보라. 세상이 변한 것이 아니라 내가 변한 것이다. 내가 슬프면 세상도 슬퍼 보인다. 내가 기쁘면 세상도 생기발랄해 보인다. 내가 먼저 변해야 세상도 변한다. 웃음을 얼굴에 담고 있으면 주위에 사람들이 모여든다. 나를 만나면 즐거우니까. 얼굴을 찡그리고 있어 보라. 말을 붙이려다 돌아간다. 세상을 바꾸고 싶으면 나를 먼저 바꾸어야 한다.

나 자신을 객관적으로 볼 수 있으면 나 자신이 스승이 된다. 그러면 길이 보인다. 그 길로 가면 세상은 문을 열어준다.

내면의 소리는 개인의 재능과 열정을 뜻한다. 사람의 잠재적인 기억이 표면으로 노출된 생각보다 훨씬 많은 정보를 저장하고 있다. 그 정보는 자신의 더 중요한 고급정보를 뜻한다. 칭기즈칸은 자신의 목표를 조직원들의 목표와 일치시켰다. 조직 공동의 비전과 가치를 만들어 함께 실천하면 더욱 좋다는 것이다. 꿈꾸는 지도자는 조직원도 꿈을 꾸게 한다. 칭기즈칸이 그랬다. 칭기즈칸은 부족을 통일한 후 그는 몽골족의 꿈을 자신이 그리던 꿈과 일치시켰다.

가지지 못한 자는 가질 수 있는 길을 볼 수 있도록 미래를 보여주었다. 더 나은 세계를 향하여 자발적으로 달려갈 수 있도록 몽골족 모두가 하나의 꿈을 가지도록 했다. 먼저 자신들의 가족을 납치해서 팔아먹고 노예로 부리고 또한 죽인 원한을 갚자는 목적을 일깨웠고, 새로운 세계로의 도전이 몽골족의 희망이 되도록 했다. 칭기즈칸은 과거에 얽매이지 않고 미래로 향하는 길을 몽골족 모두에게 보여주었다.

그는 이 결정을 위해 산으로 들어갔다. 마음에 들려오는 소리를 듣기 위하여 간절히 기도했다. 초원의 부족들은 정치적이거나 세속적인 권력은 초자연적인 곳에서 얻는 것으로 생각했는데, 그래서 산은 그들에게 더욱 신성한 장소였다.

몽골족은 정령신앙을 믿었다. 주위의 정령에 기도했다. 그들은 '영원한 푸른 하늘', '태양의 황금빛'을 비롯하여 자연의 영적인 힘을 섬겼다. 부르칸 칼둔은 가장 높은 산이다. 몽골족에게는 신의 산이라고 불리는 아버지와 같은 산이었다. 지상에서 가장 하늘에 가까운 산이었다. 그곳에서부터 발원한 세 개의 강이 몽골 초원을 적셔주었다. 부르칸 칼둔은 몽골인에게는 아주 신성한 성소였다.

칭기즈칸은 자신을 단련하기 위해서 기도했다. 위험에 처했을 때 자신을 구해준 것에 감사하는 기도를 드렸다. 그리고 원정을 하거나 큰 전환점에서 나아갈 길을 묻고 답을 얻으려 할 때 산을 찾아들어 기도했다. 승리를 위한 기도를 드렸고, 승리를 하고 나서 감사의 기도를 드렸다. 산에 있는 신을 믿음으로써 경건해지고 마음을 내려놓은 상태로 지금 자신이 처한 상황을 객관적으로 바라볼 수 있었다.

신은 겸손해지는 방법을 알려주었고, 그가 나아갈 길의 방향을 알려주었다. 기도하고 나면 평상심을 찾을 수 있어서 세상이 위에서 내려다보이는 듯이 느껴졌다. 그러면 나아갈 길이 보였다. 칭기즈칸은 언제나 나아갈 길을 산에서 찾고 추진할 힘 또한 산에서 얻었다. 그리고는 망설임 없이 그 길을 갔다.

산은 넘으라고 있는 것이다

자신을 스스로 채찍질하는 자만이 성공할 수 있다. 남의 채찍에 맞고서 움직이는 사람은 노예다.

장애는 극복하라고 있는 것이다. 인생에서 장애가 없다면 극복이라는 말도 없었을 것이다. 장애를 극복한 자만이 얻을 수 있는 성공이란 열매는, 땀과 노력의 산물이다. 땀에는 소금기가 묻어 나온다. 노력하는 자는 썩을 수가 없다. 땀에는 썩지 말라고 소금기가 들어 있다.

칭기즈칸은 자신에게 채찍을 들이댔다. 어려움을 당한 순간 칭기즈칸은 새로운 꿈을 만들어냈다. 그리고 행동으로 옮겼다. 사람에게 희망이 있으면 그 사람이 가는 길에는 등불이 켜진다. 길은 언제나 갈림길이다. 갈림길을 두려워할 것은 없다. 꿈을 가진 사람은 어느 길을 선택하더라도 성공이 기다리고 있다. 희망처럼 세상을 밝게 인도하는 길은 없기 때문이다.

한국은 세계 속에서 가장 독특한 자리에 자리를 잡고 있다고 해도 지나치지 않다. 지정학적으로 어느 곳으로나 뻗어갈 수 있는 장소지만 강대국들이 상대국을 침범하기 위한 다리로 이용할 수도 있는 위치다. 주변국이 강대국이라는 인식을 하면 고립된 모습이고 우리가 뻗어나가기 위한 활로로 보면 세계로 나가는 출발점이다.

주변을 보라. 세계에서 가장 많은 인구를 가졌으며 현재 최고의 속도로 발전하는 중국, 한때 미국과 더불어 세계를 두 진영으로 나누어 공산국가들을 이끌던 러시아, 바로 바다 건너 경제 대국이라 불리는 일본, 그리고 태평양을 사이에 두고 세계 최강을 자랑하는 미국이 한국을 둘러싸고 있다. 우리의 국력이 약해지면 그들 강대국의 발아래 놓일 것이고, 우리의 국력이 강해지면 그들에게로 진출하여 우리의 문화와 기술을 전파하는 상생의 징검다리가 될 것이다.

우리는 여러 번의 아픈 경험을 했다. 칭기즈칸이 일본을 공격할 때 그들의 징검다리가 되었고, 일본이 중국을 치기 위한 징검다리가 되어 짓밟힌 전쟁이 임진왜란이다. 역사는 반복하기도 하지만 때로는 역사의 흐름이 바뀌기도 한다. 우리는 그 전환의 핵심일뿐 아니라 그 전환의 시기를 직접 사는 사람들이기도 하다. 주변 강국에 의해 휘둘리고 짓밟히는 징검다리가 아닌 우리가 스스로 주인이 되어 문화와 경제에 새로운 피를 수혈하는 상생의 징검다리를 놓아 오히려 그들을 이끌어 가는 꿈의 시대를 만들어야 한다.

대한민국이 동북아의 허브가 되고 세상의 중심이 되는 것이다. 주변 강국의 경유지가 아니라 출발점이 되어 우리의 힘이 세계로 뻗어나가서 희망의 사물놀이를 한판 거방지게 벌여 볼 때가 온 것이다. 누구나 태어날 때는 빈손이었다. 누구나 처음부터 부자가 된 것이 아니고 누구나 처음부터 권력을 잡은 것이 아니다. 고통과 역경 그 뒤에 성공은 있다. 봄은 겨울을 이겨낸 자만이 도착할 수 있는 유토피아다.

할 수 없는 일이 있는 것이 아니라 할 수 없다는 마음이 그 길로 가는 것을 막았을 뿐이다.

칭기즈칸이 초원의 게르에서 태어났을 때 누가 그를 주시한 사람이 있었는가. 아무도 없었다. 아버지가 독살되고 부족에게서 버림받았을 때 살아갈 길이 막막했다. 자신의 이복형제를 죽이고 살인자라는 죄인이 되어 도망 다닐 때 그는 초원에서 살아남기조차 벅찼다.

어떤 강도 강이 시작되는 근원지로 가면 아주 작은 시내에 불과하다. 나를 만드는 것은 우선 나 자신이다. 내가 능력이 있으면 사람들이 모인다. 사람의 능력이란 것은 자석과 같아서 능력이 클수록 많은 것이 달라붙는다. 돌아다니면서 사람을 모은다는 것은 힘들다.

유럽 기사단의 군장 무게는 70킬로그램 정도 되었다고 한다. 몽골군의 군장은 그것에 비하면 아주 가벼웠다. 모든 일은 상황에 맞게 대처해야 활동의 폭을 늘릴 수 있다. 부족한 것이 문제가 되기보다 정신력이 문제가 된다. 현대에 와서는 더욱 경량화가 필요하고 변화에 적응하는 능력이 우선되는 사회인데 몽골의 푸른 군대는 이미 그 시대에 모든 면에서 경량화를 실천하고 있었다.

강은 건너라고 있는 것이다. 창고의 벽이 견고하다는 것은 중요한 것이 들어 있다는 것이고 벽이 높다는 것은 그곳에 큰 것이 있다는 것이다.

좋은 것은 너도나도 노린다. 세상을 지배하는 것이 얼마 전까지만 해도 물리적인 힘이었는데 이제는 속도다. 먼저 선점하는 것이 절대적 우위를 점하게 된다.

몽골의 전사들이 가진 최대의 무기는 속도였다. 말 위에서 달리고, 먹고, 쉬는 그들의 속도는 무서울 정도였다. 그들의 공격이 시작되어 그들을 발견했을 때는 이미 늦었다. 준비도 되기 전에 그들의 말발굽에 점령당했다. 망설이는 시간이 낭비한 시간이듯이 준비하는 시간이 길면 이미 늦다.

칭기즈칸은 자신이 하늘로부터 '해가 뜨는 곳부터 해지는 곳까지 지배하라.' 라는 계시를 받았다고 믿었고 자신의 신념을 끊임없이 확산시켰다. 무협소설 같은 이야기에서만이 가능한 이야기다. 하지만 칭기즈칸은 이러한 터무니없는 비전을 제시했고, 몽골의 전사들은 그의 말을 믿고 따랐다.

한 사람의 꿈은 꿈이지만, 만인이 꿈꾸면 현실이 된다.

　칭기즈칸의 이러한 신념과 확신은 부하들에게도 고스란히 파급
되었다. 가장 강한 사람이란 자신의 내면에 자리 잡은 욕망을 확
인하고 추진하는 사람이다. 그리고 강한 사람은 자신의 의지와 욕
망을 실현하기 위해 주위 사람들의 도움을 받는다.

　모든 일은 혼자서 해결할 수 없다. 인간에게는 다른 동물에게
서는 찾아보기 어려운 조직력과 사회를 구성하고 있다. 능력있
는 사람은 그 조직을 백분 활용한다. 어떤 사람은 권력을 이용해
강제적인 방법을 동원하여 목표를 달성하고, 어떤 사람은 공동의
욕망으로 만들어 자발적인 참여를 유도하여 목표를 달성시킨다.
뛰어난 지도자는 개인의 욕망을 사회조직의 욕망으로 만드는 능
력을 갖추고 있다.

제5장

칭기즈칸은 주위에 꿈을 믿는 사람들을 배치했다

■ 칭기즈칸은 꿈을 만들고 이를 따르게 만들었다

■ 병사들과 똑같이 갈증을 느끼고, 똑같이 허기를
느끼며, 똑같이 피곤해야 한다

■ 칭기즈칸은 사람의 귀가 둘이고 입이 하나인
이유를 지키며 살았다

칭기즈칸은 꿈을 만들고 이를 따르게 만들었다

　　칭기즈칸은 몽골 천하를 평정한 후에 얼마 동안 어떠한 활동을 했다는 기록이 없다. 그 기간은 아마 출정을 준비하는 기간이었을 것이다. 조직을 강화하고 부하들을 몰고 사냥을 즐겼다. 그들에게 사냥은 전쟁준비의 한 과정으로 가장 훌륭한 훈련방법이었다.

　　자모카와의 만남과 헤어짐에서 칭기즈칸이 얻은 것은 두 가지였다. 하나는 자모카에게 속해 있었던 부족원을 그가 데리고 나와 그를 지지하고 따르는 무리가 생겼다는 것이고, 다른 하나는 자모카와 함께 있을 때 자연스럽게 지도자 수업을 하게 된 일이다. 그리고 이제는 혼자가 아니라 무리의 지도자로서 책임과 의무가 주어진 인물이 되었다.

　　이제는 중요한 결정이나 미래를 향한 방안을 생각해야 했다. 칭기즈칸이 역사에 남은 인물이 된 이면에는 알게 모르게 자모카의 지원과 인정도 한몫했을 것이다. 그를 만나 힘을 얻었고 그를 만나 조직세계를 체험했다. 그리고 처음으로 자신을 따르는 집단을 형성한 계기가 되었다. 칭기즈칸과 자모카는 어려서부터 세 번에 걸쳐 의형제의 서약을 한 사이다. 그럼에도, 두 사람은 갈라서고 말았다. 칭기즈칸은 자모카에게서 여러가지로 얻은 바가 많았다. 아내를 찾기 위해서 도움을 요청했을 때 아무런 조건 없이 목숨을 건 전투에 나서 준 사람이 자모카였다. 그러나 칭기즈칸은 한 발 앞으로 나아가야 할 때임을 인지하고 자모카와의 결별 시에 자신도 살아남기 위해서 자신을 따르는 조직의 일원을 이끌고 나와 새로운 조직을 만든 것이다.

인생에서 기회는 여러 번 오지 않는다. 한번 온 기회를 놓치면 한동안 기회는 오지 않는다. 인생은 그리 길지 않다. 자모카와 헤어진 칭기즈칸은 왕성한 활동을 했다. 자모카와의 결별 이후 두 사람은 경쟁관계로 돌입했다. 칭기즈칸에게는 자신의 인생을 통해서 최초의 실험이자 자신의 뜻을 펼칠 수 있는 무대를 제공받은 것이다. 의형제가 적이 된 것이다. 세상에서 가장 가까운 사람이 가장 큰 적이 될 수 있다. 함께 생활한다는 것은 애증을 동반한다. 가장 가까운 사람에게 이해관계가 발생하기 마련이다.

이러한 관계의 변화는 칭기즈칸에게 몇 번 찾아왔었다. 칭기즈칸의 아버지 예수게이가 죽었을 때 부족들은 그의 아들인 칭기즈칸을 버렸다. 아버지가 족장으로 있던 부족에게서 버림을 받았던 것이다. 그리고 지금 의형제였던 자모카와의 관계에서 다시 냉혹한 현실을 확인하고 있었다. 앞으로 펼쳐질 옹칸과의 관계에서도 그런 변화의 조짐이 보이고 있었다. 자모카와 칭기즈칸은 자신의 세력을 확대하기 위하여 같은 몽골족에 속하는 귀족과 씨족들을 각자 자기편으로 끌어들였다. 새로운 충성서약과 동맹관계가 맺어지고 기존의 관계는 새로이 변화되어 갔다.

초원에서의 힘의 균형은 하루가 다르게 변해 갔다. 격랑의 파도가 몽골의 푸른 초원에 몰아치고 있었다. 몽골족은 그들보다 강한 케레이트나 타타르 그리고 나이만처럼 모든 가문을 하나의 부족으로 통합하지 못하고 있었다. 아직도 나누어진 채로 소규모 집단을 이루고 있었다. 이들 중 하나만 움직여도 힘의 균형이 깨어지므로 새로운 지평을 열기까지 치열하게 싸워야 했다. 먹히지 않고 살아남기 위해서는 강해야 했다. 어느 한 쪽이 전체를 휘어잡을 만큼 강하지 못해서 이합집산이 수시로 일어나고 있었다. 칭기즈칸은 자모카와 헤어지고 나서 8년이 지났을 즈음 몽골족의 우두머리를 상징하는 칸이라는 칭호를 갖기로 했다.

그의 나이 27세 되던 1189년 여름이었다. 초원에서 가장 생기가 넘치는 시기는 여름이다. 누렇게 말랐던 초원에 봄이 오면 대지는 푸르게 물이 올라 살아나고 가축들은 넘치는 활력으로 주체하기 어려울 만큼 왕성한 식욕을 자랑했다. 초원에서의 봄은 짧았다. 긴 겨울이 지루하긴 했지만, 겨울을 잘 넘기고 살아남은 동물들은 봄을 만날 수 있었다. 그래서 여름은 황금기였다. 초원 전체가 푸르렀고 힘이 넘치는 시기였다.

칸이 된다는 것은 남다른 의미가 있었다. 몽골족의 진정한 일인자임을 인정받는 것이었다. 그리고 부족 간의 경쟁을 공식선언하는 것과 같았다. 몽골족은 여러 부족으로 흩어져 있어 다른 부족들처럼 힘이 없었다. 칭기즈칸의 아버지 예수게이가 족장으로 있던 부족과 자신과 경쟁관계에 있는 자모카. 그리고 여러 소 부족들이 흩어져 있는 상태에서 그들에게 칸으로 인정받으려는 야심을 가진 선언이었다.

칭기즈칸은 추종자들을 심장모양의 산 아래에 있는 푸른 호수 옆으로 불렀다. 몽골족의 전통회의 방식인 쿠릴타이를 열기 위해서였다. 각각의 독립된 가족, 가문, 씨족에게는 이 회의에 참여하는 것이 곧 투표행위였다. 이러한 때 참석한다는 것은 그를 인정한다는 것을 의미했다. 반대로 참석하지 않으면 그를 인정할 수 없다는 것을 말한다. 참석 여부가 투표행위가 되는 특별한 회의 방식이었다.

초원에서는 누구의 편도 들기가 애매한 입장이었던 사람들이 있었다. 자모카도 칭기즈칸도 절대강자가 아니었기 때문에 잘못하면 곤란한 처지에 놓일 수 있을 것을 염려했을 수도 있다. 그리고 무엇보다 칭기즈칸은 미지의 존재였다. 그때까지도 칭기즈칸은 케레이트족의 수장인 옹칸의 수하에 있었다. 그의 보호 아래에 있는 존재였다. 칭기즈칸은 자신의 가족, 친구, 그리고 자모카의 수하에 있던 몇 부류의 가족들로 이루어진 작은 집단의 우두머리였다.

칭기즈칸은 자신의 이런 신분 변화에도 옹칸에게 도전하려는 생각이 없음을 분명히 밝히기 위해 사절을 보내 충성을 재확인하고 그의 승인을 받았다. 그러면서 아직도 하나의 통합된 조직으로 뭉치지 못하고 흩어져 있는 부족들을 끌어모아 몽골족의 집단을 만들고 싶다는 의사를 전달했다.

　기록에는 참석자 수에 대한 언급이 없는 것으로 보아 동조자가 그리 많지 않았음을 간접적으로 이야기하고 있다. 흩어져 있는 몽골족들이 곧바로 그의 산하로 모여들기에는 그 당시 칭기즈칸의 위치로 보아 흡입력이 부족했을 것으로 짐작된다. 그렇지만, 칭기즈칸은 소수집단의 지도자로서 인정받은 것에 만족했다. 그리고 새로운 준비를 위한 전열을 가다듬는데 전력했다.

　힘은 스스로 만드는 것이다. 내가 강해야 세상이 찾아온다. 몽골 전체를 통일한 것은 아니었지만, 칭기즈칸은 소규모 집단의 지도자가 되었다. 한때 한솥밥을 먹던 자모카는 칭기즈칸의 칸 등극을 인정하지 않았다. 즉각적으로 자모카는 반발했다. 몽골비사에 전하는 바에 의하면 그는 이렇게 질타했다.

　　의형제인 칭기즈칸이 나와 나누어지지 않고 한곳에 있을 때 왜
　　의형제인 칭기즈칸을 칸으로 뽑지 않았는가? 너희는 지금 어떠한
　　생각을 품고 그를 칸으로 뽑았는가?

　자모카는 칭기즈칸을 따라간 자신의 부족들을 증오했다. 초원에는 점점 긴장감이 높아지고 있었다. 자모카 자신에게서 떨어져 나간 무리가 칭기즈칸을 칸으로 뽑았다면 아직도 칸으로 등극하지 않은 자신의 위치는 애매해 진다. 칭기즈칸보다 아래에 있게 되는 아주 받아들이기 어려운 상황이 되는 것이다. 더 세력을 강화하고 나서 진정한 몽골족의 칸으로 등극하려고 했던 자모카의

입장이 어려워진 것이다. 그리고 칭기즈칸이 떨어져 나간 후 칸으로 등극했다는 것은 몽골족의 통일을 꿈꾸어온 자모카의 입장으로서는 도전장을 받은 것과 같았다.

옹칸은 칭기즈칸이 자신의 수하임을 인정할 때 칭기즈칸의 칸 등극을 받아들이겠다고 선언했다. 옹칸 자신에게 도전하는 자들은 죽음만이 있을 뿐이라는 통보를 해왔다. 그러나 내용은 이랬다. 칭기즈칸을 자신의 아들로 인정한 옹칸으로서는 칭기즈칸의 성장이 그리 두려운 존재가 아닐 뿐 아니라, 결혼예물로 받은 담비 모피까지 자신에게 선물하며 충성을 서약한 칭기즈칸을 그리 견제할 입장이 아니었다.

몽골제국의 진정한 강자가 되기 위해서는 그와 의형제였던 자모카와 일대 격전을 벌여야 했다. 초원에서는 한 사람의 강자만을 인정한다. 남자들의 세계에서 강자는 하나다. 칭기즈칸은 초원에서 여러 번 곤경에 빠졌지만, 번번이 살아남았다. 살아남아서는 늘 신에게 감사의 기도를 드리며 재기를 다짐했다.

칭기즈칸은 나아갈 때와 물러설 때를 항상 생각하는 지도자였다. 힘이 없을 때 욕망을 실현하려는 것이 얼마나 어리석고 무모한 것인가를 성장하면서 겪어왔다. 나약한 욕망은 좌절될 뿐이었다. 기다리는 시간은 준비하는 시간이고 기회를 엿보는 시간이다. 그 머물러 있는 시간을 활용하지 못하면 성공하지 못한다. 기회가 왔을 때 잡을 수 없기 때문이다.

어떠한 길을 선택하느냐는 진정 중요한 문제다. 방향이 틀리면 큰일을 성사시키는데 어려움이 따른다. 확대냐, 안정이냐를 결정하면 그 다음의 그림이 그려진다. 확대로 가는 길은 분명 역경이 따른다. 칭기즈칸은 큰 세상으로 가는 길을 선택했다. 고난이 기다리고 있겠지만 성공하는 사람에게 고난은 극복하기 위해 있는 것으로 생각했다. 욕망은 사람을 크게 만든다. 꿈을 꾸는 자만이 이루어낼 수 있다.

칭기즈칸은 꿈을 믿는 사람들을 주위에 배치했다. 꿈이 없는 사람은 배제했다. 꿈을 믿는 사람은 지위와 상관없이 혈족과 상관없이 중책을 맡겼다.

초원의 부족들은 칸을 정점으로 하여 그의 친족들이 요직을 차지하고 부족을 관리해 왔다. 오랜 전통이었다. 혈연에 의한 씨족 공동체의 모습이라고 할 수 있었다. 능력이 있어도 상위의 자리를 차지하기는 어려웠다.

칭기즈칸은 칸으로 등극하고 나서 친족관계를 무시하고 개인의 능력과 충성도의 등급에 따라 지위를 주었다. 이것은 칭기즈칸이 더 큰 세계로 나아가는데 하나의 중요한 계기가 되었다. 누구에게나 능력이 있으면 꿈을 실현할 길을 열어놓음으로써 조직의 사기가 올랐다.

아직도 혈연과 지연을 끊지 못하고 능력 있는 사람이 사장되는 우리의 현실에서 볼 때, 이러한 일이 얼마나 과감한 도전이었는가를 말해준다. 하나의 뛰어난 능력이 있으면 그것으로 성공할 수 있는 길을 열어준 것이다.

칭기즈칸은 친족관계를 무시하고 요직에 능력 위주로 자리를 채웠다. 칸의 가장 가까운 곳에서 그의 목표와 지도원리를 이행할 개인보좌관격의 직위는 보오르초와 젤메에게 맡겼다.

신임하는 사람들에게는 주방일을 맡겼다. 아버지 예수게이가 독살을 당한 것에서 경험한 바를 예방하려는 조치였다. 날마다 전쟁이라고 해도 지나치지 않을 만큼 전쟁으로 물고 물리는 긴장된 상태에서 음식을 담당하는 일은 중요한 부분이었다. 쉬는 시간도 경계해야 했고 다음 전투를 위한 준비를 해야 했다. 가축을 기르고 가족을 돌보는 일 외에 언제나 적의 습격에 대비하고 살아야 했다.

야망을 실현하기 위한 준비로서 가장 중요한 일은 모든 조직원에게 꿈을 심어주는 일이었다. 노예나 하층계급의 조직원도 능력을 발휘하면 인정받을 길을 열어 조직에 활력을 불어넣어 주었다. 사람의 재능과 능력에 따른 권력을 배분하도록 한 조치는 칭기즈칸의 핵심적 업적이다.

병사들과 똑같이 갈증을 느끼고, 똑같이 허기를 느끼며, 똑같이 피곤해야 한다

나 이외의 사람은 모두 나의 스승이다. 나보다 능력이 떨어지는 사람과 함께 하면서는 개선할 점을 배우고 나를 돌아볼 기회를 얻고, 나보다 능력이 뛰어난 사람에게서는 그 능력을 배워야 한다. 부족한 사람이나 뛰어난 사람이나 자신의 강점과 약점을 함께 가지고 있다. 사회적으로 성공한 사람도 부인의 음식 솜씨를 따라갈 수 없고 아이들과 오순도순 살갑게 정을 나누는 방법을 모를 수 있다. 극단적으로 표현하면 생을 포기한 노숙자도 무료한 시간을 견디는 능력과 아무것도 가지지 않고도 추운 겨울밤을 견딜 수 있는 능력을 갖추고 있다. 나 이외의 사람은 모두 스승일 수 있다. 진정한 삶의 방향과 전문성을 가진 몇 사람을 자신의 주변에 두고 있다면 정말 어려울 때 그의 도움을 받을 수 있다.

칭기즈칸의 어록인 『대자사크』에 이렇게 적혀 있다.

> 윗사람이 말하기 전에 입을 열지 마라. 자신이 생각하는 것과 다른 말을 들으면 자신의 의견과 잘 비교하라.

그리고 그가 어떤 사람이었는가를 말해주는 내용도 적혀 있다.

> 예순베이는 참 훌륭한 병사다. 아무리 오래 싸워도 지치지 않고 피로한 줄 모른다. 그래서 그는 모든 병사가 자기 같은 줄 알고 성을 낸다. 그런 사람은 지휘자가 될 수 없다. 군대를 통솔하려면 병사들과 똑같이 갈증을 느끼고, 똑같이 허기를 느끼며, 똑같이 피곤해야 한다.

그의 부하에게서도 배우는 칭기즈칸을 발견할 수 있는 내용이다. 몇 사람을 듬직한 생의 동반자로, 후원자로 곁에 둘 수 있다는 것은 살아가는데 큰 힘이 된다. 누군가 나를 찾아오게 하려면 내가 먼저 그에게 필요한 사람이 되어야 한다. 내가 누군가의 도움을 바란다면 나는 그에게 무엇을 도와줄 수 있는가를 먼저 고민해야 한다. 영원한 동지는 서로에게 필요한 존재여야 한다. 그래서 함께 승자가 되는 상생의 관계에서 출발하고 유지되어야 한다. 우리가 기억하는 칭기즈칸을 만든 것은 그 자신만의 힘으로는 불가능하다. 그를 믿고 따르는 충직하고 변함없는 그의 주변 사람들에 의해 가능했다. 목표에 대한 신념과 목표를 이루려는 각오가 합치되어 위대한 역사적 과업을 수행했다. 때로는 틀린 판단일지라도 목표가 정해지면 수단 방법을 가리지 않고 행동을 같이 한 그들의 행보가 진정 아름다울 수 있었던 것은 서로에 대한 믿음이 있었기 때문이다.

평생 그의 처음이자 마지막이었던 안다, 즉 의형제는 자모카였다. 자모카와의 관계에서 그는 얻었고 반대로 자모카에게 준 것은 없었다. 어쩌면 자모카에 의해 그는 초원의 지도자로 성장할 수 있지 않았을까. 그가 없었다면 도망자의 처지에서 벗어나 작은 기반이라도 마련하기란 쉽지 않았을 것이다. 그와의 인연은 초원을 완전히 평정할 때까지 이어진다.

칭기즈칸은 행운아였다. 그의 수하에 들어온 부하들은 끝까지 충성했다. 믿음으로 그를 따랐고 칭기즈칸 또한 끝까지 그들을 저버리지 않았다. 몽골 평원의 평정과 세계를 정복하는데 이들의 역할은 절대적이었다. 명령이 떨어지면 그들은 칭기즈칸이 지적하는 장소로 달려갔고 목적하는 바를 이루었다.

그에게 충성했던 인물 중 첫 번째로 만난 인물은 보오르초였다. 칭기즈칸이 자신의 의지로 맺은 최초의 만남으로 이 둘의 만남은 칭기즈칸의 수난에서 비롯되었다. 당시 칭기즈칸은 공동 유목생활에서 추방되어 의지할 데 없는 처량한 신세로 어려움 속에서 삶을 이끌어가고 있었다. 그즈음 해서 칭기즈칸 일가가 기르는 수말 여덟 마리를 도난당했다. 젊은 혈기가 왕성했던 칭기즈칸은 도둑맞은 말을 찾기 위해 초원을 수색하던 중 말 젖을 짜는 보오르초를 만났다. 보오르초는 칭기즈칸을 도와 도둑들을 추격하는데 흔쾌히 참여했다. 두 사람은 사흘 밤과 낮을 추격해 잃어버린 말들을 찾았다. 어려운 시기에 적극적으로 도와준 보오르초에게 칭기스칸은 도움에 대한 보상으로 말을 나누어 주겠다고 제의했다. 보오르초는 칭기스칸의 제의를 정중히 거절했다. 대장부란 고통을 나누는 것이니 동지로서 받을 수 없다는 것이었다. 고통을 함께 나누는 것이 벗의 의무인데 도움의 대가로 말을 받는다면 벗이 될 수 없다며 그는 사양했다. 그리고 자신의 자리로 돌아갔다.

보오르초는 당시 유목민들에게 일반적으로 행해지던 보상을 거절한 것이다. 유목민들의 관습에 의하면 잃어버린 것을 찾아주거나 도둑맞은 물건을 찾아주었을 때는 나누어 가지는 것이 합당한 법이었다. 보오르초는 이 관행을 깨면서 칭기스칸을 위하여 기꺼이 수고를 해 주었다. 보오르초의 어머니는 사흘 만에 돌아온 아들에게 그간 있었던 이야기를 듣고는 "이제 너희는 벗이 되었으니 항상 서로 생각해야 한다. 오늘 이후 너희는 서로 버리지 마라."라는 당부와 함께 두 사람의 우정을 축하해 주었다.

칭기스칸의 인생에 많은 도움을 준 두 번째의 인연은 젤메와의 만남이다. 보오르초가 믿음의 동지라면 젤메는 충성의 상징이라 할 수 있다. 젤메와의 만남은 이렇게 묘사되어 있다.

오리앙카이 씨족 출신의 대샤먼인 자르치오다이 에부겐은 등에 풀무를 짊어진 채 한 청년을 데리고 칭기스칸을 찾아왔다. 그리고 말하기를 "오논강의 델리운 볼다크에서 당신이 태어났을 때, 나는 담비털 포대기를 예물로 주었다. 그리고 나의 아들인 젤메도 주었다. 당시 젤메가 당신이 너무 어리다고 해서 지금 다시 데리고 왔다. 이 아이에게 말안장을 얹거나 문을 여닫게 하는 일을 시키라."라고 했다.

이 기록에는 여러 가지 의미가 담겨 있다. 젤메를 하인으로 써 달라는 대샤먼인 자르치오다이 에부겐의 뜻은 뭔가를 의미하고 있다. 미래를 내다보는 주술적인 힘을 가진 샤먼이 왜 칭기즈칸이 태어났을 때 담비털과 함께 젤메를 선물로 주었느냐는 것이다. 그는 그때 이미 칭기즈칸의 인물됨을 알아보았음을 알 수 있다. 그것도 자신의 아들을 그에게 맡겼다는 것은 깊은 뜻이 있음을 암시하고 있다. 칭기즈칸이 태어났을 때 준 젤메가 칭기즈칸이 너무 어리다고 해서 돌아갔다가 칭기즈칸이 성장하자 다시 데리고 왔다는 것은 이 예언자 자르치오다이 에부겐이 칭기즈칸의 앞날을 그만큼 믿었음을 말한다. 그리고 젤메는 칭기즈칸보다 적어도 몇 살은 나이가 많다는 것을 뜻한다.

젤메는 보오르초와는 비교가 되지 않을 만큼 비천한 계층의 인물이었다. 그는 충직한 부하로서 칭기즈칸을 위하여 살았다. 칭기즈칸의 명령이 떨어지면 그는 말을 달려 앞장섰다. 자신의 주인을 위하여 정열을 바쳐 충성했고 칭기즈칸은 그런 그에게 신분에 관여치 않고 보상을 해 주었다.

젤메가 칭기즈칸을 위하여 얼마나 충성을 다했는가를 말해주는 사건이 있다. 타이치우드족과의 치열한 전투에서 칭기즈칸의 목에 화살이 하나 관통했다. 어두워지자 군대는 온종일 싸우던 바로 그 벌판에서 숙영했다. 그들의 군대는 서로 인접해 있었다. 그것은 모두 지친 상황에서 서로 감시하기 위한 방법이기도 했으나 기습을 피하기 위한 고육지책이었다.

칭기즈칸은 해가 진 뒤에 의식을 잃었다. 상처는 감염될 위험이 있었고 독이 묻었을 가능성이 컸다. 독이 묻어 있다면 그 탓으로 사망할 수 있다. 충성스러운 젤메는 자신의 주인을 위하여 저녁 내내 그의 옆을 지키며 목의 상처에서 독이 묻었을지도 모를 피를 빨아냈다. 그리고 그 피를 삼켰다. 젤메는 배가 너무 불러 더 삼킬 수 없게 되었을 때에야 바닥에다 피를 뱉었다.

한참 후에 잠시 깨어난 칭기즈칸은 목이 마른 듯 발효된 암말 젖인 아이라크를 마시고 싶다고 했다. 전장이라 물이 없었던 젤메는 적의 진지로 들어가 주인을 위해 물을 구해 오기로 했다. 적의 진영인 한가운데 보급품이 실린 수레 몇 대가 있다는 사실을 알았다.

젤메의 충성심은 다시 한 번 발휘되었다. 목숨을 걸고 물을 구하러 적진으로 들어갔다. 젤메는 옷을 벗어 자신이 어느 쪽의 전사인지를 모르게 하고는 적 병사들 사이를 돌아다니며 아이라크를 찾았다. 타이치우드 병사가 그를 발견한다 해도 어둠 속에서 옷을 벗은 사람을 적으로 보기는 쉽지 않으리라는 계산에서였다. 젤메는 자신의 목적인 아이라크는 아니었지만, 발효 중인 응유凝乳를 한 통 훔쳐서 돌아왔다. 그는 응유를 물에 섞어 칭기즈칸에게 먹였다. 동이 터오자 칭기즈칸이 깨어났다. 젤메의 벗은 몸과 바닥의 피를 보고는 어떻게 된 일인가를 물었다. 젤메는 그간의 상황을 설명했다.

주인을 위한 젤메의 충성은 지극했다. 젤메뿐 아니라 칭기즈칸은 함께 초원을 달리며 전투에 참가했던 부하들을 한 번도 내친적이 없었다. 그만큼 칭기즈칸은 한 번 믿은 동지는 끝까지 함께했다. 초원의 부족들은 조금의 실수와 문제를 일으켜도 부하들을 버렸지만, 칭기즈칸이 활동한 기간에는 그의 수하 장수들 중 누구도 그를 버린 사람이 없었고 칭기즈칸 또한 장수들을 벌하거나 내친 적이 없었다. 칭기즈칸은 그만큼 의리와 충성심을 이끌어내는 힘을 가지고 있었다.

보오르초와 젤메는 칭기즈칸을 만든 사람 중 가장 뛰어난 인물이었다. 보오르초는 몽골제국이 탄생했을 때 천호장으로 임명되었고, 제국의 우익 만호장의 지위를 받은 인물이었다. 젤메는 대몽골제국이 탄생하던 날 그의 신분과는 거리가 먼 다르칸이라는 칭호와 함께 천호장 직을 받았다. 다르칸이란 뜻은 자유자재라는 뜻으로 최고의 영예였다.

칭기즈칸은 사람의 귀가 둘이고
입이 하나인 이유를 지키며 살았다

자기 자신만의 이익을 위해 사는 제 모습을 바라보면서 자신을 사랑할 수 있을까. 언뜻 생각하기에 내가 먼저 좋은 것을 가지려 하고, 맛있는 것을 남보다 먼저 먹으려 하고, 남보다 더 큰 힘을 가지려 하는 것이 자신을 사랑하는 방법으로 생각할 수 있지만 그렇지 않다. 자신의 이기적인 모습을 바라보면서 그런 자신을 사랑할 수 있을까. 그런 자신을 사랑하는 사람이라면 모자라는 사람이다. 내가 남에게 봉사하는 모습, 남을 위하여 노력하는 모습, 남들이 나를 필요하다고 할 때 기꺼이 응하는 모습, 그리고 나를 보면서 다른 사람들이 행복해 하는 모습을 객관적으로 바라보면 자기 자신이 존경스러워 보일 것이다. 자신을 사랑하려면 자신이 행동하는 모습을 아름답게 만들어야 한다. 남들이 나를 불러줄 때 나는 행복해질 수 있다.

남에게 헌신적인 사람이 자신을 진정으로 사랑할 수 있음은 여기에 기인한다. 사람은 판단할 수 있는 능력을 가지고 태어났다. 남의 행동뿐 아니라 자신의 행동도 옳고 그름을 판단한다. 굳이 작은 이익을 위해 눈을 감으려 하기 때문에 이기적인 행동이 나온다.

칭기즈칸은 배운게 없다고, 힘이 없다고 자신을 탓하지 않았다. 세상은 배워야만 아는 것이 아니었다. 나를 보고 싶으면 남을 보면 내가 보인다. 남에게 투영된 내 모습이 바로 나의 모습이고, 남이 나를 어떻게 대우하는가가 내가 그들에게 보인 모습이다. 남이 나를 평가하는 만큼 나를 대우한다는 진리는 배워서 아는 것이 아니다. 칭기즈칸은 자신의 이름도 쓸 줄 몰랐다. 많이 배우고도 가정을 못 다스리거나 자기 자신을 못 다스려 감정을 수시로 폭발시키는 사람이 있다. 판단할 수 있는 능력만 있으면 모르는 세계는 남의 말을 듣고 여부를 판단하여 결정할 수 있으면 된다. 세상에서 대부분은 합리적인 선에서 결정되고 상식수준을 벗어나지 않는다. 대원칙이 정해지면 그것에 맞도록 판단하고 행동하면 된다. 기준을 흩트러 놓는 것이 문제다.

어디서나 전사들은 지도자를 위하여 죽는 것을 찬양받는 일로 교육받는다. 칭기즈칸은 부하들에게 자신을 위해 죽으라고 요구하지 않았다. 승리가 중요했지만 일단 후퇴했다 다시 공격하는 것을 택했다. 그는 전쟁 시에 역대의 어느 지도자보다도 부하 장졸들의 생명을 중요하게 여겼다. 부하들을 믿음으로 대했고 자신을 높이려 하지 않았다. 같은 높이에서 이야기하고 떠들기를 좋아했다. 칭기즈칸은 남의 말에 귀를 기울이면서 현명해지는 법을 배웠다.

사람의 귀가 둘이고 입이 하나인 이유를 지키며 살았다. 그리고 귀가 입보다 더 높은 곳에 자리해 있는 의미를 새기며 살았다.

자신이 믿는 종교를 타인에게 권하지 않았다. 종교를 개인의 신념으로 인식한 것이기도 했다. 칭기즈칸이 믿었던 샤머니즘의 특성상 다른 종교에 대한 거부감이 없었다. 이 포용정책 덕분에 대제국을 이끌어가는데 한결 부드러운 관계를 유지할 수 있었다. 몽골사회에서 샤먼은 하늘과 자연, 그리고 사람을 연결하는 존재였다. 그들은 제사장이자 병을 치유하는 의사이기도 했다. 당시에 샤먼은 다양한 능력을 가진 최고의 지성인이자 권력자이기도 했다. 그것을 지금의 종교지도자들이 가진 지위나 역할과 별다르지 않다. 지금도 종교지도자들은 병을 낫게 해달라고 기도하고 전쟁이나 행사 시에 기도한다.

원시종교라고 홀대하는 샤먼의 제사의식이나 치유능력은 현대의 세계종교와 비교했을 때 사실 그 차이에는 별반 특이점이 없다. 그리고 원시종교라는 말보다는 토착신앙이라 함이 옳을 듯하다. 지금의 종교는 권력기관으로서의 역할과 종교지도자가 되는 길이 더욱 조직적이고 체계적인 것을 제외하고는 샤먼적인 것과 다를 바 없다. 어떤 면에서 보면 원시종교라고 하는 것들에서 훨씬 더 종교적인 것을 발견할 수 있다. 공부를 해서 자격증 따듯 종교지도자가 될 수 있는 것이 현대의 세계종교지만 토착종교에서는 타고난 능력으로 종교지도자가 된다. 하늘이 주었거나 영적인 능력을 받아서 샤먼이 된다. 신비성이나 능력이 지금의 교육받은 샤먼과는 다르다고 할 수 있다. 이러한 예는 유럽에서 온 사절단에게 칭기즈칸이 너희 나라는 누가 다스리느냐는 질문에 교황이 다스린다고 하자, 웃으며 어떻게 너희 나라는 샤먼이 나라를 다스리느냐는 반문에서도 알 수 있다. 그들에게는 종교인 즉, 샤먼이 나라를 다스리는 모습으로 보였고, 사실 그 말은 객관적으로 볼 때 비정상적인 현상일 수 있다. 제정분리에서 제정일치로 일정기간 회귀한 유럽의 역사는 일반적인 현상에서 보면 바른 흐름은 아니라 할 수 있다.

몽골제국은 종교를 개인의 차원에서 다루었다. 국가가 관여할 것이 아님을 천명했다. 지금 우리가 추구하는 다종교사회처럼 다름을 받아들이는 자세가 인정되었다. 이 종교적 관용정책은 생각보다 훨씬 파급효과가 컸다. 나와 다른 생각을 포용함으로써 개인의 행복에 관여하지 않았다. 세계정복을 하면서 이 관용정책은 처음부터 끝까지 한결같이 추진되었다. 종교의 자유를 속박함으로써 얻어지는 것보다는 자유를 허용함으로써 얻어지는 바가 컸다. 어떤 경우에는 피정복민의 신앙을 보호하기 위한 특별법을 공표하기도 했다. 그만큼 종교에 대한 자유는 전폭적이었다.

이것은 칭기즈칸 개인의 신념이기도 했고 그의 말을 모아놓은 대자사크를 보면 그가 일반인들의 삶과 사회적인 안정에 관심을 많이 기울이고 있음을 확인할 수 있다. 그의 핵심은 어떤 국가나 마찬가지로 안정된 지배체제의 구축과 존속을 뼈대로 하고 있음을 확인한다. 그 토대를 이루게 하는 방법적 대안으로 가정과 사회의 안정 그리고 종교의 자유를 들 수 있다. 개인의 행복이 사회를 안정시키고 그 사회의 안정된 기반 위에 지배체제를 구축해야 한다는 것이 정책의 우선과제였음을 알 수 있다. 개인의 행복이 국가의 안위까지 연결된다는 것을 깨우친 지도자였다.

대자사크에는 이런 내용도 있다.

> 음식을 먹는 사람의 옆을 지나가는 손님은 말에서 내려 주인의 허락을 받지 않고도 그 음식을 먹을 수 있다. 주인은 그것을 거부해서는 안 된다.

여기에는 지위고하가 없다. 살아남기 위한 초원의 생존전략이기도 하지만 가난하고 약한 자와 개인의 행복에 대한 배려가 보인다.

자모카의 무리에서 일부의 무리를 포섭해 떨어져 나온 칭기즈칸이 부족민들의 동의를 얻어 칸으로 등극하였으나 자모카는 인정하지 않았다. 등을 돌린 두 사람은 이제는 원수지간이었다. 칭기즈칸이 칸으로 추대되고 난 다음 해에 소떼 습격사건에서 칭기즈칸의 부하가 자모카의 동생을 죽였다. 자모카는 분노했고 즉각적으로 칭기즈칸을 공격했다. 몽골의 강자를 가리기 위한 첨예한 대립은 늘 있었다. 두 사람이 갈라진 후로 둘은 서로 경계했다.

언제 공격해 올지 모른다는 긴장감이 초원을 감돌았고 칭기즈칸 진영에서 자모카의 동생을 죽임으로써 이제는 피할 수 없는 단계에 이르렀다. 칭기즈칸이 유도한 전쟁이었다.

이때 자모카는 주변 부족들의 도움을 요청했고 칭기즈칸은 칭기즈칸대로 세력을 모았다. 자모카의 군대는 3만 명이었고 칭기즈칸도 거의 비슷한 3만 명 정도의 규모로 대적했다. 일대 격돌을 예고했던 두 사람의 전쟁은 자모카의 승리로 끝났다. 칭기즈칸은 싸우다 후퇴했다. 자모카는 퇴진하는 칭기즈칸의 무리를 더는 추격하지 못하고 회군하다가 세력 확장을 위해 벼르고 있던 치노스 씨족을 공격했다.

자모카는 칭기즈칸이 보란 듯이 철저하게 복수극을 자행했다. 포로로 잡은 치노스족의 지휘관 머리를 잘라 그의 말꼬리에 묶었다. 그것은 같은 몽골족에게는 금기시된 일이었다. 몽골족이 가장 성스럽게 여기는 머리에 치욕을 준 것은 영혼을 더럽히는 일이었다. 그것도 가장 꺼리는 말의 꼬리 부분에 묶은 것은 그의 가족 전체에게 치욕을 안겨주는 일이었다.

또한, 그는 족장과 귀족 자제 70명을 산 채로 솥에 집어넣고 삶아 죽였다. 이것은 영혼까지 죽이는 비열한 방법이었다. 전쟁에서의 승리를 상대에게 치욕을 주는 일로 처리한 그의 행동은 치졸하고 비열한 행동이었다. 자모카의 이러한 잔인하고 비정상적인 행위로 말미암은 책임은 스스로 져야 했다. 그의 잔인함은 몽골족들에게 지도자로서의 위치를 의심하게 하는 것이었다. 몽골족의 강자로서 그가 행한 행동은 그를 멀리하는 사람들이 늘어나게 했다.

치노스족의 최후를 바라본 사람들은 동요했다. 자모카 내부의 세력들에게도 동요는 일어났다. 타이치오트계와 관계를 맺고 있던 자모카 내의 세력 중 일부가 떨어져 나와 칭기즈칸에게로 갔고 일부는 원래의 동맹자인 타이치오트계에게로 돌아갔다. 도리어 전쟁에서 패배한 칭기즈칸에게는 긍정적인 효과가 있었다. 동정심과 함께 그의 밑으로 자청해서 무리가 모여들었다. 포용력이 있는 칭기즈칸에게는 전쟁에서 진 것이 오히려 힘을 얻는 계기가 되었다.

둘의 적대관계 속에서 칭기즈칸과 자모카는 서로의 세력을 집결시키는데 총력을 기울였다. 언젠가는 또 한판 대결이 기다리고 있음을 둘은 알았다. 피할 수 없는 승부였다. 전쟁의 씨앗은 발아를 기다리며 정면대결을 향하여 나아가고 있었다. 그러나 다른 현안이 그들을 기다리고 있었다. 칭기즈칸과 자모카의 승부는 한동안 유보되어야 했다. 몽골 초원에는 비슷한 힘을 가진 세 개의 집단이 생김으로써 서로 먼저 공격을 하기에는 자칫 치명적인 패배를 안을 수 있었기에 긴장을 동반한 평화가 찾아왔다. 그 세 세력은 칭기즈칸과 자모카 그리고 옹칸이었다. 누가 어떤 연합을 구성해 방어하거나 공격해 올지 모르는 상황이었다. 어쨌거나 살아남기 위해서는 적과도 연합해야 하는 상황이었다.

문명국이라 칭하는 정착민은 몽골초원에서 강자가 출현하는 것을 경계해 왔다. 그들 정착민이 세력을 결집해서 쳐들어오면 유목민들에게서는 찾아보기 어려운 강력한 힘을 동반하고 왔기 때문에 언제나 몽골초원은 그들의 사냥터가 되었다. 몽골 사람들을 사냥하기 위하여 중무장한 훈련된 병사들을 몰고 공격해 왔다. 참혹한 죽음을 남기며 공격해 오는 정착민은, 전사들은 죽이고 쓸 만한 여자와 아이들은 끌어다 노예로 팔아먹었다. 때로 정착민들은 간교한 술수를 부려 몽골의 부족들 간의 전쟁을 부추겼다. 어느 한 쪽이 강해지는 것을 두고 보지 못했다. 한쪽이 강해지면 다른 쪽과 동맹을 맺고 강한 쪽을 공격했다. 동맹관계는 수시로 바뀌었다. 필요에 의한 동맹은 늘 변수가 있었다.

몽골의 부족들에게 정착민의 군대가 찾아오는 것은 재앙이었다. 그들이 한 번 지나가면 몽골초원은 초토화되었다. 그들의 말발굽에 초원의 평화는 무너졌다.

제6장

전리품은 공적에 따라
공평하게 나눈다

■ 몽골의 전사에게 승리가 아니면 나머지는
아무것도 아니다

■ 적도 몽골군의 군사조직으로 받아들이다

몽골의 전사에게 승리가 아니면 나머지는 아무것도 아니다

정치는 설득의 과정이 반드시 필요하다. 설득할 능력이 없는 자는 정치의 길로 가서는 안 된다. 나 혼자만 아는 진실이 있다면 그것을 전파하고 다수가 이해하도록 하는 과정이 정치이기 때문이다.

진실은 숨겨져 있는 경우가 많다. 그리고 그 진실로 들어가는 길은 그리 간단치 않다. 모함과 질시와 견제가 따른다. 개혁을 하려면 동의를 얻어야 한다. 전체의 동의를 이끌어내지 못하면 절반의 동의라도 구해야 한다. 그리고 그것은 합리적이고 공동체의 이익을 전제하고 있어야 한다.

칭기즈칸은 이전까지의 관행과 관습 중에서 잘못된 부분은 과감하게 고쳤다. 유목사회는 약탈과 침략이 반복되어 일어나는 곳이다. 칭기즈칸도 생애 동안 여러 번 현재의 인식으로는 받아들일 수 없는 일을 저질렀다. 아버지가 유언으로 남겼던 복수의 말을 그대로 실행했다. 칭기즈칸 아버지는 칭기즈칸이 13살 되던 해에 타타르인들에게 독살당했다. 독살을 당해 죽어가면서 아들에게 유언을 남겼다. 자신을 죽인 자들에게 복수를 부탁했다. 복수의 방법은 자신을 죽인 자뿐만 아니라 자신을 죽인 부족 전체를 없애라는 것이었다. 마차바퀴보다 큰 남자는 모두 죽이기를 당부했다. 칭기즈칸은 아버지의 유언에 따라 마차바퀴보다 큰 남자들은 모두 죽였다. 그는 이 사건을 계기로 더는 이러한 일을 저지르지 않았다.

전쟁에서 승리할 때마다 칭기즈칸 부하의 수는 늘었다. 적들도 자신의 밑으로 받아들였다. 그리고 그들을 차별하지 않았다. 한 번 받아들인 이상 더는 의심하거나 내치지 않았다. 역사에서는 부하는 물론 가족까지 의심하는 지도자들이 더러 있었음을 보여준다. 적이었던 사람을 받아들여 책임을 맡기고 다스리는 그의 용병술은 뛰어났다. 그들은 칭기즈칸을 배반하지 않았다. 끝까지 충성했다. 그것은 포용력이 있지 않고서는 가능하지 않은 일이었다. 그러한 점이 그의 푸른군대를 강하게 만들었다. 믿어주고, 믿어준 만큼 그들은 충성을 다해 싸웠다.

그리고 그는 지위가 높은 사람을 믿지 않았다. 아버지 예수게이가 죽고, 아버지가 다스리던 부족에게서 쫓겨나 잡혀 죽을 고비를 맞았을 때도 구해준 것은 약하고 힘없는 사람들이었다. 그의 친족과 높은 지위에 있던 사람들은 모두 그를 버렸다. 그런 상황이 그들을 믿지 못하게 했다. 그를 도와주고 인간적인 관계를 유지한 사람들은 가난하고 힘이 없는 사람들이었다. 그가 성장하고 미래로 가는 길을 열어준 것도 많은 부분 가난하고 힘없는 사람들이었다. 그들과의 친밀한 관계 속에서 그들을 이해했고 그들을 도와주고 그들의 도움을 받는 길을 선택했다. 신분에 상관없이 능력이 있거나 충성심이 있는 사람에게 중책을 맡겼다. 그리고 칭기즈칸은 약탈을 금지했다. 함께 나누어 조직 내에서 강자와 약자가 공생하는 방법을 찾으려 했다. 강자가 약한 자를 위하여 일부를 포기할 때 함께 살 수 있는 토대가 마련된다.

칭기즈칸은 전리품을 거두어 즉시 나누어주었다. 칭기즈칸 자신으로부터 전장에서 남편을 잃은 미망인에 이르기까지 골고루 나누어주었다. 몽골초원의 관행을 순간 잘라버리는 일이었다. 이제까진 먼저 정복지에 도착한 자가, 먼저 전리품을 잡은 자가 임자였다. 칭기즈칸은 지금까지의 관행을 깨고 약탈을 금지했다. 이것은 몽골족에게 있어서는 혁명적인 전환이었다. 사소한 것처럼 보이는 일이 근본적인 변화를 만들어내는 계기가 되었다.

공격이 끝나면 모두가 물러선 다음 전리품의 수거가 이루어졌다. 개인적인 약탈을 인정하지 않았다. 거두어들인 전리품은 공평하게 나누어졌다. 등급과 사람 수에 따라 나누어졌다. 종전의 방법으로는 미망인 혼자 가족을 이루거나 약한 자들에겐 제대로 분배가 이루어지지 않았다. 그리고 전쟁에서 사망한 전사의 몫을 따로 챙겨주기가 용이하지 않았다. 이러한 조치로 전쟁에서 사망하더라도 그 미망인과 가족이 평생을 보장받을 수 있게 되었다. 전장에서 싸우다 죽더라도 남겨둔 가족들 걱정은 덜 수 있게 되었다. 초원의 어느 부족도 실행하지 못했던 일을 과감하게 실행했다. 친족과 일부의 불만이 있었지만, 전체 부족의 결속과 칭기즈칸에게 힘을 실어 주는 결과를 가져왔다.

칭기즈칸의 푸른군대는 사실 기병이라는 것 외에는 특이점을 찾기가 쉽지 않다. 무엇이 그들을 그토록 강하게 만들었을까 찾아보면 허전하다. 무기가 남다른 것도 물론 아니었다. 군수품이 정착민과 비교해서 월등할리 없었다. 그들은 태어나면서부터 살아남는 것이 과제일 만큼 척박하고 열악한 환경에서 살았다. 그들이 아무리 뛰어나다고 해도 말 하나를 가지고 세계를 정복했다는 것은 신기하기까지 하다.

몽골의 전투방식은 오랜 기간 몽골에서 발전해 온 전통적인 초원의 전투체계를 받아들였다. 그들은 결코 우월한 무기 때문에 승리를 거둔 것이 아니다. 정착민들과 비교하면 그들이 가진 무기는 초라하기까지 했다. 전부를 가진 자는 자신이 가진 재산을 놓치지 않기 위해서 싸운다. 그러나 이들은 죽음을 걸고 싸웠다. 그것만큼 치열할 수가 없었다. 초원의 푸른군대는 부대를 이탈해서 혼자서 살아갈 수 없었다. 같이 무리를 지어 살아가야했고 달리 도망할 곳도 없었다. 푸른 초원이 하늘과 같이 열려 있어 한눈에 들어왔다. 조직을 떠나서는 달리 살아갈 방법이 없었다. 푸른군대가 강하고 승리할 수 있었던 것은 다른 요인으로는 설명이 어렵다.

한마디로 그들은 초원을 달리며 척박한 이곳에서 살아남기 위해 생존을 넘나드는 고난을 이겨낸 저력을 가지고 있었고, 유목민만이 가진 단결력과 규율에서 찾을 수밖에 없다. 그리고 지도

자에 대한 변함없는 충성심이 일당백의 능력을 발휘하게 한 것이라 할 수 있다.

전투에 나가 싸우다 죽으면 칭기즈칸은 전사자를 고국의 땅에 묻어주었다. 그들은 죽어가면서 영원한 푸른 하늘로 돌아갈 것을 믿었다.

그래서 그들은 죽은 자의 시신을 훼손하는 것을 무엇보다 금기시했다. 유목민들의 전통은 초원에서 싸울 때에는 죽은 병사의 시신을 그대로 초원에 놓아두어 짐승이 처리하거나 자연스럽게 썩어 없어지도록 했다. 죽은 자의 소유물과 함께 놓아두는 것이 그들의 장례법이었다.

그러나 환경이 달라졌다. 초원에서 멀리 떨어진 곳에서 싸웠고 그들이 죽으면 자연스럽게 사라지게 하는 것이 아닌 정착민들로부터 훼손을 당했다. 정착민들에게 주검은 방치되어서는 안 되는 것이었다. 이러한 차이점으로 하여 몽골군은 전사들의 시신을 고향으로 보내 매장하게 했다. 운송이 힘든 경우에는 전쟁터에서 소지품과 함께 그대로 매장을 했다. 칭기즈칸은 푸른 전사를 처음부터 끝까지 완벽하게 책임을 졌다. 전장에서 죽으면 그 주검이라도 고향으로 돌아갈 수 있다는 믿음, 그리고 자신들이 죽어도 그들의 가족은 끝까지 책임져준다는 확고한 믿음을 심어 주었다. 그렇게 전장에서 싸우는 전사들에게 아무런 부담 없이 싸울 수 있는 여건을 만들어주었다.

  그러기에 승리를 위해서는 모든 방법을 동원했다. 어떻게 싸우든 어떻게 도망을 가든 중요하지 않았다. 도망을 갔다가도 다시 공격해 승리하면 됐다. 목적은 승리였기에 간교한 기만책을 쓰거나 잔인하게 적을 다루어 승리하거나 방법은 중요하지 않았다. 승리하지 못하면 어떤 훌륭한 일을 하였다고 해도 그것은 가치를 잃었다. 끝까지 싸워 이기고 난 후에야 개인의 명예가 있었다. 전쟁에서 지고 전투에서 승리하는 것은 중요하지 않았다. 전투에서는 져도 전쟁에서는 승리해야 했다. 공동체로서의 연대의식이 강했기 때문에 부분의 승리는 그리 중요하지 않았다.
  몽골의 푸른군대는 수적으로 절대 열세였다. 이 수적 열세를 극복하는 방법을 고안해 냈다. 목표한 도시를 공격하기 전에 주변의 도시를 먼저 공격해 정리했다. 그리고는 그들을 포로로 잡아 노동력으로 적극 활용했다. 포로로 획득한 노동력을 강제로 징발하여 군대의 십진 조직체계를 만들었다. 몽골 전사 한 명당 열 명의 지역민을 데려다 일을 시켰다. 이 포로들은 군량을 제공하는 일부터 전쟁터에서 성을 공격할 때 성벽을 부수는데 사용하는 이

동식 탑을 움직이는데 동원되기도 했다. 그들을 시켜 할 수 있는 일이면 어떤 것이든 가리지 않고 동원했다.

장사꾼은 어떠한 경우라도 이익을 남겨야 한다고 한 현대그룹 고 정주영 회장의 말처럼 사업가는 이익을 남겨 그것으로 회사를 운영하고 확장해서 생산으로 사회에 공헌하고 일자리를 창출해 내는 것이 사업가의 일이듯 전사는 어떠한 경우라도 승리하지 않으면 전사로서 실패한 것이다. 목표가 정해지면 무서운 결집력으로 달려들어 승리를 쟁취하고 마는 몽골의 푸른군대는 정착민들에게는 두려운 존재였다. 죽기를 두려워하지 않는 듯한 푸른 전사들의 저돌적인 공격은 먼저 사람을 질리게 했다. 사기 면에서 정착민들은 이미 지고 들어간 것이다. 오직 공격, 한 길밖에 없다고 달려드는 푸른 전사의 공격에 도망갈 곳을 먼저 생각하고 싸우는 정착민은 질 수밖에 없었다.

그들의 작전은 정착민들이 쓰던 이전의 방법과는 다른 전술이었다. 전쟁이 벌어지면 정착민들을 전쟁의 도구로 이용했다. 그 지역의 주민과 가축들을 앞세워서 밀고 들어가면 공격당하는 도시는 마비가 되었다. 보급로를 막고 고립시켜서 군량미가 바닥나고 보급물자가 제대로 전달되지 못하게 했다. 난민들이 몰려 들어간 성은 금세 물과 식량이 떨어지고 그들의 원성이 높아져서는 폭동이 일어나기도 했다.

그들은 적에게 틈이 보이면 기습했고, 그 속도가 빨라서 공격을 눈치챘을 때는 이미 점령된 후였다. 중국의 기록에 전하는 바로는 몽골군은,

하늘이 무너지는 것처럼 나타났다가 번개처럼 사라졌다.

라고 했다. 무서운 기세로 공격하다가 갑작스럽게 철군을 하기도 했다. 적들이 공격을 받다가 돌아보면 그들은 어느새 사라지고 없었다. 그러다가 전혀 예기치 않은 곳에서 그들은 다시 달려들어 적을 제압했다.

푸른군대에서 가장 특별한 점은 속도였다. 그 속도는 말에서 나왔다. 그들의 말 타기는 천부적이라고 할 만큼 특별한 능력이었다. 갓난아기 때부터 말에다 요람을 끈으로 묶어 달아 매고서 말을 달리게 했다. 몽골족은 예외 없이 말이 타고 다녔다. 임산부 또한 말을 타는 것이 일상적인 일이었기 때문에 태어나면서부터 아이에게 마차와 말은 생활이었다. 세 살이면 벌써 안장을 잡고 사람들을 따라 달리게 한다. 그리고 사오 세 때에는 작은 활과 화살을 소지한다. 이후 성장하면서 그들에게 말 타기는 아주 자연스러운 일상생활이 된다. 말은 현대인들의 컴퓨터와 마찬가지였다. 빠르게 이동을 하거나 사냥을 할 때 말을 탔다. 말은 그들의 생활도구이기도 했지만, 친구 같은 존재였다. 급할 때는 말에서 식사를 해결할 정도로 말은 그들의 생활과 밀착된 존재였다. 그들이 말을 타는 것을 보면 감탄할 정도였다. 거칠게 튀어오르는 먼지를 보면 그 속도에 감동한다. 또한 말을 회전시키고 정지했다 방향을 바꾸어 달려가는 것이 사람과 말이 마치 하나가 된 듯하다. 매처럼 날렵하고 맹수처럼 거칠게 몰아붙이는 그들의 말 타기는 어느 민족보다 우수하다.

몽골의 푸른군대는 15세 이상의 나이면 전사가 된다. 반복되는 이야기이지만, 그들에겐 보병이 없다. 모든 푸른군대의 전사는 기병이다. 인류역사에 한 나라의 전사들이 모두 기병인 것은 전례를 찾아볼 수 없는 특이한 사례다. 변방의 한 나라 몽골에서 폭풍처럼 일어나 세계를 휩쓴 칭기즈칸과 푸른군대가 이룬 업적은 가히 신화라고 할 만한 일이었다. 그들이 우리와 같은 몽고반점을 가진 사람들이라 추켜올리는 것이 아니다. 그들이 역사에 출현한 일부터 그냥 한낱 역사로만 취급하기엔 실로 경이로운 일이다.

몽골의 전사는 개인당 두세 마리 혹은 여섯 또는 일곱 마리의 말을 가지고 있었다. 이것은 정착민들에게서는 있을 수 없는 일이다. 일 인당 한 마리가 고작이거나 아예 없기도 하다. 비교가 되지 않을 만큼 이들은 여러 마리의 말을 보유했고 말을 타는 것이 생활인 사람과 훈련을 통해 짧은 기간 익힌 사람과는 비교할 수도 없는 일이다. 그들은 말이 지치면 갈아타고 다시 달렸다. 그래서 그들의 속도는 줄어들지 않고 목적지에 도착할 수 있었다.

몽골군은 전선을 형성해 싸우는 일이 드물었다. 성을 공격한다거나 부득이한 경우를 제외하고는 공격목표로 정한 도시 외에 주변도시들을 들락거리며 혼란에 빠뜨렸다. 그렇게 공격을 하다가 틈이 보이면 원래 목표했던 도시를 공략했다. 푸른군대의 공격은 여러 가지 면에서 적들이 이전에 치렀던 전쟁의 양상과는 달랐다. 지금의 인터넷이 개인차원에서 운영과 관리가 이루어져 전파속도가 빠르듯, 푸른군대가 개인당 배당된 말을 타고 무서운 기세로 달려가는 속도는 상상을 초월할 만큼 빨랐다.

지금은 컴퓨터로 모든 일을 처리한다. 오늘날 많은 일이 컴퓨터를 떠나서는 이루어지지 않듯이 몽골의 푸른 전사들은 말을 떠나서는 하루도 생활할 수 없었다. 몽골의 모든 푸른 전사가 기병이듯이 현대 우리의 붉은 전사들은 모두가 컴퓨터를 통해 서로 연결되고 집결된다. 한 사람의 제안이 아주 짧은 순간에 전파되어 수만 명이 모이기도 하고 수십만이 모이기도 한다. 적의 약점을 잡으면 번개처럼 달려가던 푸른 전사처럼 우리의 인터넷 전사들도 성공을 위하여 세계로, 세계로 달려나가고 있다.

적도 군사조직으로 받아들이다

긴 인생도 오늘의 퇴적물이다. 인생은 오늘이 쌓여 만들어진 오늘의 축적물이다. 인생을 바꾸고 싶다면 무엇을 바꾸어야 하는가. 인생이 오늘의 축적물이므로 오늘을 사는 방법을 바꾸어야 한다. 성공과 실패는 결국 오늘에서 만들어진다. 그렇다면 오늘을 어떻게 살면 성공한 인생을 살 것인가. 모든 출발점은 작고 빈약하다. 그러나 이루어내면 거대하고 강하다.

앞서가는 사람이 가장 빠른 정보를 만나고 그 정보로 새로운 세계를 얻다. 몽골에서는 '당신이 지금 온 쪽에 무슨 일이 있었느냐.' 가 인사말이다.

그만큼 몽골인들이 정보에 많은 관심이 있었다는 방증이다.
그들에게 정보는 생명이다. 언제 어디서 누가 습격해올지 모르는 상황에서 그곳의 정보를 알아야 했다. 그리고 몽골의 초원에서는 가축들을 통해 얻은 젖과 고기를 제외하고는 대부분이 부족했다. 상인들이 그곳을 방문하는 날은 그들에게는 마치 잔치 같았다. 하늘이 환하게 열려 있고 시야가 탁 트여있는 가장 개방된 지역이지만 또한 가장 폐쇄된 지역이기도 했다. 이곳을 찾아오려면 모험을 감수할 줄 알아야 했다. 사막처럼 길을 잃어버릴 수도 있고, 길을 잃으면 사람을 만나기 어려워 더 두려운 곳이었다. 모든 세계로 나갈 수 있는 열려 장소였다. 그리고 모든 세계로부터 들어오는데 장애가 없는 장소였다. 푸른 초원에서 사람은 아주 작은 점 같은 존재여서 사람이 그리운 곳이기도 했다. 이곳으로 들어오는 사람들은 침략자이거나 상인이 전부였다. 상인은 몽골족에게는 반가운 손님이었다. 처음 보는 진귀한 물건이 상인을 통해 들어왔고, 다른 곳에 사는 사람들과 먼 곳의 신기한 이야기를 상인을 통해서 들을 수 있었다. 자신들을 공격해 오는 것이 아니면 그들에게 사람은 반가운 존재였다. 그들에게 종교가 전파된 것도 멀리서 찾아오는 사람들로부터였다. 사소한 정보라도 그들에게는 긴요한 정보가 되었다.

이동하는 사람들부터 정보의 유통은 이루어졌다. 그리고 이곳의 소문을 다른 곳으로 전달하는 것도 그들에 의해서 이루어졌다. 칭기즈칸은 이런 정보를 잘 활용했다. 자신에게 유리한 정보를 만들어 푸른 초원에 퍼뜨렸다. 살얼음판 같은 긴장의 틈바구니에서 칭기즈칸은 몽골의 샤먼집단의 우두머리격인 코르치를 활용하여 자신의 입지를 강화했다. 몽골에 평화를 가져다줄 사람은 칭기즈칸이라고 손문을 퍼뜨렸다. 평화를 가져다 줄 사람이 칭기즈칸이라는 말은 그에 대한 믿음을 주는 계기가 되었다. 이것은 그의 수하로 사람을 모으기 위한 하나의 방법이기도 했다. 그리고 내부적으로는 의심 없이 칭기즈칸에게 충성할 힘을 길러주는 일이었다.

어느 시대에나 매체를 잘 활용하는 사람이 유리한 위치를 차지하게 된다. 칭기즈칸은 아주 적절하게 내부결속과 세력을 넓혀가는 방법으로 샤먼의 힘을 빌렸다. 이 사소한 것처럼 보이는 일이 몽골초원 사람들을 변화시키는 기폭제가 되었다.

칭기즈칸은 그의 추종자들을 데리고 변화를 위한 준비를 시작했다. 칭기즈칸은 사냥을 통해 그들을 훈련하고 조직력 강화를 위한 개혁을 시행했다.

기회를 잡는 것은 준비된 자의 몫이다. 그리고 성공은 반드시 고난 건너편에 있다.

땀과 노력 그리고 모험 없이 성공을 이루게 되는 경우는 천운이 아니고선 어려운 일이다. 칭기즈칸은 기회가 오면 늑대처럼 달려들어 기어이 낚아채고야 마는 사람이었다. 그 기회가 칭기즈칸에게 왔다. 막강한 힘을 자랑하던 주르첸 왕국이 몽골족들의 이합집산을 노려 어떤 때에는 타타르와 동맹을 맺어 카레이트족을 공격하고, 어떤 때는 카레이트, 몽골과 동맹을 맺어 타타르를 공격했다. 주르첸 왕국의 배후에는 금나라가 포진하고 있었다. 몽골 초원에 강자가 나타나는 것을 경계한 금나라는 주르첸 왕국을 살 살 부채질하여 몽골족의 어느 한쪽이 강해지는 것을 경계하고 있었다. 동지는 이름뿐으로 영원한 적도, 동지도 없는 초원에서는 신의가 사라지고 없었다.

전통적으로 주르첸은 타타르와 동맹관계였지만 그들이 너무 강해지는 것을 두려워하고 있었다. 그래서 그들은 옹칸을 부추겨 주르첸과 동맹을 맺고 칭기즈칸의 지원을 받아 그들보다 강한 타타르를 공격하기로 했다. 칭기즈칸은 주르첸족의 수장 세체베키에게 타타르를 치는 이번 공격에 참가하라고 통보했다. 그 통보에는 참전의 의미에 대한 아무런 설명이 없었다. 공격 개시일로 약속한 날, 옹칸은 약속장소에 도착했다. 그러나 칭기즈칸은 움직이지 않았다. 옹칸에게는 주르첸이 함께 원정해야 할 동맹관계인 만큼 그들의 참전을 기다리자고 했다. 칭기즈칸은 이 명분으로 엿새 동안이나 지체했다. 옹칸은 동맹관계를 이행하지 않는 주르첸을 비난했고, 칭기즈칸은 후일 주르첸을 공격하는 명분을 쌓는데 성공했다. 주르첸과 칭기즈칸은 옹칸이 모르는 원한이 있었다. 그 원한을 갚기 위한 칭기즈칸의 명분 쌓기였다.

주르첸 가문은 칭기즈칸을 그들보다 한 단계 아래로 보고, 칭기즈칸과 그 부하들을 멸시하는 일이 종종 있었다. 칭기즈칸은 타타르 원정을 가기 직전 주르첸족을 초대했다. 이때 주르첸족으로 추정되는 사람이 말 한 마리를 훔치려 하자 말의 관리를 맡고 있던 칭기즈칸의 이복동생 벨구데이가 막아섰다. 그러자 다른 주르첸족 사람이 벨구데이를 막아서면서 제재를 가했다.

벨구데이는 옷 위쪽을 내려 상체를 드러내고 싸울 준비가 되어 있으니 한판 붙자는 자세를 취했다. 이것은 초원에서 지위가 비슷한 사람끼리 의견일치가 되지 않거나 승부를 겨루자고 할 때 남자 대 남자로 결판을 내자는 것이었다. 그때 벨구데이를 막아 선 부리라는 주르첸 부족의 사람이 검을 뽑아 벨구데이의 어깻죽지를 내리찍었다. 이것은 모욕이었다.

평소의 적대감과 벨구데이의 일을 계기로 칭기즈칸은 타타르 공격에 참여를 요청했음에도 참가하지 않은 주르첸을 공격할 수 있는 명분을 쌓은 것이었다. 동맹국으로서의 신의를 저버리면 더는 동맹국이라고 할 수 없다.

칭기즈칸과 옹칸은 먼저 타타르 원정을 개시했다. 초원 습격에서 흔히 사용하는 방법을 이용하여 대규모를 쳐들어갔다. 그간 준비해온 사냥을 통한 훈련으로 단련된 강인함과 전술을 이용하여 예상보다 쉽게 타타르를 제압할 수 있었다.

칭기즈칸은 놀랐다. 타타르의 풍요로움은 상상을 초월하는 것이었다. 타타르의 어린아이들이 황금 귀걸이를 달고 다닐 정도로 풍요했다. 몽골족으로서는 넘보지 못할 사치였다. 그들은 중원의 금나라와 가까운 곳에 있어 물물교환을 통하여 정착민들의 고급스러운 문화를 누리고 있었다.

칭기즈칸은 무엇보다 약한 자는 살아남기 어려운 초원의 법칙을 이해하고 있었고 이번 원정을 통해 주르첸과 마찬가지로 타타르의 배후에도 금나라가 도사리고 앉아 조종한다는 사실을 알게 되었다. 살육과 약탈이 수시로 자행되고 있는 것에 일정 부분 그들의 조종에 의한 것이었음을 확인했다. 그들을 쳐부수어야만 몽골초원에 평화가 올뿐더러 문명국의 부유함도 넘볼 수 있다는 야망을 더욱 키우는 계기가 되었다.

칭기즈칸은 타타르족과의 전쟁에서 많은 전리품과 명성을 얻었다. 이 전쟁의 승리로 추종자들은 늘었고 그의 지위는 더욱 확고해졌다. 몽골초원에서 그는 점점 강자로 떠오르기 시작했다. 칭기즈칸의 부상을 우습게 여기기라도 하듯이 타타르 원정에 참가하지 않았던 주르첸 부족이 칭기즈칸이 자리를 잠시 비운 사이에 습격해 와 칭기즈칸의 부하 열 명을 죽이고 일부 물품을 약탈해 가는 사건이 있었다. 칭기즈칸은 영역확장을 위한 순서의 첫 번째 대상으로 주르첸을 지목했다. 그것은 당연한 결과였다.

칭기즈칸은 1197년 주르첸 원정에 나섰다. 그동안 쌓아올린 훈련과 실전경험으로 칭기즈칸의 군대는 강해진 상태였다. 조직력과 충성도 면에서도 전력이 강화되었다. 주르첸은 칭기즈칸의 상대가 되지 않았다. 그러한 조직강화가 이루어진 배경에는 전통적으로 가족을 측근에 배치해 통치하던 방식을 버리고 과감하게 충성스러운 동맹자들을 측근으로 임명한 데에서 기인했다.

또한, 칭기즈칸은 포로들을 처리하는 방식을 바꿨다. 종전에는 초원의 전쟁에서 승리한 부족은 약탈하고 나서 일부 씨족들을 포로로 잡고 나머지는 그냥 내버려 두었다. 그 결과 패배한 무리가 다시 모여 반격을 하거나 각자 알아서 다른 부족에게 가담하거나 했다. 칭기즈칸은 이렇게 처리하던 기존의 방법을 일거에 바

꿔버렸다.

회의를 소집해서 주르첸 부족들을 어떻게 처리할 것인가를 논의해서 재판했다. 초원에서는 칭기즈칸처럼 회의를 소집하고 공개재판까지 해서 포로들을 처리하는 일은 그때까지는 없었다.

공개재판에서 타타르를 원정할 때에 동맹으로서 참여하지 않은 것을 꾸짖고 칭기즈칸의 야영지를 습격하여 자신의 부하를 죽인 것에 대한 죄를 물었다. 회의 결과 귀족들은 유죄로 인정되었고 즉각 처형했다. 이는 동맹자 관계는 신의가 중요하고 그를 어겼을 때는 이렇게 처리하겠다는 경고였다. 어떤 가문의 귀족에게도 특별 대접을 해주지 않겠다는 본보기였다.

포로들의 처리에도 이전까지와는 다른 방법을 취했다. 전쟁포로는 자연스레 노예로 삼거나 죽이는 것이 초원의 관례였으나 칭기즈칸은 그들을 정상적인 부족의 구성원으로 받아들였다. 이것은 모험일 수 있었다. 패배한 부족의 지도자들은 죄를 물어 처형했으나 그들의 부족들을 살려둔다는 것은 보복을 당할 수 있을지도 모른다는 우려를 완전히 떨쳐버릴 수 없는 것이다.

하지만, 기우였다. 칭기즈칸은 주르첸을 정복하고 몽골의 강자로 부상하기 시작했다. 그의 명성도 함께 올라가기 시작했다. 칭기즈칸의 이러한 일련의 변혁이 초원에 던지는 메시지는 강했다. 자신을 따르는 사람에게는 신분을 가리지 않고 보답을 해주고, 자신을 공격하는 사람은 지위의 높고 낮음에 관계없이 누구든지 징벌한다는 내용이었다. 종전의 초원의 지도자들과는 다른 일련의 조치를 통해서 칭기즈칸은 조직의 내부결속을 더욱 견고하게 다졌으며, 밖으로는 자신은 초원에 평화를 가져다주는 사람이라는 이미지를 만들어 퍼뜨렸다.

남과 다르지 않으면 큰 꿈을 이룰 수 없다.

　변화를 추구한다는 것은 용기다. 용기 있는 자만이 새로운 것을 받아들이고 그것을 발판으로 성장을 주도한다. 성공한 지도자는 한결같이 혁신과 창조를 꼽는다. 창조와 혁신의 시대에서는 어려움을 넘을 수 있는 것도 창조와 혁신이다. 새로운 도전에는 새로운 방법의 극복이 있어야 한다. 이것이 혁신이고 창조다. 그리고 혁신과 창조가 기업의 목표가 될 때 새로운 도전과 성취가 기다리고 있다.

제7장

종교의 자유를 선포하다

■ 달리는 말에서 길을 다시 묻는다

■ 발조나의 맹약 – 위기의 뒤에는 성공이 기다리고 있다. 성공의 뒤에는 위기가 기다리고 있다

달리는 말에서 길을 다시 묻는다

사람의 모형을 만들어서 지지대 없이 세워보라. 도저히 세워지지 않는 구조다. 관절과 관절로 이어져 그곳에 힘을 가하지 않으면 접힌다. 그뿐만이 아니라 서 있는 사람의 모습은 중심점이 일정하지 않아서 서 있을 수 없다. 네 발 달린 동물과는 다르다. 자동차가 네 바퀴인 것은 안정성 때문이다. 자전거와 오토바이는 받침대가 필요하다. 사람도 마찬가지다. 그만큼 불안정한 모습이 사람이다. 사람의 감성과 이성도 이러한 토대 위에 있다. 그럼에도 사람이 위대하고 이 세상을 지배하는 이유는 실수를 거듭하지만, 판단능력이 있기 때문이다.

스스로 어리석고 모자란 것이 인간임을 알고 가장 실수를 적게 하는 방법을 찾아내어 반복적으로 도전하는 데 있다. 인간에게 실수와 실패는 당연히 찾아오는 삶의 과정이다. 다시 일어나 새롭게 시작하는 것을 배운 사람의 지혜는 남다른 것이다.

칭기즈칸은 본거지를 옮겼다. 그는 언제고 새로운 사고를 받아들였다. 정점이라고 남들이 생각하는 순간 그는 다른 새로운 일을 시작했다. 정점을 다시 새로운 시작점이 되게 했다. 자신을 끊임없이 채찍질했다. 주르첸을 물리치고서 그의 부족들을 이끌고 케룰렌강 하류를 따라 정복한 주르첸의 영토로 들어갔다. 오논강이 케룰렌강과 합해지는 근처에 새로운 근거지를 만들었다. 이곳은 후일까지 계속되는 칭기즈칸의 작전기지 역할을 했고 수도가 된 아바르가이다. 두 강 사이의 땅을 아랄이라고 했는데 몽골어로는 섬이라는 뜻이다. 쳉케르와 케룰렌 두 강 사이에 넓게 트인 목초지가 펼쳐져 있어 이곳을 쿠데에 아랄이라고 했다. 당시 몽골어로는 황량한 섬이라는 뜻이다.

아바르가는 황량하지만, 남쪽으로 게르를 지으면 햇볕이 게르 깊숙한 곳까지 들어왔고 차가운 북풍이 게르 안으로 들어오는 것을 막아주었다. 강에서 얼마쯤 떨어져 있어야 이따금 평원을 덮어버리는 홍수를 피할 수도 있어 적격지였다. 또한, 아바르가는 칭기즈칸의 출생지와 가깝고 부르칸 칼둔과도 가까웠다. 부르칸 칼둔은 칭기즈칸이 곤경에 빠지거나 새로운 일을 시작할 때에 기도하고 신의 계시를 받던 곳이기도 하다.

이곳에서 칭기즈칸은 힘을 길렀다. 부족의 규모도 커졌다. 그러나 안정은 쉬이 찾아오지 않았다. 오히려 전운이 감돌고 있었다. 자모카는 건재했고 그도 초원의 강자로 남기 위해 세력을 키우고 있었다.

언젠가는 두 사람 사이에 격돌이 있을 것이란 걸 두 사람 모두 알고 있었다. 둘 다 용맹한 장수로 몽골의 평원을 한 손아귀에 움켜쥐려는 야망의 사나이들이었다. 몽골의 평화는 한 사람에게 힘이 모일 때 안정이 찾아오리란 것을 누구보다도 잘 알았다. 그날이 몽골초원이 통일되는 날이다. 칭기즈칸이든 자모카든 한 사람을 몽골초원은 기다리고 있었다.

자모카는 혼자만 부족의 지도자로서 남아있는 처지가 되었다. 칭기즈칸의 칸 등극을 인정하지는 않았지만 옹칸이나 칭기즈칸이나 스스로 칸이 되었기 때문에 자신도 칸의 등극을 미룰 수가 없었다. 자모카는 칭기즈칸과 옹칸에 대한 도전으로 구르칸이라는 칭호를 받았다. 구르칸이라는 뜻은 칸 중의 칸이라는 의미였다. 옹칸이나 칭기즈칸보다 한 수 위에 있음을 주장하는 격이었다.

자모카가 이 영예로운 명칭을 받은 것은 여러 가지 뜻이 있었다. 그리고 도전의 의미가 있었다. 구르칸이라는 칭호를 가진 칸은 옹칸의 숙부였다. 옹칸은 그에게 반역하여 숙부와 그의 자식들을 죽였다. 하여 옹칸의 원죄를 들춰내는 모양새로 옹칸에게 치욕을 안기는 형국이었다. 그리고 칭기즈칸의 아버지 예수게이는 이 반역적인 사건에서 동맹자 역할을 했다. 결국은 구르칸이라는 칭호를 선택한 것은 옹칸과 그의 동맹자 칭기즈칸의 아버지 예수게이가 저지른 배신의 역사를 들춰내고 또한 옹칸과 칭기즈칸의 지위를 인정하지 않겠다는 의미를 내포하는 것이다. 칭기즈칸은 형식적으로는 아직도 옹칸의 수하에 있었다. 그의 아들 되기를 자청했던 어려웠던 시절의 약속이 아직 지켜지고 있었다.

이 칭호를 선택한 것은 결국 두 사람, 옹칸과 칭기즈칸에 대한 도전장인 셈이었다. 이 도전을 받아들이는 칭기즈칸의 마음은 남달랐다. 새로운 개혁을 주도했다. 타타르를 공격하고서 자신의 군대를 다시 한 번 혁신했다. 이것은 기존의 체제에 엄청난 변화를 가져오는 혁신이었다. 요즘의 새로운 경영전략으로서 사용하는 것들과 유사한 점이 있다. 몽골의 전통에 비추어 볼 때 고금에 없었던 일이라는 것과 일부의 내부진통이 있었지만, 이 혁신적인 방법은 모두의 예상을 뒤엎는 것이라는 점이다.

혁신은 믿음에서부터 출발한다. 모든 출발은 자기 긍정에서 출발한 것만이 열매가 달다. 들에 푸르게 자라는 나무와 풀들이 저마다 열매를 맺는다. 같은 땅 위에 같은 바람과 물을 빨아올려 열매를 맺지만 저마다 향기와 열매는 다 다르다.

마음속에 맑은 바람이 부는 사람은 어떤 일을 하든 결과가 아름답게 마무리된다. 세상은 자신의 마음의 모양대로 맺어진다. 목표가 있으면 그 목표에 다가가려는 방법의 징검다리는 긍정의 징검다리여야 한다. 개인의 이익을 찾으려는 마음에서 출발한 것은 어떤 혁명적인 발상도 큰 일을 이루어내지 못한다.

칭기즈칸은 자신의 꿈을 부족의 꿈으로 전환하는 일부터 시작했다. 내가 하고자 하는 일이 부족 전체가 사는 일이며, 내가 꿈꾸는 것을 부족 모두가 함께 꿈꾸면 더 빨리 이루어질 수 있는 것이라고 설득했다. 우선 전리품을 공정하게 함께 나누고 능력 위주로 직무를 안배하는 것부터 시작했다. 그리고 그의 설득방법은 독특했다. 이미지 개선운동이었다. 샤먼들을 이용하여 칭기즈칸이 몽골의 평화를 가져다줄 사람이란 것을 퍼뜨려 사람마다 각인

되게 했다. 그리고 그것이 현실로 될 것임을 암시하게 했다. 광고 전략이었다. 이미지광고라고 할 수 있다.

그리고 그는 단호하고 획기적인 결단을 내렸다. 야망의 실현은 현재의 모습으로는 이루어지지 않는다. 현재의 방법과 생각으로는 현재보다 조금 나은 개선밖에 이루어낼 수가 없다. 그는 그것을 간파했다. 그리고 실행에 옮겼다. 이것은 칭기즈칸이 이루어낸 어떤 일보다도 우위에 두는 일로 내부조직을 일대 변혁이라고 할 만큼 혁신적으로 강화하는 일이었다. 앞서 설명한 내용에 조금 더 부연 설명한다.

칭기즈칸은 전사들을 아르반이라고 부르는 열 명으로 이루어진 분대로 편성했다. 그리고 분대원들끼리 형제역할을 하도록 했다. 친족집단이나 부족과 관계없이 그들은 전장에서 서로의 목숨을 담보하고 함께 싸우는 형제가 되어야 했다. 친족과 부족을 무시하고 새로운 집단으로 편성해 조직 전체 구성력을 배가하도록 조치한 것이었다. 요즘의 형식으로 보면 팀제 운영방식이라 할 수 있다. 모든 책임과 평가가 아르반 별로 이루어질 수 있기 때문이다.

이 새로운 체제 내에서는 부족의 모든 구성원이 빠짐없이 공적 임무를 수행해야 했다. 군인으로 복무할 수 없는 사람은 일주일에 하루 정도 다른 공적인 일에 참여해야 했다. 전사의 가축을 돌보고, 연료로 쓸 똥을 모으고, 음식을 만들고, 무기를 수리하는 일, 드물게는 군대를 위하여 노래하거나 연예활동을 하는 일도 있었다.

그들은 전투에서 분대원 중 하나라도 포로가 되면 남겨두고 떠날 수 없었다. 형제관계를 더욱 돈독히 하기 위한 내부규정이었다. 아르반, 즉 분대 내에서 가장 나이 많은 사람이 분대장을 맡았다. 그러나 분대원들의 의견을 모아 다른 사람에게 이 자리를 맡길 수도 있었다. 분대 내에서 민주적인 방법에 의한 선출이 가능하도록 해 내부 불만을 최소화하도록 했다.

분대가 열 모이면 자군, 즉 백호라고 하는 중대를 이루었다. 그리고 중대 열이 모이면 밍간, 천호라고 하는 연대를 이루고, 밍간이 열 모이면 1만 명의 투멘이라고 하는 만호 사단을 이루었다. 이렇게 하여 일명 천호제라고 하는 조직을 완성했다. 지휘의 일원화를 이루는데 아주 편리했고 명령계통이 확립되어 한 번에 말단까지 전달될 수 있었다. 몽골부족은 칭기즈칸에 의해서 새로운 개혁을 한 것이었다. 반복하여 말하면 부족과 혈연관계에 의한 조직에서 군대조직으로 재편성되어 평등구조가 확립되었다.

칭기즈칸이 유목부족에서 현대적인 조직을 갖추고 그것을 밑바탕으로 하여 발전의 속도를 빠르게 진행하도록 한 것은 천호제였다. 천호제는 혈연이면 누구나 자동 가입되는 자연 고용제에서 성과급별 고용으로 일종의 계약형 체제로 바꾼 일대 변혁이었다. 몽골의 푸른 초원은 살아남는 것이 최대의 과제가 될 만큼 고되고 벅찬 생존의 땅이었다. 강인한 자만이 살아남을 수 있는 곳이었다. 그래서 그들은 전투능력이 뛰어난 인물을 조직의 수장으로 뽑았다. 또한, 칭기즈칸은 자신이 칸으로 등극하고 나서 자신을 칸으로 부르지 못하도록 하고 이름을 부르도록 했다. 하부로부터 올라오는 의견을 받아들이는 소통의 통로를 계속 개방하겠다는 의지의 표시였다. 그는 누구한테서도 제대로 배워본 적이 없었지만, 세상을 읽는 지혜가 있었다.

칭기즈칸의 혜안은 오늘날의 견해에서 보아도 놀랍다. 종래의 몽골부족은 씨족을 기초단위로 하는 조직이었다. 혈연으로 이루어진 군대가 전력을 다 발휘한다는 것은 어렵다. 아주 작은 단위일 때는 그 결속 덕분에 강한 전투력을 발휘할 수 있었지만, 대규모 집단에서 혈연은 분열의 씨앗이 되곤 했다. 지휘체계가 분산되고 권위가 무시되는 경우가 종종 있었다. 씨족단위로 이루어진 조직으로서는 일사불란한 지휘체계가 이루어지지 못했다. 씨족 내의 가족관계와 혈연에 따라 의견이 갈라지고 각 집단의 이해관계가 얽혀 분산을 막기가 쉽지 않았다. 갈등과 분열이 끼어들 소지가 늘 있었다.

이러한 불합리한 조직을 한 번의 명령으로 조직원 모두에게 전달되고 책임질 수 있는 체계로 만든 것이 천호제였다. 결국, 천호제는 칭기즈칸이 조직 내부의 자치를 인정하고 서로 소통할 수 있는 지휘계통을 세운 제도로 조직에 생명을 불어넣은 조치라 할 수 있다.

자신이 속한 십호장, 백호장, 천호장 외에는 누구도 섬겨서는 안 된다.

이렇게 지휘관에게 독립적인 운영권을 주었다. 칭기즈칸은 천호장은 자신이 임명했지만, 나머지 하위 조직은 자체 내에서 뽑도록 했다. 단위별 지도자의 권위를 인정하고 그 소임을 다하지 못했을 때에는 자체 내에서 책임을 물어 갈아치울 수 있도록 했다. 지금도 이러한 권한과 민주적인 조직은 탄생하지 않았다.

언제고 십호장, 백호장, 천호장의 자격이 없을 시에는 갈아치울 수 있다는 것은 하위 조직원들이 책임자를 불신임할 길을 열어놓았다는 점에서 획기적인 발상이다. 단위별 지도자들이 일방적으로 권한을 행사할 수 없음을 명문화한 것이고, 일단 선임했을 때 다른 누구를 섬겨서도 안 된다는 것을 확실하게 해 놓았다. 지금도 국가원수나 주요당직자를 불신임할 권한이 국민에게 있지만, 어느 진일보한 조직에서도 아직은 사원들이 자신들의 팀장을 교체할 권한을 가진 조직은 없다.

이러한 단위별 지도자를 조직 내에서 교체하는 길을 열어놓고 자체적인 선임권을 인정함으로써, 조직의 활성화와 요즘의 말로 표현하면 위에서 임명하는 낙하산인사의 불만을 줄일 수 있었다. 이 조직 내에서는 모든 사람이 평등했다. 이제 칭기즈칸을 구심점으로 하여 이루어진 이 조직 내에서 모두 하나의 통일된 민족 구성원이었다. 같은 몽골족으로서의 통일된 목표를 지향할 수 있었다. 나아가서는 일사불란한 군사조직으로서 명령이 조직원 전체에 일시에 전달될 수 있어 더욱 강한 조직이 되었다.

그리고 칭기즈칸은 조직 내에서 인재를 발굴하고 영향력을 확대하는 방법으로 친위조직을 만들었다. 칭기즈칸과 혈연으로 이루어진 아들, 사위 등과 능력 있는 십호장, 백호장, 천호장 그리고 정복지 유력자의 아들들로 구성한 친위조직을 만들었다. 주된 일은 경호업무에서부터 취사에 이르기까지 다양했다. 그러나 이들은 전장에 나가면 모두가 지휘관이 되었다. 그렇다고 군사조직으로 편성하고 나서 다른 부분까지 모두 일사불란한 것만을 고집하지는 않았다.

칭기즈칸은 근원은 바꾸지 않았다. 그가 믿던 신념체계인 종교를 그대로 가지고 있으면서 자신과 다른 종교를 가진 사람들을 포용했다. 몽골족은 대부분 샤머니즘 세계관을 가지고 있었지만, 기독교와 이슬람교가 전파되어 그를 믿는 사람들도 있었다. 그의 종교에 대한 관용은 그의 사후에서까지 그대로 지속되었다. 대자사크에는 승려, 사법관, 의사, 학자에게는 조세를 받거나 부역을 시켜서는 안 된다고 엄명되어 있다.

그리고 몽골제국의 근간조직인 유목민식 회의체 쿠릴타이를 그대로 존속시켰다. 쿠릴타이는 각 씨족이나 부족의 장로가 모여 최고의 지도자를 뽑고 중요한 국사를 논하는 부족회의체였다. 이 제도는 북방 유목민족에게서 볼 수 있는 종친회의라고 할 수 있었다. 그 중 가장 중요한 일은 지도자를 선출하는 일이었다. 쿠릴타이 중에서도 지도자를 뽑는 쿠릴타이는 예케 쿠릴타이라고 하여 특히나 중요한 일이었다. 부족 전체의 운명을 움켜쥔 부족장을 뽑는 일은 그들의 운명에 관련된 일이라 신중했다.

선출방법은 만장일치제였다. 최종결정에서 쿠릴타이의 결의에 동의하지 않는 사람은 스스로 부족을 떠나야 했다. 부족장을 선출하는 일과 부족의 미래를 결정하기 위한 중대사를 결정하는 일은 그만큼 중요한 일이었다.

합의가 이루어지지 않으면 어떠한 일도 집행할 수 없었고 그 결과는 분열이었다. 분열은 초원에서는 전쟁으로 이어졌다. 삽시간에 동지에서 적으로 돌아서는 것을 의미했다. 그만큼 한 번 정해지면 모두가 따라야 했다. 합의가 곧 신의 뜻으로 받아들여져 결정된 사항에 대해서는 거부할 수 없었다. 이것은 초원에서 살아남기 위한 그들의 절대적 신념체계였다. 또한, 결속력을 만들어내기 위한 기구이기도 했다.

발조나의 맹약 –
위기의 뒤에는 성공이 기다리고 있다
성공의 뒤에는 위기가 기다리고 있다

세상으로 들어가라. 파고들지 않으면 성공할 수가 없다. 자신의 선 자리에서 우선 할 일이 무엇이고 어떻게 해야만 목적을 이룰 수 있는가에 모든 힘을 집중하는 것이 필요하다.

칭기즈칸은 타타르에 승리하고서 몽골에서 한층 더 결집된 힘을 과시할 수 있었다. 칭기즈칸은 아직 절대강자가 아니었다. 그와 대적할 자모카가 있었고 두 사람의 힘의 약화를 은근히 조종하는 옹칸이 있었다. 자모카와 칭기즈칸은 떠오르는 해였고 옹칸은 지는 해였다.

칭기즈칸은 더욱 공고한 힘을 과시하고 미래로 향하는 길을 탄탄하게 닦으려 옹칸과의 연합을 추진했다. 연합의 방법은 장남 조치와 옹칸의 딸과 결혼을 추진하는 것이었다. 칭기즈칸의 아버지 예수게이가 아들 칭기즈칸의 결혼을 정략결혼으로 이용하려 했듯 칭기즈칸도 아들의 결혼을 빌미로 옹칸의 힘을 빌리려 했다. 옹칸은 이미 늙었고 그의 아들은 그의 부족들로부터 신망을 얻을 수 있는 사람이 아니었다. 재능도 없었고 독자적으로 추종자들을 거느리지도 못했다. 그렇다면 자신이 옹칸 사후에 권력을 휘어잡을 수 있는 사람이었다. 초원의 진정한 강자가 될 수 있는 가장 앞선 사람이 되는 절호의 기회였다.

칭기즈칸은 옹칸에게 두 집안의 결혼을 요청했다. 이 결혼요청을 받아들이면 자모카보다는 자신을 인정한다는 것이고, 또한 그의 힘을 이용할 수 있는 계기가 될 것임이 틀림없는 일이었다. 칭기즈칸의 결혼요청을 옹칸은 냉정하게 거절했다.

"칭기즈칸이 내 딸을 며느리로 삼으려 하다니 칭기즈칸은 나의 봉신이자 신하라는 사실을 모른단 말인가?"라고 단호한 어조로 잘라 말했다. 옹칸은 이 말을 해놓고는 후환이 두려웠다. 옹칸은 자신이 뱉은 거절의 말이 지나쳤다고 생각했지만, 다시 담을 수가 없었다. 칭기즈칸은 초원의 떠오르는 강자였다. 그와 등을 지고서는 삼각구도를 형성한 몽골 초원에서 그의 입지도 약화될 것이 뻔했다. 칭기즈칸의 힘이 필요했다. 옹칸은 결혼을 승낙하기로 마음을 바꾸었다고 전갈을 보냈다.

그러나 거기에는 옹칸의 아들 생굼의 입김이 작용한 계략이 숨어 있었다.

만약 대칸인 아버지께서 우유나 물조차 드실 수 없는 때가 온다면 우리 케레이트족을 저에게 다스리게 하시겠습니까? 아니면 칭기즈칸에게 다스리게 하시겠습니까?

늙은 아버지의 감성적인 약점을 자극하며 호소했다. 옹칸은 아들의 말을 들었다. 그리고 결혼을 약속하기 위한 약혼 날짜와 장소를 통보했다. 칭기즈칸을 이 기회에 없애버리려 하는 음모가 숨어있는 줄도 모르고 양가의 결혼을 약속하는 자리에 참석하기 위하여 칭기즈칸은 약속장소로 갔다. 칭기즈칸으로서는 20년 이상을 의부로 모신 사람이었기 때문에 의심할 여지가 없었다. 그리고 이 기회는 자신에게는 또 한 단계의 성장을 의미하는 자리였다. 칭기즈칸은 군대를 뒤에 남겨둔 채 소규모의 사람들만을 데리고 약속장소로 다가가고 있었다. 옹칸의 왕실로부터 말을 타고 하루 정도를 더 가면 약속장소에 도달할 수 있을 거리였다. 칭기즈칸은 가는 길에 사촌의 게르에 잠시 들렀다. 그곳에서 사촌은 칭기즈칸의 이야기를 듣고는 이 결혼 결정을 의심했다. 그리고 귀띔했다. 사촌은 여러 해 전 아버지의 임종 자리에 칭기즈칸을 데려다 준 사람이었다. 그는 숱한 전쟁과 음모의 틈바구니에서 살아남은 사람이었다. 이번 약혼식에는 무언가 수상한 기미가 보인다고 했다. 사촌의 이야기를 듣고 칭기즈칸은 그 자리가 자신을 죽이려는 죽음의 자리라는 것을 직감할 수 있었다. 칭기즈칸은 약혼식 참석을 취소하고 돌아가기로 했다.

암살 계획이 수포로 돌아가자 음모를 꾸민 옹칸의 추종자들은 칭기즈칸을 추격하기 시작했다. 돌아가는 칭기즈칸이 그의 집에

닿기 전에 죽이기 위해서였다. 칭기즈칸의 군대는 칭기즈칸과는 먼 곳에 떨어져 있었고 그와 함께 있는 무리는 소수였다. 암살 계획자들은 칭기즈칸 무리를 발견만 한다면 간단하게 처리할 수 있었다. 살인을 위해 칼을 준비한 자와 약혼식에 참석하기 위해 길을 떠난 축하객과는 싸움에서 비교가 되지 않았다. 그들은 멀지 않은 곳에 칭기즈칸이 있는 것을 확인했다.

조카의 조언으로 약혼식장에 참석하지 않은 것이 칭기즈칸에게는 생명을 보전할 수 있도록 해주었으나 상심해서 돌아가는 그를 향하여 달려오는 무리가 있었다. 절체절명의 순간에도 하늘은 칭기즈칸의 편이었다. 칭기즈칸을 공격하려는 음모를 알아챈 두 명의 양치기가 칭기즈칸에게 이 사실을 알리기 위하여 쉬지 않고 달려오고 있었던 것이다. 그것은 칭기즈칸에게는 천운이었다. 죽을 고비가 있을 때마다 그는 매번 누군가의 도움으로 살아나곤 했다.

칭기즈칸은 그들과 대적해서 싸울 수 없음을 알았다. 소수 전사로 그들과 대적한다는 것은 위험한 일이었다. 모두 흩어지라고 명령했다. 자신은 몇 명만을 데리고 옹칸의 추격권에서 벗어나기 위해 말을 달리기 시작했다. 이렇게 달아나는 것이 이번이 처음이 아니었다. 자신의 아내 버르테를 납치당했을 때도 이렇게 도망쳐야 했다.

그때는 지금보다 더 착잡하고 비참한 마음으로 도망가는 신세였다. 사랑하는 아내를 남겨두고 자신만 살기 위해서 도망가는 사나이의 심정이 어찌했을 것인가는 짐작해보면 알 것이다. 지금은 단지 위험을 피해 달아나는 도망자일 뿐이지만, 그때는 가족은 붙잡혔고 게르는 불태워졌다. 식량과 재산은 약탈당했다.

칭기즈칸이 20여 년 전에 아내를 약탈당하던 그때의 초원의 모습이나 지금의 모습이나 별로 큰 차이가 없었다. 악순환의 고리는 끊어지지 않은 채 반복되고 있었다. 강자만이 살아남는 초원은 언제나 비정했다. 칭기즈칸은 자신에게 닥친 불행을 낙관으로 이겨내는 힘이 있었다.

성공하는 자는 앞을 보지만 패배하는 자는 뒤를 돌아본다. 사람은 뒤를 돌아보는 순간 앞으로 나갈 추진력을 잃어버리게 된다.

과거는 미래를 향한 추진력을 얻기 위해서가 아니면 돌아보지 말아야 한다. 진실을 파악하기 위해서 과거를 돌아보는 시간에 어떤 길이 꿈을 실현할 수 있는 미래로 향하는 길인가를 찾는 것이 더 현명하다.

칭기즈칸은 다시 위기에 몰렸다. 그러나 그는 이 위기를 해결하기 위해 매진할 뿐 과거에 매달리지 않았다. 칭기즈칸을 따르던 무리는 갑작스러운 지도자의 잠적, 그것도 목숨을 건지기 위해 도망간 지도자를 기다리느냐, 새로이 갈 길을 찾아야 하느냐를 놓고 고민해야 했다.

칭기즈칸은 칭기즈칸대로 어려운 처지에 빠졌다. 갑작스러운 도망으로 아무것도 준비한 것이 없었다. 먹을 것도 없이 며칠 동안이나 말을 타고 도망가 도착한 곳은 발조나 호숫가였다. 부하들 가운데 19명만 남아 있었다. 도망하기에 바빠 무엇 하나 챙길 수 가 없었다. 목숨 하나 달랑 챙긴 꼴이었다.

먹을 것, 입을 것도 없이 굶어 죽을 판이었다. 그때 북쪽에서 달려오는 야생마가 있었다. 칭기즈칸의 동생 카사르가 달려가 말을 잡아왔다. 굶주린 이들은 말을 잡아 가죽을 벗기고 고기를 잘랐다. 가죽으로 큰 주머니를 만들어 그 안에 고기와 물을 담았다. 그리고 땔감도 없어 말똥을 모아 불을 지폈다. 솥이 없어 음식을 끓일 수가 없었다. 대신 돌을 불에 달구어서 그 돌을 가죽 부대 안에 집어넣었다. 돌 온도로 물의 온도는 올라갔고 고기는 익었다.

죽지 않기 위해 위기를 벗어나는데 온 힘을 다한 이들의 굶주림을 야생마가 해결해 주었다. 서로 위로할 힘마저 잃어버린 이들에게 말이 나타나준 것에 대해 이들은 하늘이 도와준다고 생각했다. 말은 몽골에서 신성한 존재로 여겼다. 없어서는 안 될 존재였고 신을 위한 제단에 제물로 바쳐지기도 하는 동물이었다. 몽골족에게 있어 가장 중요한 순간에는 언제나 말이 있었다.

내가 이 모든 고난을 극복하고 대업을 이룰 수 있게 하소서! 나와 함께 고난의 대업에 참가한 모든 병사를 기억하소서! 내가 이후로 나의 맹세를 저버린다면 이 흙탕물처럼 나를 죽이소서!

칭기즈칸은 하늘을 향해 한 손을 들어 올리면서 다른 한 손으로 발조나의 흙탕물을 들어 올렸다. 자신을 따라 준 부하들의 충성에 감사했고 절대 잊지 않겠다고 했다. 부하들과 흙탕물을 함께 마셨다. 그리고 충성을 서약했다. 이것을 역사에서는 '발조나의 맹약'이라고 한다. 이 사건은 몽골제국의 정체성과 형식이 규정되는 사건이었다. 칭기즈칸을 이야기할 때 이 사건은 신화적인 이야기로 격상되어 전해졌다.

의리만으로 뭉친 이 발조나의 맹약은 몽골에서 칭기즈칸이 조직을 구성하고 이끌어가는데 하나의 상징적인 의미로 작용했다. 친족관계와 인종, 종교를 떠나 이들을 진정한 결속으로 다시 일어나게 하는 출발점이 되었다. 이들 19명의 도망자는 모두 출신이 달랐다. 칭기즈칸과 동생 카사르는 몽골족이었다. 다른 사람들은 메르키트, 키타이, 카레이트 출신이었다. 종교도 달랐다. 칭기즈칸은 샤머니즘을 숭배했고 나머지는 모슬렘과 기독교 그리고 불교도도 있었다. 부족, 종교, 인생관도 다 달랐지만, 한마음으로 뭉친 사나이들의 굳건한 약속으로 결사체는 탄생되었다. 가장 힘들고 어려운 처지에 있을 때 서로 진정으로 믿는 힘의 원천인 그의 세력을 만들어냈다. 이것은 곤경 속에서 자발적으로 맺은 결의였기에 무서운 응집력을 가진 결사체가 되었다.

칭기즈칸을 따르던 무리 중 일부는 옹칸에게로 갔고, 또 일부는 자모카에게로 갔다. 가슴 아픈 일이었지만 그의 숙부도 옹칸에게로 갔다. 이 숙부는 아버지 예수게이의 두 형제 가운데 하나로 아버지가 칭기즈칸의 어머니를 메르키트족에게서 납치할 때 그 일을 도왔던 사람이다. 세상은 내가 원하는 방향대로 움직이지 않는다. 그것을 탓하기엔 시간이 아깝다.

칭기스칸은 발조나에 숨어서 반격의 기회를 찾고 있었다. 예상 외로 그 기회는 빨리 왔다. 적은 나의 약점을 이용한다. 살아남기 위해서 나는 강해져야 한다. 칭기스칸은 재기할 기회를 엿보며 초원에 흩어진 추종자들에게 자신의 계획을 알렸다. 꿈과 희망을 담은 메시지를 전했다. 그 목표를 함께 충분히 해낼 수 있다는 자신감도 심어 주었다. 며칠이 지나자 칭기스칸 자신도 놀랄 만큼 많은 인원이 모여들었다.

희망은 사람을 행복하게 한다. 미래를 약속하는 지도자에게 사람은 모인다. 군중은 그를 따른다. 실천해 줄 사람에게 많은 사람이 동조한다.

칭기스칸은 희망을 심어주었다. 그리고 그 희망을 이루어갈 방법을 제시했다. 칭기스칸은 젊은 지도자였다. 미래로 가는 길을 기대할 수 있는 사람이었다. 그는 세력을 결집해 옹칸을 향하여 진군을 시작했다. 더 많은 부하가 모여들었다. 또한 칭기스칸의 어머니와 아내 버르테의 친척이 되는 사람들이 옹칸의 휘하에서 나와 칭기스칸의 진영으로 몰려들었다.

반면 옹칸은 칭기스칸을 무찌른 것에 기뻐하며 잔치를 열고 있었다. 칭기스칸의 세력 일부가 자신에게 들어오는 것에 고무되어 있었다. 승리의 달콤함에 취해 있었다. 초원에서 떠오르는 강자 하나를 제거한 것에 마음껏 기뻐하고 있었다.

그동안 초원에서 어떤 일이 이루어지고 있는지 옹칸은 모르고 있었다. 한편 칭기즈칸은 그 시간에 세력을 모아 옹칸을 향하여 전력으로 질주하고 있었다. 그의 공격은 빠르고 즉발적이었다. 달리는 말들이 지치면 바로 갈아타고 달릴 수 있도록 중간마다 말을 준비해 놓았다. 그만큼 그들의 공격 속도는 빨랐다. 누가 그들을 발견했다손 치더라도 말을 갈아타며 달리는 그들은 따라잡을 수 없었을 것이다. 그렇게 칭기즈칸의 군대는 말을 갈아타며 밤낮을 가리지 않고 진격해가고 있었다. 칭기즈칸은 이를 '번개 진격'이라고 명명했다.

　초원을 가로질러 카레이트 왕궁으로 달려가 초토화하기가 더 쉬운 방법이었지만, 칭기즈칸은 신중을 기하기 위해서 힘겨운 고개를 넘어 우회해 가는 방법을 선택했다. 옹칸의 군대는 그리 가볍게 볼 수 없는, 자모카나 칭기즈칸보다 병력 면에서도 한 단계 위의 군대였다. 칭기즈칸은 아직도 형식적으로는 그의 산하 부대의 장수였다. 그만큼 몽골초원에서 옹칸은 큰 영향력이 있는 존재였다. 옹칸의 왕궁이 있는 곳에서 고개가 있는 쪽은 험준해서 적의 방어가 비교적 허술한 곳이었다. 칭기즈칸은 그곳을 택했다. 칭기즈칸은 긴급을 요하는 순간에도 신중을 기했다. 그의 복수심은 강했다. 그리고 성공해야 한다는 간절함이 있었다.

　옹칸은 적어도 지금은 공격해 올 시간이나 준비가 되어있지 않았을 것이라고 안심하고 있었다. 옹칸의 잔치가 한창인 시간, 칭기즈칸의 군대는 옹칸의 군대를 포위했다. 준비되지 않은 옹칸의 군대는 사흘간의 전투 끝에 무너졌다.

칭기즈칸은 옹칸의 휘하에 있던 무리를 받아들였다. 이후에도 이 정책은 계속 이어졌다. 칭기즈칸은 적을 물리친 것이라기보다 옹칸의 군대를 삼킨 격이었다. 그의 부하들을 모두 받아들임으로써 칭기즈칸의 군대 규모는 한층 커졌다. 말했다시피 이 정책은 적과 동침을 하는 격이었다. 그러나 적이었던 사람들을 동족으로 받아들이고 전투에 나가 전공을 세우면 그에 상응한 대우를 함으로써 동질감을 느끼게 하였다. 희망을 발견하는 곳에서 사람들은 개인적인 노력을 하게 된다. 칭기즈칸은 그들에게 약속한 기회를 주었고 그들은 그에 대한 보답으로 충성을 다했다.

칭기즈칸의 승리와 옹칸의 몰락은 같은 순간에 찾아온 일이었다. 케레이트의 상층부 귀족들은 제각각 살길을 찾아 도망갔다. 옹칸은 나이만 국경까지 도망갔다가 국경의 경비병이 케레이트의 왕인 옹칸을 알아보지 못하고 죽였다. 옹칸의 아들은 남쪽으로 도망쳤으나 하인들에게 버림을 받아 사막에서 목이 타 죽었다. 옹칸과 아들의 최후는 쓸쓸했다. 장렬하지도 않았고 극적이지도 않았다. 초원에 석양이 기울듯이 그렇게 기울어갔다.

이제 칭기즈칸은 나이만족을 겨냥했다. 나이만족은 객관적으로 볼 때 칭기즈칸의 군대보다 강했다. 그는 나이만족을 치기 전에 선전전술을 먼저 사용했다. 나이만 왕실에 대한 이상한 소문을 퍼뜨렸다. 나이만족의 타양칸이 총기를 잃고 약골이 되자 부인과 아들이 사람들 앞에서 그에게 온갖 모욕을 주어 수치를 느끼게끔 한다는 말을 퍼뜨렸다. 타양칸의 아들이 자기 아버지를 타양 할머니라고 부른다는 소문과 타양칸은 겁보라서 임신한 여자가 오줌을 누리 나가는 만큼도 밖으로 나가지 못한다는 등 적나라하게 일상사를 까발리는 소문도 퍼뜨렸다. 또한, 나이만족에 대한 적 개심을 생성하기 위해서, 나이만 왕비는 몽골족을 더럽고 냄새나는 야만인이라고 한다는 소문을 내기도 했다.

정면대결로는 승산이 어려운 전쟁이었다. 나이만은 칭기즈칸의 병력으로는 싸움에서 맞붙어 승리하기에 너무 큰 부족이었다. 이런 차이를 극복하기 위해서 칭기즈칸은 할 수 있는 모든 방법을 동원했다. 전장의 전사들이 힘을 갖게 하기 위해서 전설 같은 이야기도 소문으로 만들어냈다.

몽골족의 코는 끌이며, 혀는 날카로운 송곳이다. 그들은 이슬을 먹고 살며 바람을 타고 다닌다.

이 소문들은 몽골족이 만들어서 퍼뜨린 것인지, 자생적인지는 알려지지 않았다. 그러나 누구의 입에서 나왔든 칭기즈칸에게 유리한 말들임에는 틀림없었다. 이 떠도는 말들이 나이만족을 위축시키고 칭기즈칸에게 유리하게 작용한 것으로 보아 이 말의 근원지는 몽골족일 가능성이 컸다. 칭기즈칸에 대한 소문도 바람을 타고 몽골초원을 떠돌았다.

칭기즈칸의 몸 전체가 서로 꽉 맞물린 구리와 강철로 이루어져 있어 어떤 송곳으로도 뚫지 못한다.

몽골족의 전사들에 대한 전설적인 영웅담과 칭기즈칸에 대한 소문이 나이만족의 귀에 들어갈 때마다 그들은 몽골족에 대한 신비스러움이 각인되었다. 그럴리 없다고 단정하면서도 다른 사람이 같은 말을 또 전하면 진짜 그럴까 하는 마음으로 변했다. 대중 선전전략은 긴장된 전사들의 사기를 올려주기도 하고 꺾기도 하는 중요한 전략이었다. 언제 어느 방향에서 적이 출현할지 모르는 긴박한 상황에서 무서울 정도의 침묵이 돌 때 누군가의 입에서 이러한 이야기가 나오면 전사들의 감정은 아주 예민하게 작용했다. 어둠 속에서 모닥불 하나에 의지해 밤을 지새울 때 이 말들의 위력은 커졌다. 칭기즈칸은 다른 전술도 이용했다. 수적으로 불리한 상황을 이겨내기 위해 적과 대치하고 있을 때에는 숙영하는 산에 병사들에게 일인당 5개씩의 모닥불을 피우도록 했다. 부대가 이동 시에는 수레나 말에 나뭇가지를 달아 끌도록 해 뽀얗게 먼지가 일어나게 했다. 모두 병력을 과장해서 많아 보이게 하기 위한 전술이었다.

칭기즈칸은 전장에서의 작전도 새로이 개발했다. 전투에 들어가기 전에 10명으로 이루어진 분대별 군사조직을 실전에 적용해 보기로 했다. 칭기즈칸의 군대는 수적으로 적었기 때문에 전면전을 하는 방법은 맞지가 않았다. 칭기즈칸은 속도를 최대한 이용해 적의 예상이 불가능하도록 척후에서 치고 빠지는 방법과 야간을 이용해 급습하는 전술을 이용했다. 적은 수의 군대로 승리하기 위해서 고안한 방법이었다.

독특하고 기발한 발상으로 전투기법을 만들어내고 그것을 활용했다. 소수로 많은 인원의 적과 맞서 싸울 수 있는 이런 능력은 우선 개인의 강인함과 더불어 연대의식에서 나왔다. 그리고 사냥을 하면서 전술을 개발하고 실험하기도 했다. 칭기즈칸은 늘 새로움에 목말라 있었다. 칭기즈칸이 이러한 전술들을 개발하고 부하들에게서 들어온 제안을 받아들여 실험해보는 가운데 몽골의 푸른 전사들은 더욱 성장하고 날로 강인하게 되었다. 이러한 전술의 발전과 조직력은 무엇보다 칭기즈칸의 흡인력에 기인했다.

밑으로부터의 의견을 듣는 그의 자세에서 출발했다. 결정은 신중하게 내렸지만 일단 결정되면 추진은 강력했고 신속했다. 그리고 반드시 전체가 공감할 수 있는 협의를 거쳤다. 하의상달의 의견을 존중했다.

칭기즈칸이 창설한 친위대는 몽골부족이 더욱 견고하고 강력한 군대조직으로서 거듭나는 계기가 되었다. 칭기즈칸의 입지를 확고히 할 수 있었기 때문이다. 그들은 칭기즈칸의 가장 가까운 곳에서 그의 명령과 그 명령의 실행을 확인할 수 있는 역할과 칭기즈칸의 보호를 담당함으로써, 어떠한 전투에서도 안정성 있게 전체를 통괄할 수 있도록 했다. 낮에는 70명, 밤에는 80명이 보초를 섰다. 점점 수를 늘려 친위대는 천 명을 넘었다. 친위대의 군사는 족장의 아들들이 주축이 되었다. 이들이 전투에 참여했을 때 힘은 한층 배가되었다.

나이만족의 타양칸과 군사들은 사기가 떨어졌다. 결속력이나 지휘계통이 일사불란하게 유지되지 못했다. 나이만의 타양칸과 군대는 제대로 싸워보지도 못하고 우습게 여겼던 칭기즈칸의 군대에 참패했다. 타양칸은 포로가 되어 죽었고, 그의 아들은 도망했다. 그만큼 칭기즈칸의 군대는 강해져 있었다. 군대의 조직력이나 전투력이 자신들도 놀랄 만큼 성장해 있었던 것이다.

이제 몽골초원에는 의형제였던 칭기즈칸과 자모카 둘만 남았다. 사랑과 미움이, 우정과 원망이 함께하는 두 사람이었다. 한때는 서로서로 등에 기대어 의지했던 관계였다. 그리고 한때는 서로 죽이려 했던 사이였다. 서로에게 애증이라는 한 마디로 설명하기 어려운 관계인 두 사람이 초원에 남았다. 이제 이 둘의 관계는 한 판 승부로 한 사람이 죽어야 하느냐, 아니면 같은 배를 탄 연합을 이루어야 하느냐 하는 운명의 시간이 서서히 다가오고 있었다.

칭기즈칸은 지식보다 지혜와 통찰력을 더 원했다. 그래서 그는 듣는 것에 많은 비중을 두었다. 살아있는 지혜를 타인에게서 얻었다. 그의 어록이며 훈시라고 할 수 있는 대자사크에 듣는다는 것, 경험의 중요성에 대한 내용이 나오는 것은 여기에 기인한다.

윗사람이 말하기 전에 입을 열지 마라. 자신과 다른 말을 들으면 자신의 의견과 잘 비교하라.

큰사람은 자신의 지식으로 이 세상을 다스리거나 자신만의 방법으로 세상을 이해하려 하지 않는다. 많은 사람의 의견을 들어 더 좋은 방법을 찾아내고, 고민한 결과로 세상을 여는 길로 만들어낸다. 큰 물로 가기 위해서는 큰 생각을 품어야 한다. 큰 생각도 작은 생각으로부터 나온다. 큰 경영도 남이 발견하지 못한 작은 혁신이나 개혁에서 온다.

칭기즈칸 자신을 따르는 무리의 꿈과 희망을 자신이 품은 꿈과 희망과 일치시킴으로써 칭기즈칸이 공격하는 목표가 부족민 개개인의 한을 풀어주는 한풀이가 되고, 칭기즈칸이 치르고자 하는 전쟁이 하층민 개개인의 전쟁이 되었기 때문에 승리할 수 있었다. 이 전쟁에서 승리하면 칭기즈칸에게 이익이 되는 것만이 아니라 부족민 개개인에게 이익이 되었기 때문에 전쟁에 참여한 전사는 강한 전사가 되었다.

꿈을 꾸지 않는 자는 죽은 자다. 이 세상을 움직이게 하는 동인은 꿈이다. 꿈을 가진 노동자가 꿈의 실현을 자신이 다니는 회사에서 이룰 수 있다면 그 회사는 이 세상에서 가장 아름다운 회사가 될 것이다. 그리고 회사와 노동자 공동의 꿈이 실현되었을 때 그 실현된 만큼의 몫이 노동자들에게도 골고루 돌아오는 구조가 만들어진다면 자연 불만은 줄어들 수 밖에 없다. 칭기즈칸이 부족민들에게 그랫듯이.

마음을 열면 새로운 세상이 기다렸다는 듯이 문을 연다. 마음을 닫고 있어 보이지 않았던 것이 비로소 보이기 시작한다.

제8장

세상을 변화시키려면
나를 먼저 변화시켜야 한다

- 꿈을 가슴에 품으면 그 꿈의 모양대로 행동하게 된다
- 하늘에 태양은 하나다
- 밖으로의 확대를 바라면 안을 먼저 다져라
  – 정보고속도로, 군사고속도로 완성
- 세상은 유목민들이 정복하고 있다

꿈을 가슴에 품으면 그 꿈의 모양대로 행동하게 된다

변하지 않으면 혼자만 원시인으로 고립될 수도 있다. 변하는 세상에서 나만 변하지 않았다면 결국 나만 변한 것이 된다. 그러나 이러한 고립으로 받은 변화는 낙오를 의미한다. 변화의 방향이 올바르지 않으면 인생은 추락할 수도 있다.

노력하는 자에게 기회는 온다. 그러나 기회는 준비된 자의 품에 안기기 마련이다. 준비해 놓은 상태에서 잡기 어려운 기회를 잡은 것이다. 행운은 눈먼 자에게 찾아오는 것이 아니라 받을 준비를 해놓은 자에게 찾아가는 속 좁고 까다로운 존재다.

한 사람은 준비하고 있었고 한 사람은 방관했다. 칭기즈칸은 몽골초원을 통일할 야심만만한 계획을 하나씩 진척시키고 있었고 같은 야망의 소유자인 자모카는 답보상태에 머무르고 있었다. 옹칸이 제거되고 그의 휘하 부하들을 흡수한 칭기즈칸은 한층 세력이 강해졌다. 그리고 초원에서 그의 이름은 높아갔다. 꿈을 꾸는 자는 그 꿈을 실현하려 노력한다. 꿈이 크면 노력의 강도가 커지고 꿈이 아름다우면 아름다운 일을 만들려고 땀을 흘린다.

칭기즈칸의 꿈은 초원을 통일하는 것이었다. 자모카도 초원을 통일하는 것이 꿈이었다. 초원을 통일하겠다는 꿈은 같았지만, 칭기즈칸은 그 꿈을 부족민들과 공유하였으나 자모카는 부족민들과 그 꿈을 공유하지 못했다. 이 차이가 두 사람이 성공으로 가는 길과 실패로 가는 길을 나누어 놓고 있었다.

칭기즈칸은 끊임없이 내부 혁신에 박차를 가했다. 새로운 것을 받아들이고 낡은 것은 과감하게 버렸다. 그동안 여러 가지를 바꿨다. 전투에서 개인적인 약탈을 인정하지 않았고, 전리품은 전 부족의 공유물로 공과에 따라 나누어졌으며 약한 자에게도 혜택을 주었다. 불만을 품은 사람보다는 공정한 나눔이 이루어져 고마워하는 사람이 더 많았다. 그리고 거의 혁명에 가까울 만큼, 부족과 가족관계 단위로 이루어졌던 부족 내의 관계를 천호제라는 큰 하나의 조직으로 일원화함으로써 국가 체제로서의 탄탄한 결속력과 행정력을 가지게 되었다.

그가 물로 보내건 불로 보내건 나는 간다. 그를 위해 간다.

칭기즈칸에게 충성하는 전사들의 목소리였다. 이처럼 강한 결속력과 단합은 칭기즈칸의 군대를 더 강하게 했다. 서로 하나의 연합체였다. 강한 연대감은 같은 꿈을 꾸는 데서 나왔다. 칭기즈칸의 승리가 나의 승리고 나의 승리가 칭기즈칸의 승리다. 그리고 그것은 그들 모두의 승리였다. 몽골족이 가졌던 그동안의 조직구성과 삶의 방법을 바꾸어 놓았다. 이 새로운 방법의 도입으로 칭기즈칸의 위치는 더욱 다져졌고 조직 전체의 구심력은 강해졌다.

반면 칭기즈칸보다 더 많은 수의 부족민과 힘을 가졌던 자모카는 이제 현상유지만을 하고 있었다. 정체에서 벗어나지 못한 자모카는 상대적으로 칭기즈칸에게 밀리고 있었다. 칭기즈칸은 부족 내에서 확고한 위치로 조직을 장악하고 있었으나, 자모카의 조직 내에서는 불만이 커가고 있었다. 그에게는 열정은 있었으나 포용이 없었다.

칭기즈칸이 나타나기 전에는 몽골초원에서 옹칸이 강자였다. 그와 동맹을 맺었던 칭기즈칸의 아버지 예수게이가 죽은 후 칭기즈칸이라는 존재는 묻혀버렸다. 그가 다시 초원의 강자로 떠오르리라곤 누구도 생각하지 못했다. 그러나 칭기즈칸은 역경을 이겨냈고 배고픔을 견디며 미래를 꿈꾸었다. 미래에 펼쳐진 꿈을 이루기 위해서 모든 방법과 기회를 이용했다. 오직 살아남기 위해서 시작되었던 그의 지략은 어느새 강력한 힘을 가진 집단의 지도자로 떠오르고 있었다.

아버지가 되어 주기를 간청했던 칭기즈칸을 옹칸이 배반함으로써 옹칸은 도리어 무너졌다. 강력하면서도 수적으로 우세했던 옹칸 휘하의 부족이 오히려 칭기즈칸에게 당한 것이다. 열세에 있음에도 그 열세를 극복하는 힘이 칭기즈칸에게는 있었다. 황야의 거친 바람을 피하지 않았다. 온몸으로 받아들이며 전진했다. 남들이 일신의 안위를 위한 안정을 취할 때 그는 자신을 단련했고 부족의 개혁에 열정을 쏟았다. 다시 태어나지 않으면 마지막까지 살아남을 수 없음을 그는 알았다. 남과 같아서는 타자와의 경쟁에서 일어설 수 없음을 깨달았다.

칭기즈칸은 달리는 말에다 채찍을 가했다. 그리고 그 방향이 맞는 것인가 확인했다. 다시 돌아볼 줄 아는 지도자였다. 이제 결전의 날은 멀지 않았다. 이제 몽골초원에서 강자로 남을 자는 하나였다. 경쟁과 협력의 길을 걸어온 자모카, 그는 의형제였고 칭기즈칸이 오늘 이 자리에 설 수 있는 디딤돌이 되어준 사람이기도 했다. 한때 그를 미워했지만 미워할 수만은 없는 존재였다. 옹칸이 제거된 지금 자모카와의 마지막 대결은 피할 수 없는 숙명이었다. 화합의 동맹도 이론적으로는 가능한 일이었지만 이미 그 단계는 넘어서 있었다. 두 사람 중 누구도 상대에게 머리를 숙이고 들어갈 사람들이 아니었다. 자모카는 자모카대로 자존심이 있었고, 칭기즈칸은 칭기즈칸대로 꺾일 수 없는 자존심이 있었다.

세상은 냉혹하다. 세상은 언제나 강자의 편을 들어주었다. 칭기즈칸은 강해지기 위하여 모험했고 자모카는 재래의 방식을 답습했다. 칭기즈칸은 전래해 오던 방식을 과감하게 털어버리고 새로운 방식을 도입해 체제를 정비했고, 자모카는 기존의 방법으로 조직을 공고히 하려 했다. 이미 다른 길로 들어선 셈이었다. 어느 방법이 옳았는가는 이제 그들의 승부에 의해 판가름나게 되어 있었다. 그렇게 피할 수 없는 숙명적인 결전의 날은 다가오고 칭기즈칸은 만반의 준비를 마치고 그날을 기다렸다.

하늘에 태양은 하나다

　　도전은 어느 방향에서 올지 모른다. 칭기즈칸과 자모카의 폭풍 전야의 소리 없는 전쟁은 시작되었다. 정상의 자리는 도전받는 자리다. 산의 정상은 멀리 관망하고 전체를 파악하는데 최적이지만 오래 머무르기에는 편한 곳이 아니다. 바람과 비와 눈이 어느 곳보다 강하게 몰아치는 곳이다. 그곳을 지키기란 쉽지 않다. 그곳을 탈환하기도 어렵다. 그럼에도 그곳은 꿈의 자리다. 인간의 심리는 최고를 지향해 왔다. 욕망의 꼭짓점에서 또 다른 도전을 꿈꾸기 때문이다.

　　몽골초원의 강자로 태어나기 위해 마지막 남은 도전을 기다리는 두 사람의 마음은 달랐다. 자모카는 칭기즈칸이 어렵고 힘들 때에 도움을 받은 사람이다. 자모카는 칭기즈칸에게는 은인이었다. 처음 의형제를 맺었을 때도 그랬다. 칭기즈칸이 데릴사위로 있을 때였다. 둘은 동물의 복사뼈를 주고받으며 의형제를 맺었다. 그 이듬해에는 활과 화살을 주고받으며 의형제임을 재확인했다. 그리고 이들이 성장해서 칭기즈칸이 동족으로부터 외면당하고 어려움에 닥쳐있을 때 그런 그를 조건없이 받아준 사람이 자모카였다. 자모카를 생각하면 칭기즈칸에게는 미움보다는 고마움이 먼저 떠올랐다.

그러나 자모카는 달랐다. 어려울 때 거두어준 사람이 자신을 배반했다는 섭섭함이 더 강했다. 그러나 이제는 다 지난 일이었다. 초원의 강자로서 두 사람은 마주 서 있었다. 초원은 한 사람의 강자만을 원하고 있었다.

한순간도 방심할 수 없는 긴장이 감돌았다. 진보적인 칭기즈칸과 보수적인 자모카의 군대는 결전을 치르기 위한 준비를 게을리하지 않았다. 역사는 누구의 편을 들어줄 것인가. 준비는 쉬지 않고 이루어졌다. 피할 수 없는 전쟁에서 야망의 실현을 위해서라면 죽음도 두려워해서는 안 되는 극한상황이었다. 어차피 사내들의 승부는 죽음과 직결되어 있었다. 승자에게는 승리의 잔치가, 패자에게는 죽음이 기다리고 있음을 누구보다도 잘 아는 사람들이었다. 전쟁에서는 2위가 없다. 준우승이 없는 것이 전쟁이다.

그러나 운명은 그들의 정면승부를 원하지 않았던 듯하다. 어이없게도 자모카가 그의 부하들에게 포박당한 채 칭기즈칸에게 바쳐진 것이다. 전투 한번 치러보지 못하고 자모카는 패배를 당한 셈이었다. 이렇게 폭풍전야 같았던 전쟁의 기운은 슬픈 전설이 되어 사그라지고 있었다.

칭기즈칸은 자모카와 적으로 돌아서긴 했지만, 그에게 연민을 느끼고 있었다. 그리고 칭기즈칸은 사나이들의 의리를 존중할 줄 아는 사람이었다. 칭기즈칸은 자모카를 포박해 온 자모카의 부하들에게 상을 내리는 대신 죽음을 내렸다. 자모카가 바라보는 바로 그 앞에서 그들의 처형을 명령했다. 이는 한때 자신의 의형제였던 자모카에 대한 예의이기도 했다.

칭기즈칸은 그 자리에서 옛 우정을 이야기하며 다시 출발할 것을 제의했다.

> 우리 동무가 되자. 서로에게 있었던 일들은 잊고 이제 다시 힘을 합하자. 서로 잠에서 깨워주자. 그대는 멀리 있을 때에도, 나와 떨어져 있을 때에도, 여전히 행운과 축복을 잃지 않은 나의 형제였다. 물론 죽고 죽이던 시절에는 그대의 명치와 심장이 나 때문에 고통을 겪었다. 물론 베이고 베던 시절에는 그대의 가슴과 심장이 나 때문에 고통을 겪었다.

칭기즈칸은 이토록 간곡하게 함께 일할 것을 제의했다. 자모카와 칭기즈칸이 의형제였을 때 자모카가 형이었다. 이제 패장으로서 칭기즈칸에게 포로로 잡혀와 있는 처지이지만 과거에는 모든 것이 칭기즈칸보다 우월한 위치에 있었다. 그러나 세월은 그에게서 등을 돌렸다. 자모카도 사나이였다. 구차한 삶을 선택하고 싶지 않았다. 한때는 자신의 수하에 들어와 밥을 얻어먹던 칭기즈칸에게 기대고 싶지 않았다. 더구나 자신을 배반했던 칭기즈칸에게 약한 모습을 보이기는 더욱 싫었다.

세상이 그대를 맞이할 준비가 되어 있는데 내가 그대의 동무가 되
는 것이 무슨 도움이 되겠는가?

자모카는 자비를 구하는 대신 죽음을 선택하면서 자신의 마지
막 죽음에 최소한의 예의를 지켜줄 것을 주문했다. 하나는 자신
이 죽을 때 피를 흘리지 않게 해달라는 것, 두 번째는 야수와 새
의 먹이가 되지 않도록 높은 곳에 안장해 달라고 했다. 전하는 이
야기에 의하면 칭기즈칸이 성인이 되어 의형제의 약속을 맺을 때
자모카에게 주었던 황금 허리띠를 채워 장사지내주었다고 한다.
경쟁상대였으며 우정을 약속했던 자모카에게 칭기즈칸은 최고의
예우를 갖추어 그의 가는 길을 배웅했다.
　　마지막 경쟁자 자모카가 떠난 초원은 이제 칭기즈칸의 독무대
가 되었다. 자모카가 떠나고 나서 칭기즈칸은 대몽골제국의 탄생
을 선언했다. 몽골의 초원은 새로운 강자를 받아들였다. 남쪽의
고비사막으로부터 북쪽의 툰드라까지, 동쪽의 만주삼림에서부터
서쪽의 알타이산맥까지 모두가 그의 영역이었다.
　　칭기즈칸의 안다였으며 마지막까지 최고의 경쟁 상대였던 자모
카를 역사에서는 이렇게 기록하고 있다.

자모카는 흔히 현명한 자라고 불렸다. 이는 그가 매우 총명하고
교활했기 때문이다. 칭기즈칸은 그를 안다라고 불렀다. 그러나
자모카는 테무친에 대하여 항상 음모를 꾸몄다. 그는 배신과 기
만을 일삼으며 나라를 자기의 수중에 넣으려 했다.

비판적인 기록임을 엿볼 수 있다. 어차피 역사는 승자의 기록 아니던가. 칭기즈칸이 몽골초원의 강자로 자리매김할 수 있었던 계기는 자모카에 의해서였다. 세 번이나 안다의식을 가진 진정한 우정을 약속한 사이였지만, 몽골의 초원에서 태양은 둘일 수가 없었다. 칭기즈칸은 자모카에게 여러 번 도움을 받았으나 칭기즈칸이 자모카에게 도움을 준 것은 적었다. 하지만, 운명은 칭기즈칸의 편이었다.

강력한 두 힘이 맞부딪히는 몽골초원에는 크고 작은 전투가 끊임없이 일어났고 늘 긴장의 연속이었다. 역전과 재역전이 이어졌다. 서로에게 좋은 경쟁상대였던 두 사람의 승부에서 승리의 여신은 칭기즈칸의 손을 들어주었다. 결정적인 승패를 좌우한 것은 사람이었다. 누가 충성심이 강한 부하를 가졌느냐 이었다. 자모카의 부하들은 그를 배신했고, 칭기즈칸의 부하들은 끝까지 충성했다. 자모카를 패망으로 몰고 간 부하의 배신행위의 원인은 자모카가 만들었고, 칭기즈칸을 최후의 승리자가 되게 한 믿음은 칭기즈칸이 만들었다. 자모카는 사람을 잘못 썼음에 절망했고, 칭기즈칸은 그를 지켜보았다.

이제 몽골초원에는 더 이상의 살육과 습격은 없었다. 하나의 제국으로 통일됨으로써 하나의 가족이 되었다. 하나의 형제가 되었다. 결속과 화합이 필요했다. 더는 같은 초원에서 동족 간, 부족 간의 전쟁은 일어나지 않았다.

칭기즈칸은 칼둔 성산 근처 오논강변에서 쿠릴타이를 소집했다. 초원 역사상 가장 크고 성대한 쿠릴타이였다. 새로운 세상을 여는 역사적인 순간에 싸우다 전사한 동지들을 위한 기도를 올렸다. 종교마다 의식은 달랐지만 떠나간 사람들을 기리는 마음은 한결같았다.

칭기즈칸의 야영지로부터 사방 몇 킬로미터씩 게르가 줄을 이었다. 그 가운데 말총으로 만든 술데 즉, 칭기즈칸을 이 자리로 인도한 영기가 서 있었다. 새로운 시대를 상징하는 영기였다. 칭기즈칸을 상징하는 이 영기는 미래로 향해 가는 희망이었다. 칭기즈칸이 이끄는 부족민의 숫자는 100만 명 정도였고 가축은 1,500만에서 2,000만 마리였다.

칭기즈칸은 이 새로운 제국을 자신의 부족 이름에서 따온 '예케 몽골 울루스'라고 명명했다. 이는 '큰 몽골 나라'라는 뜻을 담고 있었다. 그는 모든 부족 사람들을 하나의 국가 편제로 통일하는 작업을 개시했다. 혈통, 씨족, 부족에 내려오는 세습적인 귀족 칭호를 모두 없앴다. 새로이 직책과 직급이 정해졌다.

칭기즈칸 자신은 구르칸이나 타양칸 같은 예전의 부족적 칭호를 거부하고 칭기즈칸이라는 칭호를 사용했다. 지금까지 우리가 부르는 정식적인 명칭이 이때 탄생했다. 몽골어에서 친(chin)은 강하고, 단단하고, 흔들림 없고, 두려움 없다는 의미이며, 늑대를 가리키는 몽골어 치노(chino)와 가까웠다. 실제로 몽골족은 자신들을 늑대의 후손이라고 주장했다.

궁이나 신전 같은 건축물 구조 안에서 치렀던 이전의 통치자들과는 달리 칭기즈칸의 즉위식은 광활한 초원지대에서 이루어졌다. 참석자도 수십 만 명이었다. 초원에 펼쳐놓은 검은 모전 양탄자 위에 칭기즈칸은 안내되었다. 다른 통치자들의 즉위식에서 거행되는 것과 같이 지도자에게 백성의 충성을 약속하는 의식은 같았으나 내용에서는 사뭇 달랐다. 백성의 충성만큼 지도자의 의무와 책임을 강조하는 것 또한 그만큼의 비중으로 이루어졌다.

백성을 대변하는 임무를 맡은 사람이 칭기즈칸에게 큰 소리로 백성의 기쁨을 알렸다. 또한, 칭기즈칸에게 부여된 권능과 함께 백성에 대한 책무를 어겼을 경우를 대비한 말도 있었다.

> 칭기즈칸에게 어떤 권력이든 그것은 하늘에서 오는 것이며, 정의롭게 백성을 다스린다면 신이 그의 계획을 축복하고 성사시킬 것이지만, 반대로 권력을 남용하면 비참해질 것입니다.

권력을 받는 자리에서 그 권력을 잘못 사용할 때에는 비참해질 수 있다는 것을 알리는 의식을 병행했다. 이는 권력을 받는 자리에서 백성의 권리 또한 인정하는 의식이었다. 함께 새로운 세상을 향해 달려나가자는 맹세의 자리에서 권력을 주고받는 화합이 이루어졌다.

1206년 칭기즈칸은 새로이 탄생했다. 그의 백성도 새로이 탄생하는 자리였다. 과거와 과감히 단절하고 새로이 출발하는 자리는 의미 있고 활기찬 자리였다. 이 출발은 세계를 진동시킬 거대한 말발굽소리의 출발점이었다. 이 몽골초원에서 이루어진 거대한 행사는 초원 너머의 정착민들에게는 별로 특별한 일이 아니었다. 그저 초원의, 몽골의 잔치였을 뿐이었다. 그러나 이 출발은 인류

역사상 보기 드문 정복의 드라마가 펼쳐지기 직전의 전주곡이었다. 전례가 없던 정복이 이루어지고 최초의 거대한 땅이 한 사람의 명령에 따라 움직이며 새로운 교통로가 열리는 변화의 시발점이 되는 것이었지만 아무도 예측하지 못했다.

인류 최초의 혁명이 불이었고, 다음 혁명은 떠돌며 수렵과 채취를 하고 살아가던 사람들이 정착하게 된 농업혁명이었다. 유목은 정착 이전의 문명이었다. 모든 인류문명은 정착에서 나온 것들이었다. 우리가 문화라고 하는 것들이나 집이나 성 그리고 신전을 비롯해 그 건축물 안에 걸어두거나 필요한 가구들 모두가 정착민들의 소유물이었다. 그것들은 정착의 산물이었다. 유목민은 정착민들의 처지에서 볼 때 원시적이고 미개한 사람들의 무리였다. 문명인들이 볼 때 유목민은 하찮은 존재였다. 거들떠볼 필요가 없는 한 단계 아래의 사람들로 치부되었다.

이 역사의 흐름을 뒤바꾸어 놓은 신화 같은 이야기의 출발은 바로 이 순간을 출발점으로 했다. 문명이 한참 뒤처진 유목민들이 이미 새로운 문명을 이루어 놓은 정착문명을 짓밟는 역사 흐름의 역류를 보게 되었다. 그 역류의 정상에 칭기즈칸이 있었고, 그를 따르는 몽골의 푸른군대가 있었다.

몽골의 푸른 전사들은 흡사 우수한 개인들이 하나의 꿈을 향해 돌진하는 꿈의 전사들 같았다. 칭기즈칸이 가고자 하는 길을 그들은 거침없이 달렸다. 그를 믿었고 믿음에 대한 보상이 기다리고 있었다. 칭기즈칸으로부터 말단의 푸른 전사까지 같은 꿈을 꾸었다.

이 세상에서 나의 진정한 고객은 나 자신이어야 한다. 또한 세상에서 첫 번째 고객도 역시 나 자신이어야 한다. 나는 세상으로 나가기 전에 나를 한 번 거르는 정제역할을 해야 하며, 세상으로부터 들어오는 정보에 대해서도 같은 역할을 해주어야 한다. 스스로 고객이 되는 것이다. 그러려면 자신의 정체성을 확립하고 나아갈 방향을 확고히 해야 한다. 깨달음을 얻겠다고 하는 사람이 군인이나 경찰이 된다든가, 정의를 실현하겠다는 사람이 수도자가 되어서는 안되는 이치와 마찬가지다. 적어도 방향만은 확고히 하고 흔들림없이 나아가야 성취감을 느끼며 살 수 있다.

모든 사람이 가지는 같은 인식으로는 이 세상을 변화시켜 나갈 수 없다. 생각이 달라야 한다. 스스로 고객이 되어라. 나 자신을 충족시키지 못하는 사람은 절대로 남을 만족하게 하지 못한다. 나는 나 자신이 만들어야 한다. 나 이외의 사람이 나를 만들 수 없다. 그들은 단지 조언자일 뿐이다.

바쁜 사람이 더 바쁘게 살기 마련이다. 게으른 사람은 더욱 게을러진다. 자신에게 시련을 주는 것은 세상이지만 그 시련에 자신을 단련시키는 조련사는 자기 자신임을 잊어서는 안 된다. 내 마음이 가는 곳이 천국이다. 아무리 좋은 장소라도 내가 원치 않는 일을 하고 있다면 그곳은 지옥이 될 수밖에 없다.

그 길을 제대로 가기 위한 방법은 여러가지가 있을 수 있겠으나, 개인은 인생의 목표가, 국가는 국가관의 확립과 조직이 제대로 정비되었느냐가 중요하다.

칭기즈칸은 하나의 국가를 새로이 창조하는 작업에 착수했다. 부족에서 국가로 체제를 변화시키고 확립하는 일은 다시 태어나기 위한 정비였다. 불만을 가진 사람들이 생기고 그들의 저항이 있어도 다수가 원하는 제도를 만드는 것을 추진했다. 칭기즈칸 자신의 기득권만을 고집하지 않았다. 모든 제도를 새로운 토대 위에 세웠다. 일부는 이전 부족들에게서 빌렸고 일부는 스스로 만들어 냈다. 자신의 동조자이며 가장 친위적 조직인 군대부터 바꾸었다.

15세부터 70세까지의 남자는 모두 군대의 구성원으로 편성했다. 칭기즈칸은 부족의 칸으로 처음 선출되었을 때처럼 충성스러운 부하들과 그의 가족을 합쳐 천 명을 하나의 조직으로 편성해 일천 호의 우두머리로 임명했다. 그리고 오래되고 가장 믿을 수 있는 부하에게 일만 호의 수장자리를 맡겼다. 각자의 성취와 공헌도에 따라 직책을 주었다.

혈연이나 가족보다는 그를 따르는 충성스러운 친구와 부하들에게 더 큰 책임과 권한이 부여된 지위를 주었다. 막내아우와 맨 끝의 두 아들 우구데이와 톨루이에게는 오천 명의 적은 병력을 맡겼다. 그리고 차가타이에게는 팔천, 조치에게는 구천의 병력을 지휘케 하였다. 맨 위의 두 아들조차도 1만이 되지 않는 병력으로 완전한 병력의 지휘권을 받지 못했다.

그 뿐만 아니라 어느 권력자에게나 문제가 되는 친족관리를 철저히 했다. 친족을 제대로 관리하지 못하면 지휘계통에 문제가 생기거나 반목이 발생할 수 있다는 것을 알고 있었다. 칭기즈칸은 신임하는 친구들에게 그의 어머니와 막내아우 그리고 차가타이 등 가족 몇 명을 감독하게 했다.

그리고 조언자들을 항상 곁에 머물게 하며 조언을 당부했다. 칭기즈칸은 그들의 능력과 지혜를 필요로 했고, 그들의 조언으로 자신의 부족한 부분을 채워 나갔다. 국가의 중대사나 다른 중요한 일을 결정함에 있어 일방적이고 편협한 결정을 하지 않도록 조언가들의 말을 경청하며 항상 신중을 기했다.

칭기즈칸이 강한 것은 강인한 기질 때문이 아니라 남의 조언이나 하부로부터의 조언을 받아들여 그것을 모두가 받아들일 수 있도록 소화하는 능력에 있었다. 그는 여러 강으로부터 흘러들어오는 물을 받아들였다가 하나의 통로로 흘려보내는 것과 같이 다른 의견과 생각들을 모아서 자신의 생각과 비교하고 검토했다. 그리고 나서 자신의 생각을 이야기했다. 정책도 결정함에 있어서도 마찬가지였다.

어른 세 명이 옳다고 하면 옳은 것이고, 그렇지 않으면 틀린 것이다.

칭기즈칸의 어록을 정리한 대자사크에 전하는 말이다. 그만큼 그는 세상으로부터 들려오는 소리에 귀를 기울였다.

지도자에게 있어 힘은 자신한테서 나오기보다 민중으로부터 나온다. 민중의 지지없이 어떤 지도자도 존속할 수 없다. 밑으로부터 올라오는 힘이 진정한 힘이다. 권위는 권위를 주장한다고 해서 주어지는 것이 아니다. 권위는 신뢰와 존경으로부터 나오고 공정한 배분으로부터 나온다.

밖으로의 확대를 바라면 안을 먼저 다져라
– 정보고속도로, 군사고속도로 완성

    칭기즈칸은 내부를 다지기 시작했다. 안으로 다져지지 않은 상태에서 외부를 지향하면 깨질 수밖에 없다. 단단한 내부가 만들어지고 나서 밖을 향한 팽창이 부드럽고도 순조로울 수 있다. 내가 강해야 세상과 만났을 때에 부딪혀도 깨지지 않는다.

    몽골초원을 통일했지만, 칭기즈칸의 군대 규모는 정착민들의 군대에 비하면 질적, 양적으로 열세였다. 정착민들의 군대는 칭기즈칸의 군대에 없는 것들을 많이 보유하고 있었다. 정주한 문명들이 가진 무기들은 유목민들이 미처 알지 못하는 것이 대부분이었다.

    칭기즈칸 군대의 무기는 사실 내놓을 만한 것이 별로 없었다. 칼과 활, 그리고 마차 정도의 열악한 무기를 가지고 그들과 전투를 벌이려면 그들의 무기를 능가하는 다른 무엇이 필요했다. 더욱 강인한 정신력을 지닌 날렵하고 빠른 속도전에 능한 군대로 만들기 위하여 칭기즈칸은 분발했다. 그리고 조직 전체에 적용할 법에도 신경을 썼다. 초원의 평화를 지키려면 강해져야 한다는 것을 누구보다도 잘 아는 칭기즈칸으로서는 조직강화를 위한 방법으로 여러 가지를 개선 또는 변화시켰다.

　다양한 종족으로 구성된 이 대규모 부족 연합체의 평화를 유지하기 위하여 부족 간 분쟁의 원인을 없애는 새로운 법을 만들었다. 칭기즈칸 대법령이라 불리는 이 법령은 다른 법과는 차이가 있었다. 그는 신의 계시를 자신의 법의 기초로 삼지 않았다. 인간으로서 허약한 부분을 신권을 빌려 백성을 통치하는 당시의 법들과는 달랐다. 이들보다 문명에서 앞선 정착민들의 법을 빌려오지도 않았다. 초원의 법이었다. 부족 간의 질시와 분쟁을 낳을 수 있는 요소들을 제거했다. 그리고 초원에서 내려오던 유목민들의 관습과 전통은 그대로 유지했다. 덩치가 커진 사회에 어긋나지 않는 것들은 그대로 유지함으로써 혼란을 줄였다. 칭기즈칸 대법령은 관습법인 셈이었다. 다만, 커진 사회에 적응할 수 있는 체계로 바꾸었고 공정한 법집행이 될 수 있게 하였다. 족벌을 인정하지 않았고 천호제라는 새로운 체제에 적용할 수 있는 법을 만들었다. 공정한 분배에도 신경을 썼다.

　전체의 화합과 안정을 위해서는 혈연이나 지연보다는 능력을 더 중요하게 여기는 체계로의 전환을 우선시했다. 법의 내용 중에는 여자의 납치를 금지하는 내용과 몽골인을 노예로 삼는 것을 금지하는 법령도 있었다. 자신의 부인인 버르테가 납치되었을 때 임신한 첫째 아들의 문제로 고통을 받았던 것을 잊지 않고 법에 적용시켰다.

또한, 칭기즈칸 자신이 타이치우드족에게 잡혀 노예가 되었던 경험을 한 것도 작용했다. 이것은 전체 사회의 틀을 유지하는데 해가 되고 부족들 간의 적대감을 키울 수 있다는 것을, 노예로 있는 동안 강제노역과 인간으로서 겪기 어려운 고통을 감내하면서 체감했다. 그러한 증오가 전체 사회에 갈등의 요인이 될 것을 우려했다.

초원에서 가장 중요한 것은 가축이었다. 가축은 사람에게 먹을 것을 제공해줄 뿐만 아니라 가축은 옷과 음식을 담아 이동할 수 있는 그릇역할도 했다. 초원의 사람들에게는 가축이 재산의 전부였다. 재산가치가 큰 만큼 가축으로 인한 분쟁도 많았다. 잃어버린 가축을 놓고 서로 싸우기도 했다. 야생짐승에 대한 수렵권을 놓고도 분쟁이 발생했다. 칭기즈칸은 새끼를 낳는 3월부터 10월 사이에는 사냥을 금지했다. 여름 사냥을 금지함으로써 동물의 생존율을 높일 수 있는 안전판을 마련할 수 있었다. 사냥꾼들이 식량에 필요한 동물만 죽이고 그 이상은 잡을 수 없도록 했다. 짐승을 사냥하는 방법과 도살하는 방법까지 구체적으로 규정했다.

동물을 사냥하고 도살하는 것에까지 규정을 만든 것은 그들에게 그만큼 사냥은 중요한 문제였기 때문이다. 그리고 그의 사상에는 동물에 대한 사랑이 기본적으로 깔려있음을 확인할 수 있다. 그런 칭기즈칸의 생명에 대한 기본적인 존중의 뜻이 그의 어록에 남아있다.

짐승을 잡을 때에는 먼저 네 다리를 묶고 짐승이 고통스럽지 않게 죽도록 심장을 단단히 죄어야 한다. 이슬람교도처럼 짐승을 함부로 도살하는 자는 그와 같이 도살할 것이다.

칭기즈칸의 대자사크 유목생활에 대한 조항 15조에 전하는 말이다. 제16조에는 이런 말을 한 그의 생각을 뒷받침해주는 말이 있다. "만물은 모두 청정하다. 부정한 것은 없으므로 정과 부정을 구분해서는 안 된다."라고 적혀있다. 환경에 대한 배려나 동물애호에 대한 생각이 현재 같지는 않지만, 자연에 대한 그의 생각을 알 수 있다.

이러한 세상에 대한 인식은 그의 종교관에도 영향을 주었다. 종교는 사람의 의식을 좌우하는 척도라고 할 수 있었다. 초원의 사람들에게 종교는 다양했다. 몽골을 왕래하는 사람들로부터 전파된 외래종교와 전래로 이어져 내려오는 샤먼의 전통이 혼재되어 있었다. 칭기즈칸은 종교로 말미암아 사람들이 갈등하고 분열되어 국가 내에 잡음이 발생할 수 있음을 깨달았다. 여러 종교가 공존하는 방법의 하나로 종교를 국가 차원에서 관리하거나 감독하는 것이 아닌 개인의 차원으로 돌려버렸다. 종교가 전적으로 개인의 영역이 됨에 따라 그로 인한 분열을 막을 수 있었다. 집단화하거나 권력화되는 것만 조절하면 모두가 만족할 방법이었다. 이는 그 시대에 국가체제를 가진 나라 중에서는 전례가 없는 파격이었다.

이 세상의 종교지도자들은 한결같이 말한다. 진정한 종교는 내가 믿는 종교뿐이라고. 그러한 오만과 편견 때문에 전쟁과 반목이 생긴다. 이 세상의 종교 중 하나라도 진정한 진실을 담은 종교가 있다면 그것은 단 하나밖에 없을 것이다. 수천 개 어쩌면 수만 개의 종교집단이 모두 내 것만이 진실이라고 우기는데, 이 중에 진실은 많아야 하나일 것이다. 강한 믿음을 가지고 있다고 해도 내가 믿는 종교가 진실이 아닐 수 있음을 인정해야 한다. 그것이 어렵다면 내가 믿는 만큼 다른 종교를 가진 사람의 믿음도 나만큼 강하다는 것을 인정해야 한다. 나만 맞다고 하면 독선이다.

이 독선의 고리를 칭기즈칸은 과감히 끊어버렸다. 모든 사람에게 완전하고 전면적인 종교의 자유를 선언했다. 국가체계를 갖춘 그 시대의 집단으로서는 최초일 것이다. 종교를 사유화하거나 정권을 연장하기 위한 도구로 사용하는 것이 상례였다. 그러한 예를 든다는 것이 어리석을 정도로 일반적인 현상이었다. 거의 예외가 없다. 칭기즈칸은 모든 종교를 장려하기 위하여 종교지도자와 그 재산에 대해 세금을 면제하고 공적인 의무도 면제해 주었다.

칭기즈칸은 많은 법을 정비하고 새로운 법을 제정했다. 칭기즈칸이 성문화한 몽골법은 집단책임과 집단범죄를 인정했다. 개인보다 집단을 우선시하는 법체계를 선택했다. 내부결속과 단합을 우선시했다. 모든 법과 조직은 전쟁을 위한 체계였고 조직이었다.

밖으로의 팽창을 위해 안을 다지고 힘을 비축했다. 전쟁 중에서 가장 힘든 전쟁은 내부와의 전쟁이다.

외부와의 전쟁은 자신의 힘을 다해 적과 피 터지는 전쟁으로 승과 패가 명확하게 갈라지는 단순한 게임이지만, 내부와의 전쟁은 배려와 갈등 그리고 외부와의 전쟁에서 승리하기 위해서는 내부 전쟁이 잘 마무리 되어야 가능하다. 나를 넘지 못하는 사람은, 다시 말해 나를 긍정 으로 이끌지 못하면 전장으로 나가는 것을 접어야 한다. 세상을 만드는 힘은 긍정에서 나온다.

칭기즈칸은 긍정적이고 진취적인 미래에 대한 꿈을 꾸는 인물 이었다. 그리고 무엇보다도 자신의 꿈을 실현하는데 가장 필요하 고 중요한 것으로 그 꿈을 함께 꾸어갈 조직이 있어야 한다는 것 을 아는 사람이었다. 그래서 그는 자신의 꿈을 이야기했고 그 꿈 을 백성이 함께 꿈꿀 수 있는 대동의 길을 찾았다. 그리고 꿈을 이루는 방법으로 새로운 형태의 조직과 법을 정비했다.

이제 칭기즈칸은 내부를 다지는 일의 마무리로 속도와의 전쟁 을 선택했다. 그의 명령이 말단까지 가장 빠르게 전달되는 방법을 찾았다. 통신체계를 확립하기 위해서 기병들에게 화살 전령 역할 을 시켰다. 그리고 지역민은 역참을 관리하도록 했다. 역참업무 를 보는 사람에게는 그것으로 군역을 대신하게 했다. 빠른 통신 전달을 여러 면에서 열세인 몽골족의 우세한 힘으로 이용하려는 방법의 하나로 정했다. 지형에 따라 달랐지만 역참은 대략 30에 서 50킬로미터마다 세웠다. 각 역참은 25에서 40호 정도의 가족 이 맡아서 관리하도록 했다. 민가나 산간 또는 황야에서는 65킬 로미터 정도로 길어지기도 했다.

이 역참에는 4백 마리 정도의 말이 사육되고 있었다. 대칸이 어디든 사신을 파견하려 할 때 그 사신들이 타고 가기에 부족함이 없도록 준비되어 있었다. 역참에는 넓고 잘 정비된 여관이 있어 대칸이 숙박할 때 제공된다. 명주깔개를 편 근사한 침대가 비치되어 있고 필요한 물건들이 제공된다. 이 체제의 가동으로 서쪽 알타이 산맥으로부터 만리장성을 가로질러 중국 동부로 들어가는 관문까지 길이 열렸다. 이 길은 빠르고 정확했다. 이 길을 따라 먼 곳의 새로운 정보가 들어왔고, 칭기즈칸의 명령은 몽골의 구석까지 전달되었다. 마르코 폴로의 동방견문록에 적혀있는 기록을 보면 이 역참제도가 얼마나 빠르고 역동적인 제도인가를 확인할 수 있다.

각 역참 간의 5킬로미터마다 40호 가량의 마을이 있어 거기에 대칸 앞으로 보내는 통신문서를 전달하는 파발이 살고 있다. 파발은 폭이 넓은 띠를 매고, 띠 둘레에 많은 방울을 달고 있다. 따라서 파발들이 도로를 달려오면 먼 곳에서도 그 방울 소리가 들려온다. 그들은 전속력으로 질주하는데, 한 사람이 달리는 거리는 5킬로미터다. 5킬로미터 앞에는 또 다른 파발이 준비를 하고 있다가 파발의 도착 즉시 서장을 받고 아울러 서기관에게서 전표를 받아쥐면 쏜살같이 달려간다. 그도 또한 5킬로미터를 계속 달리면 앞의 역참에서 행해진 것과 같이 인수인계를 한다.
이러한 방법으로 10일 길이 하룻길이 되어 대칸에게 보고된다. 파발들이 10일 길의 거리를 하루 만에 달려가기 때문이다.

얼마나 속도에 몰입하고 있었는가를 보여주는 글이다. 몽골인들은 세상과의 전쟁을 속도로 결정짓고 있었다. 빠른 정보와 빠른 명령전달체계, 그리고 이 정보고속도로를 통해 많은 정보를 수집했다. 몽골인들의 정보 관리력과 방법은 제국의 영토가 커지면서 더욱 발전했다.

달리는 말의 속도를 줄이지 않기 위해서 5킬로미터마다 갈아타고 사람과 말을 바꾸어 다시 달리는 이 획기적인 역참제도는 빨라야 한다는 것을 생명처럼 여긴 그들의 혁명적인 발상의 산물이었다. 이 길은 몽골인들의 통신수단이었고 교통로가 되었다. 몽골제국의 핏줄이 되어 경제를 활성화하는 효과가 있었다.

역참의 병사들이 달릴 때는 그 누구도, 그 어떤 것도 방해할 수 없었다. 그들은 처음 출발지에서 도착지까지 밤낮없이 달렸다. 릴레이식으로 거친 황야를, 때론 사막을 질주했다. 그들의 말발굽 소리의 속도는 어느 한 곳에서도 떨어지지 않았다.

이 역참 덕분에 몽골의 카라코룸을 출발한 기마부대가 러시아를 공격할 때까지 걸린 기간은 두 달이었다. 지금으로 계산해도 입이 벌어지는 속도다. 자동차가 비포장도로를 쉬지 않고 달려간 속도였다.

이 역참의 기능은 물자의 수송로가 되기도 했고, 대상들에게 침식을 제공하는 휴게소가 되기도 했다. 마르코 폴로 일행과 로마 교황청에서 보낸 사절이 카라코룸을 무사히 오고 간 것도 이 역참제도 덕분이었다. 변하기 위해 행동하는 자만이 살아남았다.

세상은 유목민들이 정복하고 있다

이 시대에 가장 성공한 유목민은 상인이다.

머무르면 죽고 이동하는 자만이 살아남을 것이라고 칭기즈칸은 생각했다. 오랜 옛날에는 이들이 최초로 마을에서 벗어나 다른 마을로 들어섰고 다른 마을의 물건을 가지고 들어왔다. 이들에 의해서 기술과 정보는 유통되었고 세상은 넓어지기 시작했다. 정복자가 총과 칼을 들고 물리력으로 세상을 넓혔다면 이들은 무혈로 그것도 반갑게 맞아주고 이별하는 순간에 세상은 통합되어 갔다. 세계는 이제 상인들에 의한 통합이 이루어져야 한다. 더욱 공정한 법칙을 적용해야 하고 자유로워야 한다. 이 시대에 평화를 전달하고 화합과 통합을 이루어가는 존재들은 상인이어야 한다. 이들에 의해서 세계는 더욱 좁아지고 있다.

우리의 영토는 작다. 그것도 한반도의 반쪽으로 우리는 세계를 향하여 나아가고 있다. '유목 영토 넓히기'란 생소한 단어를 주목

할 필요가 있다. 나라가 작다고 탓할 시간에 국외로 눈을 돌려라. 세상이 힘들다고 탓할 시간에 자신의 활로를 찾는데 시간을 투자하라. 과거에 매달릴 시간이 없다. 불만을 말할 시간에 긍정적인 일을 직접 찾아서 실행에 돌입하는 것이 현명하다. 누구를 탓할 이유가 없다. 누군가를 탓할 시간이 있으면 자신이 강해지는 방법을 실행하는 것이 지혜롭다.

아무리 좋은 계획이라도 실행이 없으면 몽상가일 뿐이다. 우리의 영토가 좁다면 그 활로는 밖에 있다. 그 밖은 국외개척이다. 우리의 국토가 작다면 우리의 회사가 외국으로 진출하거나 다른 나라에서 공사를 수주받는다면 그만큼의 경제적인 땅이 증가한 것과 같다. 그런 의미에서 유목 영토 넓히기란 용어는 우리에게 희망을 주는 용어다. 우선 한글로 만들어진 말이라 친근감이 가고 이해도 쉽다.

국내 주요 기업들이 건국 이래 최대 규모의 해외투자로 유목 영토 넓히기에 나섰다. 초일류 세계기업으로 도약하기 위한 공세이자 중국을 비롯한 경쟁국 기업들의 추격을 따돌리기 위한 숨가쁜 응전이다.

유목민은 살아남기 위하여 옮겨 다녔다. 그렇지만, 현재의 유목민은 이익을 남기기 위하여 옮겨 다닌다. 다시 말하지만, 현대의 유목민은 상인이기 때문이다. 국가 간 경계를 허물어뜨리고 독재의 사슬을 끊어버리는 것이 상인들의 부차적인 임무다. 새로운 세계를 열어가는 것도 유목민들이 해 내고 있다. 과학을 선도하고 미래지향적인 사고로 달려나가고 있다. 현대에는 기업이 미래다.

칭기즈칸은 몽골제국이 가진 것이 별로 없음을 깨달았다. 몽골족에게는 과학적인 무기나 기구가 없었다. 몽골족은 부족을 통일했지만 이웃한 문명국가보다 작은 나라였다. 작은 나라에서 세계로 달려나간 몽골의 푸른 전사들은 말과 활이나 칼 같은 기본적인 무기로 싸웠다. 정말 보잘 것 없었다. 그럼에도, 그들은 전쟁에서 승리했다. 누구도 견고한 성과 진보된 무기를 가진 정착민들을 무너뜨리리라곤 생각하지 않았다. 다윗과 골리앗의 싸움처럼 애당초 가능한 일이 아니었다. 그럼에도 그들은 거뜬하게 강국들을 차례로 제압했다.

불가능하다고 하는 것을 해낸 사람, 세상은 가능하지 않다고 하는데 가능하게 만든 위대한 영웅, 바로 그가 칭기즈칸이다.

몽골의 푸른군대는 스펀지 같은 군대였다. 새로운 것은 바로 흡수해 버렸다. 내가 가지지 못한 것은 어떻게든 받아들였다. 처음으로 정착국가를 공격할 때는 그들만의 전술과 그들만의 빠른 속도로 승부를 겨루었다. 그것만으로도 충분했다. 점령지를 둘러보며 그들은 놀랐다. 그 곳에는 자신들에게는 없는 풍요와 기술이 있었다. 이들은 같은 초원의 끝에 있는 타타르족을 공격하면서 부와 새로운 물품에 대한 동경을 갖게 되었다. 그들은 너무나 많은 것을 가지고 있었다. 그 물건들은 타타르에서 만들어진 것이 아닌 문명국이라고 자처하는 곳으로부터 들어온 것을 알게 되었다. 이들이 느낀 문화충격은 컸다. 지금 보는 것들도 대단한데 성을 쌓고 사는 문명국에는 과연 무엇이 있을지 궁금했다.

자신들을 약탈하고 자신들의 평화를 빼앗아가 성을 쌓고 사는 사람들에게 도전장을 던졌다. 문명국에서 몽골로 들어오고, 몽골에서 생산되는 가축과 사냥한 것들을 팔아 진기한 물건들을 사곤 하던 동서교통의 요지에 자리한 서하가 공격목표였다. 서하는 큰 나라였다. 막강한 군사력을 바탕으로 동아시아에서 대등한 힘을 가진 강자였다. 정예군만 40만에서 50만 명에 이르는 강력한 군대를 가진 국가였다. 서하는 금나라, 남송과 함께 동아시아의 문명국가였다.

미개한 유목민의 수장인 칭기즈칸은 정착민으로 구성된 문명국가를 향해 진군을 명령했다. 충성심으로 똘똘 뭉친 칭기즈칸의 푸른군대는 다 같이 말에 올라탔다. 유목민과 정착민의 일대격전이었다. 이 전쟁은 미개와 문명의 전쟁이기도 했다.

때는 1205년이었다. 칭기즈칸이 처음으로 선택한 제물이었다. 칭기즈칸은 서하를 향해 단호하고도 준엄한 목소리로 공격명령을 내렸다. 푸른군대는 칭기즈칸이 가리키는 서하를 향해 진격했다. 서하의 변방을 지키던 군대와 일차 접전을 치렀다. 미개와 문명의 첫 접전이었다. 예상 밖으로 결과는 서하의 참패였다. 그들이 우습게 여기던 몽골의 군대에 무너졌다. 엄청난 양의 낙타를 약탈하고서 푸른군대는 다시 몽골의 초원으로 돌아갔다.
문명국을 향한 첫 도전은 야만인이라고 우습게 여기던 몽골족의 일방적 승리였다. 전면전을 벌이기에는 몽골의 푸른군대의 수가 적었다. 그리고 문명국의 진정한 모습이 어떠한가를 몰랐다. 이제 탐색전이었다.

몽골의 푸른군대는 1207년 다시 서하를 공격했다. 재차 쳐들어올 것에 대비했던 서하의 군대는 이번에도 역시 무릎을 꿇었다. 참혹한 패배였다. 1209년 또 한번 푸른군대는 서하를 짓밟고 지나갔다. 그들은 수시로 자기 안방 드나들듯이 왔다가 사라지는 몽골의 푸른군대를 당할 길이 없었다.

1210년, 또 다시 찾아온 몽골의 푸른군대에 서하는 자신들이 가지고 있던 기득권을 넘겨 주었다. 동서 무역로를 몽골에 양도한다는 서약서에 도장을 찍었다. 문명국으로부터 들어오는 교통로를 확보한 몽골제국은 다음 목표물을 정했다.

다음 해, 1211년 금나라를 향하여 진격할 것을 칭기즈칸은 명령했다. 비단으로 상징되는 금나라의 호사스러운 문화는 몽골의 푸른군대의 칼과 화살에 일부가 찢어졌다. 난공불락이라고 자랑하던 오사보는 푸른군대에 손을 들었다. 그 첨단에는 칭기즈칸이 독화살을 목에 맞았을 때 맨입으로 독이 묻은 상처 부위를 빨아 살렸던 칭기즈칸의 자랑스런 부하, 젤메가 있었다.

푸른군대는 이곳에서 정착민이 보유한 다양한 기술들을 보았다. 목말라 있었던 푸른군대에 신기술을 수혈받는 기회였다. 서하에서 일부를 맛보았던 신기술은 금나라와의 전쟁에서 더 많은 것을 얻을 수 있었다.

유목민에게는 두 가지의 기술만이 존재했다고 해도 지나친 말이 아니다. 하나는 동물을 다루는 능력이다. 유목과 사냥으로 얻어진 물품을 가공하고 요리하는 방법이었다. 다른 하나는 전쟁기술이었다. 그들이 가진 것은 보잘 것 없었지만, 전술은 문명국에서 구사하는 그것과는 달랐다. 그리고 월등하게 뛰어난 말 타기였다. 말 타기 기술은 분명 문명국의 병사들과는 달랐다. 이 두 가지가 유목민이 가진 장기였지만 문명국을 상대로 승리한다는 것은 꿈이었다. 그러나 이들은 승리했다. 그리고 승리한 그곳에서 새로운 기술들을 전폭적으로 받아들이고 장려했다.

정착민의 사고와 유목민인 몽골의 푸른군대의 생각은 달랐다. 정착민들은 누가 다스리든 자신이 하던 정주생활을 유지하면 되었지만, 유목민으로 구성된 몽골의 푸른군대는 개인이 아닌 전 몽골제국이 군대였기 때문에 죽음을 각오해야 했다. 그만큼 그들은 전쟁에 임하는 자세가 사생결단에 가까운 것이었다.

전쟁에 이기려면 적보다 빨라야 하고 더 좋은 무기를 가져야했다. 전쟁기술을 독자적으로 개발하기에는 시간과 경비가 필요했고, 시간과 경비를 들인다고 해도 바로 얻어지는 것이 아니었다. 칭기즈칸은 현지에서 얻을 것을 생각했다. 그는 기술자를 지나치다고 할 정도로 우대했다. 어느 나라, 어느 지역을 함락하든 기술자만은 학살대상에서 제외되었다. 그들을 몽골로 데려갔다. 그들이 강제로 데려간 기술자는 무기를 만드는 기술자뿐만이 아니라 목수, 대장장이. 농업기술자, 방직기술자 등 다양했다.

이들에게서 전수받은 기술로 대포를 만들고, 성을 공격할 때 사용하는 투석기도 만들었다. 칭기즈칸의 군대가 이란에 있는 니샤푸르 성을 공격할 때는 그들의 기술지상주의가 만들어낸 무기들의 전시장이 되었다. 창을 쏘는 기계 3천기, 노포라 불리는 큰 화살을 쏘는 대포 3백기, 석유에 불을 붙여 던지는 기계 7백대, 성벽을 오를 때 쓰는 긴 사다리 4천개, 투석기 2천5백대였다.

금나라 침공 중 다수가 투항했는데 투항한 병사 중 다수가 야전공병대 소속이었다. 푸른군대는 이들로부터 대포와 원시적인 다연장 로켓포인 비화조 제조기술을 얻어냈다. 성을 공격하는 무기로 이들은 전쟁 때마다 아주 중요한 역할을 담당했다. 대부분 것들이 푸른군대에는 처음 접하는 신기한 무기들이었다.

성공은 스쳐갈 때 잡아야 하는 전리품이다. 잠시도 기다려 주지 않는다. 먼저 잡는 자가 주인이다. 성공의 주인은 따로 정해져 있다.

성공은 욕심 많은 창녀와 같다. 자신을 안락하게 해 줄 능력이 있는 사람에게 간다. 힘이 강한 자가 납치해가든 동작이 빠른 자가 먼저 채가든 그에게 순종한다. 몽골의 여인들과 같다.

이것은 몽골뿐이 아니라 전쟁이 빈번한 곳에서 살아남기 위한 방법의 하나로 인정된 법칙이다. 남자는 죽어도 여자만 살아남으면 종족을 번식시킬 수 있었다. 이에 순종하지 않으면 여자에게는 죽음이 기다리고 있다. 따를 수밖에 없었다. 여자와 아이들은 강한 자의 전리품이었다. 남자는 어린아이가 아닌 이상 죽음이 아니면 노예로 넘겨졌다.

모계사회에서는 어느 사회에서나 어머니는 알 수 있었으나 아버지는 모르는 경우가 많았다. 혈통을 알 수 있는 것은 어머니뿐이었다. 이러한 이유로 모계사회는 자연스럽게 어머니의 혈통을 이을 수밖에 없었다. 몽골은 모계사회가 아니었지만, 전쟁이 빈번한 곳으로 납치와 약탈이 성행했다. 여성들의 위치가 상대적으로 낮았다. 몽골의 가정에서 여자를 대하는 태도와 방법은 참혹할 만큼 비참했다.

아버지가 사망하면 아들은 자신을 낳은 생모를 제외한 모든 처와 첩을 마음대로 처리할 수 있다. 결혼해도 좋고 다른 사람에게 시집을 보내도 좋다.

칭기즈칸에 대해 기록된 최초의 역사서로 라시드 앗 딘이 저술한 『집사』에는 칭기즈칸에게는 부인과 후궁이 500명이었다는 내용이 있다. 그 가운데 일부는 몽골식으로 혼인했지만, 대부분은 여러 나라와 지방을 정복했을 때 전리품으로 데리고 온 여자들이었다. 그 중 중요한 위치를 차지했던 부인은 첫 번째 부인 버르테를 비롯한 다섯이었다.

몽골의 초원에서는 여성의 자리는 없었다. 여성에게는 의무만 주어졌고 눈물은 있었으나 웃음은 유보되었다. 칭기즈칸의 어머니는 아버지 예수게이가 납치해온 사람이었고, 자신의 아내 버르테는 납치당해 남의 씨를 낳았다. 여자의 가치는 고작 종족 번식을 위한 도구로써의 역할과 약탈해가고 거래하는 상품으로서의 존재였을 뿐이었다.

제9장

위험의 산물이 이익이다
위험이 클수록 열매는 크다

■ 성공은 모험의 열매다

성공은 모험의 열매다

몽골의 척박한 땅에서 늘 모자라는 물자를 해결하기 위해서는 교역이 주요한 활로였다. 어떤 학자는 몽골의 전쟁은 정주민들로부터의 압박과 굶주림으로부터 해방되기 위해 일으킨 생존을 위한 전쟁이라고 한다. 그들이 살아남는 방법으로 선택한 것이 전쟁이었다는 이야기다. 여기에는 정주민들로부터 공격받아 온 역사의 쓰라린 핍박을 보상받기 위한 복수의 전쟁이었음도 첨부된다.

몽골의 초원에서 나오는 물자는 적었다. 아주 기초적인 것에 불과했다. 유가공물품과 가죽 같은 원시적인 형태의 물품만을 가진 그들이 문명국으로부터 들어오는 것들과 교환하기에는 그 가치가 낮았다. 치열한 삶의 결과로 얻어낸 이러한 것들은 문명국에서도 흔하게 구할 수 있어서 열세일 수밖에 없었다.

칭기즈칸이 벌인 전쟁의 목적과 원인은 한마디로 하면 경제전쟁이었음을 읽을 수 있다. 모자라는 물자를 원활하게 공급받기 위하여 몽골족에게는 자유로운 교역로가 필요했다. 이 교통로를 막는 자는 누구나 적이었다. 몽골을 통일한 칭기즈칸이 나아갈 길은 하나밖에 없었다.

가난과 굶주림을 반복하며 겨우겨우 살아갈 것이냐, 아니면 목숨을 걸고라도 배부르고 따뜻한 삶을 찾아갈 것이냐. 칭기즈칸은 희망에 목숨을 걸었다. 그것이 결정된 순간, 그는 푸른군대를 이끌고 전쟁 속으로 걸어 들어갔다.

칭기즈칸은 어느 곳을 건드려도 신화가 되는 신비로운 존재다. 그러나 그가 가진 것은 너무나 평범했다. 그러한 그의 신화 같은 이야기는 현실이 되었고 도저히 이루어낼 수 없는 상황에서 그는 성공을 일구어 냈다. 그는 남보다 힘이 유난히 세거나 제갈공명처럼 미래를 내다보는 혜안을 가지고 있지도 않았다. 말을 다른 사람보다 잘 탔거나 활을 잘 쏘았다는 그 흔한 영웅에 대한 면모도 보이지 않았다. 그럼에도, 그는 인류역사상 가장 넓은 영토를 정복한 사람이었다.

칭기즈칸이 해낸 평범함은 누구나 다 할 수 있는 것처럼 보인다. 그러나 그는 이 가장 일반적이고 흔하게 생각되는 것에 실은 큰 진리와 힘이 내재하여 있음을 깨닫고 실천했다.

그는 나와 다른 사람의 의견을 잘 듣고 자신의 생각을 견주어 신중하게 판단하는 사람이었다. 분명코 이것은 특별한 능력이 아니다. 원칙을 세우면 그 원칙을 지키려 노력하며 행동했다. 이것도 그만의 특별한 능력이 아니었다. 한 번 사람을 믿으면 그에게 전폭적인 신뢰를 주었다. 이것도 그만이 가진 능력이라기엔 지극히 일반적인 말이다. 자신의 목표를 조직의 말단까지 공유하게 노력했고 실행시키는 방법을 만들어냈다. 이것도 자신 혼자만의 독단적인 능력이 아니라 끝없이 대화하고 설득한 결과였다. 이러한 일반적이고 평범해 보이는 장점들을 한결같이 이끌어낸 결과가 칭기즈칸을 만들어냈다.

그는 없는 것을 새롭게 만들어냈다. 몽골족에게는 화폐가 없었다. 고작 물물교환 경제단계에 머물러 있었다. 객관적으로 바라보면 몽골은 변방이었고 다른 나라에 영향력을 행사할 수 있는 능력이나 여건을 갖춘 나라가 아니었다. 그럼에도, 그가 정복한 영토에 당시로써는 쉽지 않은 단일화폐를 유통시켰다. 그는 받아들이는 것에 있어서는 타의 추종을 허락하지 않았다. 자신이 미처 깨닫지 못한 것은 남들로부터 조언을 얻고 방법을 구해내 한 단계 한 단계 발전한 제도와 관습을 만들어냈다.

그가 정복한 국가들에 모두 단일화폐를 유통시킨 것은 획기적인 사건이었다. 민족이 다르고, 문화가 다르고, 종교가 다른 이들을 하나로 묶는 방법으로 전례가 없는 일을 과감하게 시행했다. 그가 지배하는 나라에는 모두 하나의 화폐를 쓰도록 했다. 유럽은 이제 겨우 유로화로 통일하고 통일화폐를 실험중이다. 달러가 세계의 화폐로 인정되고 있지만, 이것은 아주 최근인 20세기 일이다.

화폐의 크기는 지금의 화폐보다는 조금 컸다. 가로 20.2센티미터, 세로 28.3센티미터 정도였다. 마르코 폴로가 감옥에 있을 때 구술해 적은 『동방견문록』에 화폐에 대한 글이 실려 있다.

누에가 먹는 뽕나무 껍질을 벗겨 온다. 껍질과 나무줄기 사이에 있는 얇은 내피를 벗겨내어 잘게 찢어서 아교를 가해 풀같이 찧어 종이모양의 조각으로 만든다. 이 얇은 조각은 검은색을 띠고 있다. 종잇조각이 만들어지면 다른 크기로 재단한다. 모두 세로가 가로 폭보다 긴 장방형이다.

이 종이화폐에는 대칸의 옥새가 일일이 찍혀있다. 이렇게 만들어진 통화는 모두 순금이나 순은의 화폐와 똑같은 권위가 있었다. 지폐가 완성되면 대칸은 일체의 지급을 이것으로 끝내고 지배하는 전 영역, 전 국가에 통용시킨다. 유통을 받아들이지 않으면 사형이다. 누구 한 사람 거부하는 사람이 없다. 어느 지방에서든 어느 나라에서든 대칸의 복속국에서는 누구나 쾌히 이 지폐를 지급받는다.

오래 사용하여 지폐가 더럽혀지거나 찢어졌을 때는 3퍼센트의 수수료를 공제하고 새 지폐와 교환할 수 있다. 군대의 급여도 지폐로 지급되었다.

화폐의 힘은 컸다. 금속으로 만든 것과는 차원이 달랐다. 지폐의 위력은 지대했다. 지폐의 통용으로 상업의 유통속도가 달라졌다. 지폐가 가지는 효과로 유통량은 확대되었고 유통시기를 가리지 않아도 되었다. 지폐는 상업활동에 피가 되어 돌았다. 끝없이 수혈해주는 역할을 했다.

단일화폐가 됨으로써 이동거리가 멀어도 간편하게 소지하고 가 물건을 사고팔 수 있었다. 금이나 은 또는 금속으로 만들어진 화폐라면 먼 거리를 이동하기 어려울 텐데 걱정할 이유가 없었다. 상업의 거래활동에 전폭적이고도 광범위한 변화를 주었다. 자유로운 상거래를 인정하고 상인들이 다니는 길을 열어주었다. 화폐가 통일됨으로써 지역에 따라 달랐던 상품의 교환가치를 제대로 적용받을 수 있어 상거래활동은 더욱 활성화되었다.

상상하기 어려운 위대한 역사가 펼쳐졌다. 광대한 영토의 통일제국에 종교의 자유가 주어지고 단일화폐의 유통으로 제국의 끝에서 끝까지 하나의 상업적 연결망으로 묶이게 되었다. 일찍이 지구상에 없었던 활력이 넘쳤다. 자유가 주어지면 겉으로는 혼란스러워 보이지만 이 세상에서 자유만큼 활력을 가지게 하는 것도 없다.

변방의 정복민들은 굳이 몽골어를 별도로 알 필요가 없었다. 말을 타지 않아도 되었다. 몽골의 풍속을 강제하지 않았다. 점령지 국가의 관습과 종교를 그대로 인정했다. 그리고 그들을 차별하지 않았다. 이러한 이유 때문에 정복지의 백성은 기회와 위험이 따르는 군복을 스스로 입었다. 몽골의 전사가 되어 싸우기를 자청했다. 성공으로 가는 길이 그곳에 있었다.

예속민들도 무역에서 생기는 관세, 세금, 방위 분담금 등 정해진 세금만 내면 되었다. 이 정도의 부담만으로 누리는 혜택은 많았다. 그들은 이유없이 물건을 빼앗기지 않았다. 몽골제국 전체에 교역이 활발해졌다. 여기서 생긴 이익으로 풍요로운 생활을 할 수 있었다.

사람들은 몽골리안 드림을 찾아서 몽골의 수도 카라코롬으로 장사하러 갈 수 있었다. 군대에 지원하여 공을 세우면 크게 출세하는 길도 활짝 열려 있었다.

칭기즈칸은 제국의 모든 백성에게 자유를 가져다준 위대한 존재
였다. 그의 위대함은 처음부터 위대함에서 출발한 것이 아니다.
칭기즈칸의 위대함은 물론 세계를 정복한 힘에서 나온다. 그러나
그를 진정 위대한 존재로 인정케 한 것은 그가 성장하는 과정에서
더욱 빛난다. 가진 것은 보잘것없는 나라에서 대제국으로 발전시
킨 그의 용병술, 그가 정복한 영토를 다스리기 위한 합리적인 운
영체계의 도입, 특별한 방법이 아닌 합리적이고 실용적인 그의 관
리능력 등에서 그의 남다른 면이 보인다. 너무나 일반적이고 평범
한 방법이었지만 이 원리를 한결같이 지켜온 그의 의지가 빛났다.

칭기즈칸은 누구나 적용할 수 있는 방법을 사용했다. 누구나 생각하는 방
법을 사용했다. 그리고 그 방법으로 다른 사람도 함께 동참할 수 있도록
이끌어내고 실행에 옮겼다. 그러면 무엇이 그를 특별하게 만들었는가. 그
것은 한결같음에 있었다.

정도라고 생각한 것을 변함없이 실천한 것에 있었다. 자신의 위
에 누구도 군림하는 것을 용납하지 않는 당당함이 있었지만, 자
신과 수평을 유지하는 동지와 부하들에게는 관대했다. 그리고 그
들에게 군림하려 들지 않았다. 어깨 높이를 같게 해 그들의 고통
이 그의 고통이 되었고, 그의 기쁨이 그들의 기쁨이 되어 거대한

조직이 함께 공감하는 대동의 길을 열었다.

살 길은 하나뿐이었고 그 길로 가는 길을 제시했다. 푸른군대는 그가 가고자 하는 길에 희망이 있음을 믿었다. 그리고 그 희망이 꿈으로 끝나지 않고 현실이 될 수 있음을 확인했다.

칭기즈칸의 제국은 태평양에서 동유럽까지. 시베리아에서 페르시아만까지 팽창했다. 그와 후손들은 유라시아 대륙을 거대한 자유무역지대로 만들었다. 국경이 없었다. 동서양의 만남으로 기술과 문명이 서로 오고 갔다. 지금의 체제보다 훨씬 자유롭고 넓었다. 물건이 오고 가는 것을 제국은 장려했다. 짧은 순간에 이토록 광대한 영토를 하나의 단위로 묶어 벽을 허물게 한 역사는 고금에 별로 없을 것이다.

이러한 결과 동양과 서양이 무역할 수 있게 되었다. 무역항이 새로 생기고 외국인이 모여들었다. 몽골제국의 지폐는 아프리카 대륙의 마다가스카르에서도 발견된다.

넓은 유라시아 대륙이 자유무역지대로 바뀌자 커다란 변화가 기다리고 있었다. 이러한 변화를 주도한 몽골에서부터 생활이 달라졌다. 몽골제국의 각 나라로부터 귀중품과 물자들이 몽골고원으로 흘러들어왔다.

동서남북을 가로막았던 여러 가지 장해요소가 제거되었다. 실크로드를 따라 이슬람 상인의 활동이 대규모로 전개되기 시작했다. 베네치아의 상인들도 들어왔다. 아시아의 끝, 극동에서부터 서유럽까지 교역이 활발하게 이루어졌다. 이집트산 상품이 고려에까지 유통될 만큼 시장은 자유롭고도 활달했다.

몽골제국의 수도인 카라코롬은 정치, 경제, 문화의 중심지가 되었다. 그곳으로 집산된 신기술과 신문명은 다시 다른 곳으로 퍼져 나갔다. 고려의 개경에 들어온 대상들이 자유스럽게 장사하는 모습도 쉽게 볼 수 있었다. 고려 또한 세계 속의 고려로 다시 태어나고 있었다.

기독교, 이슬람교, 불교, 도교, 샤머니즘이 만나고 화합하면서 새로운 세계를 만들어갔다. 이란의 뛰어난 의술, 점성술, 수학이 중원으로 들어오고, 유럽의 문화도 중원으로 흘러들어왔다. 그러나 그 당시 유럽의 문화는 낮은 수준에 머물러 있었다.

몽골제국은 도로와 상인을 보호할 목적으로 주둔군을 배치했다. 교역비용과 부담을 증가시키던 복잡한 지방의 세금제도를 없애버렸다. 도로에 가로수를 심어 여름에는 여행자가 쉴 수 있는 그늘을 제공했고, 겨울에 눈이 오면 도로와 표지판 구실을 하도록 했다. 광활한 땅에서 그렇게 가로수는 길이거나 길 안내를 하는 중요한 소임을 담당했다. 나무가 자라지 않는 곳에는 돌기둥을 세워 길 표시를 했다. 상인에 대한 예우는 지극했다. 부는 그냥 찾아오는 것이 아니라 부의 원천이 되는 상인들을 우대함으로써 오는 것임을 그들은 깨우쳤다.

도전 없는 성공은 없다. 노력 없는 성공 또한 없다. 높은 산은 누구나 오를 수 있도록 열려있지만 다 오를 수 있는 것은 아니다. 산이 높을수록 올라갈 수 있는 사람은 줄어든다. 높은 산을 오르려면 사전에 계획하고 준비를 해야한다. 그럼에도 실패는 있다. 그 실패를 줄이는 방법은 끈질긴 투지다. 정보가 성공으로 가는 길을 안내한다. 칭기즈칸은 정보를 위하여 길을 열었다. 그 길을 최고의 속도로 전달되게 만들었다.

정보를 가진 자는 살아남을 것이고, 정보가 없는 자는 미래로 향하여 가는 길에서 탈락할 것이다.

칭기즈칸은 그 길에서 얻은 정보로 갈 길을 찾았다. 산에서 길을 잃으면 산을 오르지 못하고 다시 내려와야 한다. 산을 오르는 길을 아는 자만이 산을 오를 수 있다. 산을 오르는 길은 많다. 쉽게 오르는 길이 있으나 어느 길을 택하든 땀을 요구한다. 정상은 오르기도 어렵지만 지키기는 더욱 어려운 곳이다. 산의 정상은 정주할 수 있는 곳이 아니다. 그럼에도, 사람들은 정상에 오르려고 한다. 사람은 본능적으로 경쟁에서 이기려고 하는 속성을 가지고 태어났다. 자신을 돌보아주는 것은 자신뿐이라는 것을 일찍 깨우친 사람이 현명한 사람이다. 경쟁력의 바다에 뛰어든 현대인들은 수영을 배운 자만이 살아남을 수 있다. 경쟁을 피하는 자는 결국은 무너진다. 경쟁은 살아남기 위한 최소한의 피흘림이다.

제10장

세상에서 가장
무서운 싸움꾼은 죽음을
두려워하지 않는 싸움꾼이다

■ 닫힌 사회는 망하고 열린 사회만이 영원하리라

　　■ 삶이 힘들면 폭풍 속으로 뛰어 들어 보라

닫힌 사회는 망하고 열린 사회만이 영원하리라

남이 가지 않은 길을 가라.

인류역사에서 다시 볼 수 없는 일일지도 모르는 몽골의 세계정복은 어떻게 해서 가능했을까. 그들만이 가진 아주 특별한 무엇이 있어서였을까. 그것이 가장 중요한 질문이자 핵심이다. 무엇보다도 먼저 그 질문에 대한 답은 칭기즈칸이라는 위대한 몽골의 지도자에게서 찾을 수 있을 것이다. 다음으로는 그를 신뢰하고 따르며 그의 지시에 깃발을 펄럭이면서 쏜살같이 달려나간 몽골의 푸른 전사일 것이다. 칭기즈칸의 특별한 면은 처음부터 줄곧 이야기해 왔다. 그렇다면 칭기즈칸의 목표를 자신의 목표로 동일시하고 달려나간 푸른군대 전사들, 그들이 목숨을 건 전장으로 주저없이 달려나가게 한 동력은 무엇이었을까.

칭기즈칸의 군대는 전장의 안팎에서 죽음, 부상, 패배에 대하여 말하는 것이 금지되어 있었다. 생각만 해도 그러한 일이 일어날 수 있다고 생각한 그들은 심지어 죽은 동지나 전사의 이름을 언급하는 것도 중대한 금기였다. 모든 몽골병사는 불사신이며, 누구도 자신을 이기거나 해칠 수 없다고 생각했다. 무슨 일이 있어도 자신은 죽을 수 없다고 생각하도록 교육받았다. 그리고 그러한 분위기는 몽골의 푸른군대들을 항상 따라다녔다. 그들은 이미지를 만드는 작업에도 열중했다. 일부러 이러한 내용을 퍼뜨렸다.

같은 것이라도 조금만 바꾸거나 손질하면 전혀 다른 느낌이 들도록 하고 다른 특성을 만들어내기도 한다. 몽골의 푸른군대도 인간집단이었다. 우리와 다른 특성이 있는 것은 사실 별로 많지 않다. 그리고 그 다른 특성도 장점이라고 이야기하기엔 무언가 석연치 않다. 특별한 변별력을 가질 수 없다. 그러나 이 조금의 차이가 탄력을 받으면 전혀 다른 모습으로 나타나 다른 것들을 모두 제압해 버리기도 한다.

인간은 죽을때까지 새로움에 대한 갈증을 채우지 못해 안달하는 타고난 호기심 많은 동물이다. 인간은 끝끝내 모험적 존재로 살다 죽는다. 죽는 순간에도 죽음에 대한 호기심을 버리지 못한다.

러시아인에게 몽골군은 두려운 존재였다. 러시아를 침공한 몽골군의 모습을 기록한 것을 보면 몽골군이 어떠한 모습으로 보였고 그 실제는 어떠하였는가를 미루어 짐작해 볼 수 있다.

그들의 가슴은 단단하고 강건하다. 얼굴은 홀쭉하고 창백하다. 높은 어깨는 뻣뻣하다. 짧은 코는 일그러졌다. 턱은 뾰족하게 튀어나왔다. 위턱은 톡 튀어나와 아래를 덮었다. 이는 성기고 길다. 눈썹은 머리카락에서부터 코까지 뻗어있다. 눈은 검고 불안해 보인다. 얼굴은 딱딱하게 굳어있다. 앙상한 손은 자꾸 움직인다. 다리는 굵지만 아래는 짧다. … 그들은 창, 창 곤봉, 도끼, 검을 사용했으며 … 굽힘없이 싸웠다. 그러나 그들의 주된 무기는 활이었다. 만일 붙잡히면 그들은 결코 자비를 구하지 않았으며, 그들 자신도 정복당한 자들을 봐 주지 않았다. … 세계를 그들의 지배 아래 두는 것이 그들의 의도이자 확고한 목적이었다.

어디에도 몽골군의 기품이나 위엄이 느껴지는 부분이 없다. 전체적으로 보면 초라한 모습이 느껴지기까지 한다. 그러나 그들이 왜 강했는가 하는 데는 이유가 있음을 확인할 수 있다.

'굽힘없이 싸웠다. … 만일 붙잡히면 그들은 결코 자비를 구하지 않았으며'라는 부분이다. 오직 싸우기 위해서 훈련된 로봇처럼 그들은 전쟁에 임했고, 잡히면 능력이 다해 잡힌 만큼 자신의 임무를 다했으므로 조용히 죽음을 기다렸다. 그야말로 전사의 표본이다. 싸움으로 모든 것을 보여주고 패하면 죽음을 달게 받는 싸움꾼의 모습이었다.

세상에서 가장 무서운 싸움꾼은 죽음을 두려워하지 않는 싸움꾼이다. 죽기 살기로 덤비는 적은 두려운 존재다. 상대가 두렵게 느껴지는 순간 전의를 상실하게 된다. 보잘것없어 보이는 그들은 죽음을 두려워하지 않은 만큼 싸움에 몰입했고, 그 야수와 같은 모습에 적은 질렸다. 몽골의 푸른군대는 싸워서 반드시 이겨야 한다는 전의를 잃지 않았다. 그리고 끝까지 싸웠다.

러시아의 어느 목격자의 기록처럼 몽골의 병사는 왜소해 보일 정도로 남에게 내놓을 만한 것이 없었지만, 고난을 극복하려는 의지가 승리를 이끌어냈다. 병사에게 당장 두려운 것은 언제나 죽음이었다. 죽음을 극복할 만큼의 큰 고난은 없다. 헌데 이들은 죽음도 불사하고 싸움에 몰입하는 데야 누구도 당해내기 어려웠다. 결국은 이러한 자세가 소수의 희생으로 승리를 이끌어냈던 것이다.

들판에 피어나는 들꽃은 이 세상의 물과 바람만으로 꽃을 피운다. 과연 물과 바람만으로 사람이 할 수 있는 일이 무엇인가 생각해 보라. 작아 보이고 하찮아 보이는 것이 홀로 일어서서 이 세상에 아름다움을 전하고 향기를 날리는 모습은 얼마나 장한가. 자신의 모자람을 탓할 필요가 없다. 이 세상은 모두 기형이다. 새의 처지에서 사람을 보면 우둔하기 이를 데 없는 존재다. 돌고래의 처지에서 사람을 보면 수영도 못하는 둔한 존재다. 원숭이는 사람보다 나무를 잘 타고, 개미는 자신의 몸무게의 몇 배를 들어 올린다. 모두가 자신이 가진 장점 하나로 이 세상을 만들어가고 있다.

단점은 누구나 가지고 있다. 또한, 자신만의 장점도 누구나 가지고 있다. 단점을 장점으로 바꿀 수 있는 사람에게 성공은 찾아온다. 성공은 가만히 있는 사람에게는 찾아오지 않는다. 성공한 사람은 자신의 장점을 발견해내고 잘 살리는 능력이 뛰어난 사람이다. 잘 관리한 장점 하나가 인생을 성공의 길로 이끈다. 지금 이 순간 자신의 장점을 찾아보라. 게임을 잘하면 인터넷 게임 대회에 나가 수상을 하거나 게임을 개발하는 일에 몰두하면 된다. 실없단 소리를 듣지만 남을 웃기는 능력이 있으면 개그맨이 되면 된다.

길은 많지만 내가 갈 길은 하나뿐이다.

어느 길을 선택하느냐가 인생을 성공과 실패로 갈라놓는다. 성공은 변덕이 심하다. 다 이루어 놓은 듯하지만, 성공이 내 품을 떠나 다른 사람의 품에 안길지도 모른다. 변덕스러운 요부 같다. 강한 자에게 붙는다. 특별히 내세울 것 없는 칭기즈칸은 매 전투나 전쟁 때마다 새로운 전술이나 새로운 기슬을 이용한 무기 등을 만들어냈다.

정착민의 군대와 비교할 수 없는 아주 적은 소수 군대로 태평양에서 지중해까지 동서 8,000km의 유라시아 제국을 150년 동안 지배한 위대한 경영자, 칭기즈칸.

그의 대륙평정은 선대로부터 내려오던 오랜 내전을 종식함으로써 수십 개의 부족민에게 평온한 삶을 보장해 주었으며, 자유무역시대의 활로를 열어주는 등 세계경영체계를 완성하는 계기를 마련했다. 또한, 그는 다민족, 다종교 국가를 건설하고 철저하게 법치에 원칙을 두고 나라를 다스린 위대한 통치자이며 경영자다.

그는 매회 전투마다 새로운 전략과 적의 기술을 도입해서 곧바로 사용하는 방식으로 늘 새로운 전쟁무기를 만들어냈다. 전쟁을 승리로 이끄는 타고난 전략가이며 정보전의 대가였다. 그는 단순히 전쟁을 시작하고 끝내는 것이 아니라 그 전쟁을 통해 항상 새로운 기술을 습득해 다음 전쟁을 승리로 이끌었다. 심지어 그 기술이 적의 기술일지라도 기꺼이 받아들였다. 그는 실용주의자였으며 현실주의자였다. 명분에 얽매이지 않고 상황에 따른 냉정한 판단을 했다. 그 결과 역동하는 조직으로 활력을 얻었고 침체하지 않는 힘이 있었다.

그는 믿음과 의리로 형성된 관계를 소중히 하는 진정한 지도자였다. 그는 천민 출신과 전쟁고아 등 어려운 환경을 극복한 주변 인물들을 측근으로 삼았으며 가족처럼 대했다. 그가 광활한 대륙을 평정할 수 있었던 것은 심지어 상대편 적들에게조차 몽골족을 대하는 것과 같은 원칙을 적용하여 완벽한 자기 사람으로 만들었기 때문이다. 그리고 그는 항상 도전적이며 혁명적인 사고를 멈추지 않았다. 새로운 것을 받아들였다. 그는 흐르는 물이었으므로 고인 호수가 될 수 없었다. 그는 텃새가 아니라 철새였다.

닫힌 사회는 망하고 열린 사회만이 영원하리라.

유목민인 칭기즈칸에게 정착민으로 살아간다는 것은 죽음을 의미했다. 끊임없이 이동하면서 새로운 문화를 만나고 그 속에서 또 다른 새로운 문화를 창조하는 일이야말로 그에게 의미 있는 것이었다. 고인 물은 썩는다는 믿음을 간직한 사람이었다. 그의 최대 장점은 태어나서 죽을 때까지 유목민의 습성을 버리지 않은 것이다. 그는 제국의 강자가 되었음에도 성을 짓지 않았고 머무르지 않았다. 달리는 말에 채찍을 가한 인물이었다. 칭기즈칸이 살던 몽골의 초원은 혹독한 조건 속에서 겨우 생존 자체를 다행으로 생각해야 할 만큼 견디기 어려운 곳이었다. 겨우 살아남는 것도 힘이 든 상황에서 그들은 자신들끼리 싸우고 약탈했다. 악순환은 끊이지 않았다. 이 악순환의 고리를 단칼에 끊어버린 인물이 칭기즈칸이었다.

일 년 중 9개월이 겨울이었다. 겨울이 지나면 3개월의 여름이 왔는데, 이때에 초원에서는 꽃이 피고 벌과 나비가 날아다녔다. 이 짧은 생명의 시기에 모든 것을 준비해야 했다. 모든 생명은 힘들게 그 생명을 이어가고 있었다. 몽골의 가축들은 보통 3월에서 4월까지 새끼를 낳는다. 한겨울을 지나는 동안 가축들은 바짝 마른다. 초원의 풀들이 귀해지기 때문이다. 짧은 여름이 오면 가축들은 필사적으로 먹어댄다. 살을 찌워야 다가올 겨울에 견딜 수 있기 때문이다. 몽골에서는 봄에서 가을까지는 가축을 도살하지 않는다. 가축들이 새끼에게 젖을 먹여야 하기 때문이다.

농사가 거의 불가능한 땅에서 그들은 배가 고팠고 항상 굶주림에 시달렸다. 먹을 것이 늘 부족했다. 이러한 상황에서 그들이 택한 것은 사냥과 전쟁이었다. 야생 동물을 잡아먹지 못하면 굶어야 했고, 전쟁에서 이기지 못하면 죽음을 당하거나 노예가 되어야 했다. 전쟁에서 지면 가축보다 못한 삶이 기다리고 있었다.

그래서 이들은 전투에서나 전쟁에서 치열하게 싸웠다. 뒤로 갈 곳이 없는 사람들이었다. 몽골인들은 누구나 말을 탈 줄 알고, 칼을 쓸 줄 알았다. 그리고 활을 쏠 줄 알았다. 그런 면에서 몽골인들에게 일상적인 생활은 전쟁놀이나 마찬가지였다. 어른과 아이, 남자와 여자 할 것 없이 그들에게 말을 타고, 칼을 쓰고, 활을 쏘는 것은 기본이었다. 그들은 전쟁에서 절대로 도망가지 않았다.

지휘관의 신호 없이는 후퇴하지 않았다. 후퇴는 죽음인 것을 알고 있었기 때문이다. 정주민은 전쟁에서 지면 다른 곳으로 도망가서 사는 것이 가능하지만, 몽골족에게는 초원으로 돌아가도 시야가 사방으로 뚫려있는 가혹한 환경의 초원에서 먹을 것도 없이 혼자 살아남을 수 없음을 알았다. 그래서 그들은 끝까지 싸웠다. 그리고 승리를 이끌어냈다.

이러한 척박한 땅을 세상의 중심으로 만들어 놓은 사람이 바로 칭기즈칸이었다. 세상의 값지고 귀한 것들은 칭기즈칸이 있는 곳으로 몰려들었다. 늘 성황이었다. 몽골은 번성했고 모든 것의 중심이 되었다.

이 모든 일이 자신을 믿고 자신을 끝없이 혁신의 길로 몰아넣었던 칭기즈칸의 능력이었다. 자신을 사랑한 자만이 세상에서 당당하게 살아갈 수 있다. 나 자신을 사랑하는 일은 나를 위한 것만이 아니라 주위를 행복하게 만드는 일임이 틀림없다.

칭기즈칸이 지도력의 첫째로 꼽은 것은 자기절제라고 했다. 자만심과 분노를 극복하는 것이 중요한데, 자만심을 누르는 것은 정글의 사자와 싸워 이기기보다도 어려우며, 분노를 이기는 것은 가장 힘센 장사를 이기기보다도 어렵다고 했다. 절대 자신이 가장 강하거나 가장 똑똑하다고 생각하지 말라고 이야기했다. 아무리 높은 산이라도 그 곳에 사는 짐승들이 있다. 그 짐승들이 산꼭대기에 올라가면 산보다도 높아진다고 생각하는 자만심을 경계했다.

칭기즈칸은 말이 많은 것을 극히 꺼려서 대사자크에 남긴 기록에도 말에 대한 경계를 몇 번에 걸쳐 이야기하고 있다. 지도자는 말이 아니라 행동으로 자신의 생각과 의견을 보여주어야 한다고 했다.

지도자는 백성이 행복하기 전에는 결코 행복할 수 없다. 목표에 대한 전망이 없으면 다른 사람의 삶은 말할 것도 없고 자신의 삶도 경영할 수가 없다.

칭기즈칸이 평생을 한결같이 마음에 품고 실행해 온 철학이었다. 미래에 대한 전망이 없으면 사람은 주저앉게 된다. 동인을 제공해주는 것은 지도자가 할 소임이다. 신바람나게 무언가를 열심히 하고 싶은 동기를 제공해주는 일이 가장 중요한 일이다. 동기유발을 하지 못하는 자가 이끄는 그룹은 도태한다. 자발적이고도 능동적인 힘은 비전을 믿는 사람들에게서만 나오는 신명이다. 역경을 두려워하지 않고 도전을 기꺼이 받아들이며 앞으로 나가는 마음은 하나의 거대한 폭풍이 되었다.

문명과 비문명의 경계를 넘어서 푸른군대는 세상을 뒤엎어버렸다. 고정관념이란 칭기즈칸에게는 없었다. 늘 이동하는 유목민의 기질처럼 모든 문화와 문명은 그에게 와서는 변화되고 살아 움직였다. 그래서는 한 단계 성숙한 체계로 거듭나곤 했다. 꿈틀대는 역동의 세상을 만들어냈다. 그는 분명 사람들이 꿈을 꾸게 하는 탁월한 능력의 소유자였다.

삶이 힘들면 폭풍 속으로 뛰어들어 보라

태풍 속에도 고요한 곳이 있다. 태풍의 한가운데는 태풍의 눈으로 그곳에서는 미풍이 불 뿐이다. 태풍의 한가운데라는 것을 느낄 수 없을 만큼 고요하기 때문이다. 태풍의 눈은 위험을 무릅쓰고 태풍 속으로 뛰어든 도전하는 자를 위한 휴식처다.

몽골인들은 시간만 나면 양떼와 소떼를 몰고 언덕을 넘는다. 지평선을 넘어가기도 한다. 풀이 많은 곳으로 이동했다가 다시 돌아온다. 그리고 일 년에 4번 이상은 집단이동을 한다. 이들은 이동할 때 모든 것을 가지고 이동한다. 그래서 이들이 가진 전부라고 해봐야 정말 보잘 것 없다. 초원에 집을 지을 천막, 즉 게르와 몇 개의 그릇과 끓여 먹을 화로, 그리고 덮고 잘 이부자리가 전부다. 정말 작게 가지고 산다. 이것들을 마차에 싣고는 떠난다. 멀고도 긴 여정은 시작된다. 옮겨간 자리라고 풍족한 것은 별로 없다. 조금 나아졌을 뿐이다. 견뎌내기 위한 최소한의 생활이다. 이들에게 있어 이동은 굶어죽지 않으려는 그들의 몸부림이라고 할 수 있었다. 결코, 유람이랄 수 없는 생존 방법이었다.

삶은 거칠었고, 이러한 삶을 지속해온 몽골의 역사에 일대 전환을 시도한 사람이 바로 칭기즈칸이었다. 이 모험은 정착민들에게 당한 모욕과 살육에 대한 복수와 상거래를 하기 위해 뚫린 길을 막아서는 국가에 대한 도전으로 시작되었지만, 그 도전은 폭풍처럼 엄청난 기세로 뻗어나갔다. 누구도 예상하지 못한 폭풍이었다. 그들이 가는 곳마다 세상은 무릎을 꿇었고, 그들이 달려간 곳은 그들의 영토가 되었다.

칭기즈칸은 쉬지 않고 달렸다. 한 번 탄력을 받은 그들의 기세는 무서웠다. 다시는 인류역사에서 찾아보기 어려운 일들이 벌어졌다. 칭기즈칸 당대에 그가 정복한 땅은 몽골에서부터 남과 북, 동에서 서쪽까지 인류역사에 처음으로 큰 영토였다. 그 많은 나라가 통합되고 하나의 통치조직에 의해 움직였다. 어떤 면에서는 인류에게 축복이었을지도 모른다. 그때처럼 활발한 교역과 종교적 자유와 기술의 발전이 있었던 적이 드물었다. 그 방대한 영토를 자유로이 옮겨 다닌 역사가 그전까지는 없었다.

거칠었지만 그들은 하나의 목표를 가지고 통합된 모습으로 세계와 대적했고 그들의 꿈을 이루어 놓았다. 거친 삶에 도전장을 내고 거침없이 달려나간 그들의 행로는 벅찬 감동이었다. 우리가 지금 살아가는 세상도 몽골의 척박함에 비할 바는 아니지만 스스로 일어서지 못하면 살아남기 어려운 곳이다.

갈대가 속을 비운 것은 꺾이지 않고 휘기 위해서다. 자신의 창고를 물건으로 가득 채우려 하지 말고 어느 만큼은 비워놓는 것이 필요하다. 마음도 마찬가지다. 새로운 바람은 늘 불어오고 있다. 그 새로운 것을 담으려면 비워놓아야 한다. 가득 채운 자는 아까워서 버리지 못한다. 그런 자는 도태하리라.

제11장

칭기즈칸에 의해
세계는 하나의 거대한
통합체가 되었다

■ 정복당한 사람들의 삶의 방식을
그대로 인정했다

정복당한 사람들의 삶의 방식을 그대로 인정했다

다시는 이렇게 글을 쓰는 사람에게 통쾌함과 기쁨을 줄 역사를 만들어 낼 수 없을 정도로 몽골의 푸른군대는 역사를 신화처럼 장쾌하게 만들었다. 꿈에나 그릴 만한 비범한 도전으로 꿈을 현실세계로 만들어 놓은 사람들이었다. 몽골의 푸른 전사들은 러시아로 향했다.

1224년의 노브고로드 연대기에 따르면 몽골군과 대적하려고 나간 러시아의 대군 가운데 "10분의 1만이 고향에 돌아왔다."라고 적고 있다. 거의 천 년 전 훈족이 유럽을 공격한 이래 처음으로 아시아 군대가 침공하여 대군을 완파해 버렸다.

유럽의 군대는 반짝거리는 창과 검, 화려한 기를 들고 문장이 박힌 옷을 자랑하며 육중한 군마 위에 앉아 있었다. 품위있는 이 유럽의 군마들은 힘의 과시를 위해 키워졌다. 연병장이나 행사 때에 그리고 민중반란의 제압용으로는 제격이었지만, 전장에서는 민첩성과 지구력이 떨어졌다. 이들은 날렵한 기동력으로 무장한 몽골군과의 전투에서 일방적인 패배를 당했다. 자유자재로 움직이는 몽골의 작은 말이 육중하고 기품 있는 유럽의 기병들을 짓밟았다.

전쟁연습이라도 하듯 이들을 가지고 놀았다. 속도에서 밀렸고 도망가기에도 역부족이었다. 유럽의 말들은 품위를 갖추기 위하여 무거운 장식 같은 것들을 달았고, 말에 올라탄 기병과 제후들도 갑옷을 비롯한 여러 가지를 몸에 치장했기 때문에 몽골의 푸른군대에는 도저히 당해낼 수가 없다.

아르메니아, 그루지야, 러시아 무역도시들의 역사기록자들은 몽골인의 외모는 기록해 두었지만, 이 사람들이 누구이고 그곳을 떠나 어디로 사라졌는지를 몰랐다. 그들은 이 낯설고 무지한 종족들에게 패한 것을 신이 내린 벌로 알았다. 다시 노브고로드의 연대기 기록에 이렇게 적혀 있다.

> 타타르인은 드네프르강에서 발길을 되돌렸다. 우리는 그들이 어디에서 왔는지, 어디로 다시 모습을 감추었는지를 모른다. 우리 죄를 벌하시려고 그들을 데려오신 신만이 아실 것이다.

러시아를 쓰러뜨린 몽골의 푸른군대는 다시 기수를 돌려 유럽을 공격했다. 몽골군은 유럽의 게르만군도 격파했다. 수베데이는 5만으로 이루어진 군대로 하나는 남쪽의 헝가리를 공격하게 했고 다른 하나는 폴란드를 가로질러 독일 북부로 진격하게 했다. 몽골군은 자신들의 본거지로부터 6,500킬로미터 떨어진 곳까지 밀고 들어와 동유럽의 평원을 휩쓸었다. 결과는 당연하다고 할 만큼 몽골의 푸른군대가 승리했다.

유럽인들은 공포의 도가니에 빠졌다. 어디에서 왔는지 모르는 것은 이들도 마찬가지였다. 몽골군이 불가리아, 러시아, 헝가리, 독일, 폴란드에 연이어 승리를 거두자 유럽 전체는 더욱 두려움에 떨었다. 이들은 자신들끼리 반목하고 싸웠다. 기독교인들은 유대인들의 '극도의 사악함' 때문에 죄없는 자신들이 벌을 받고 있다고 박해하기도 했다. 기독교인들은 죄 없는 유대인들은 공격했다. 몽골족에게 풀어야 할 분노를 힘없는 유대인들에게 퍼부은 것이었다.

그 뿐만 아니라 몽골의 푸른군대는 유럽의 여러 기독교 국가들이 정복하고 싶어 했던 아랍세계의 심장부를 단 2년 만에 함락해 버렸다. 유럽의 십자군이 10차에 이르는 성전을 치렀음에도 정복하지 못한 바그다드를 완전히 점령해 버렸다. 지금도 전쟁을 계속하는 두 종교간의 갈등을 바라보는 마음은 착잡하고 속 좁은 인간의 마음이 안쓰러울 뿐이다. 신이 인간을 만들면서 자신을 위해 경배하라고 만들었다면 신이 인간을 장난감과 같은 로봇을 만들었다는 이야기인데 그에 순종하는 인간의 마음은 참으로 비굴하기 이를 데 없다. 신에 대한 예속으로부터 인간독립은 언제 올 것인가.

바그다드는 『천일야화』의 도시다. 뛰어난 이야기꾼, 세헤라자데의 도시다. 오백년 동안 모슬렘 세계의 부가 이 도시로 흘러 들어와 이곳은 세계의 중심인 것처럼 모든 것이 풍부했고 황홀할

만큼 빛나는 도시였다.

　바그다드뿐 아니라 다마스쿠스가 무너졌다. 몽골군은 인더스강으로부터 지중해에 이르는 모슬렘의 국가와 도시를 휩쓸었다. 아시아의 모슬렘 영토 거의 전부를 점령한 셈이었다. 아라비아반도와 북아프리카만 몽골의 말발굽을 피할 수 있었다.

　전광석화처럼 점령한 이들 국가를 칭기즈칸은 확고한 신념을 갖고 다스렸다. 몽골의 푸른군대는 세상의 이단아였다. 꿈을 꾸는 이들 군대는 꿈을 실현하는 군대였다. 문명국들은 다른 나라를 점령하면 자신의 것을 강요했다. 종교뿐 아니라 사상이나 정체성마저도 그냥 놔두지 않았다. 특히 유럽의 나라들은 더 그랬다. 종교의 교리를 관철시키기 위하여 전쟁을 불사하기도 했다. 그 버릇은 여전해서 제국주의 전쟁이 치러질 때도 그들은 전쟁을 수행하러 떠나는 배에 선교사를 태우곤 했다. 그러나 몽골의 푸른군대는 달랐다.

몽골인들은 자신이 정복한 땅에 가벼운 몸으로 들어왔다. 그 땅에 자신의 언어나 종교, 그리고 관습을 강요하지 않았다. 가벼운 몸으로 찾아왔기에 정복당한 사람들의 삶의 방식도 그대로 인정했다.

　오히려 정복민들이 자신의 몽골언어를 배우는 것을 금했다. 이들의 이러한 통치방법 덕분에 폭정에 시달리거나 종교적 박해를 받던 사람들에게는 몽골의 푸른군대가 오히려 자유를 전파하는 사람들로 보이기도 했다. 그렇게 상거래의 전폭적인 자유를 보장해 줌으로써 생활이 오히려 윤택해졌다. 몽골이 전쟁할 때 쓰던 길은 상업적 간선로가 되었다. 끊임없이 이어지는 길은 몽골에서 베트남까지, 고려에서 페르시아까지 이어져 사람과 말, 그리고 낙타의 길이 되었다. 물자의 이동이 늘어났고 몽골의 안전을 보장해주는 여러 정책으로 전통적인 길보다 더 빠르고 편리하게 이용되었다. 티베트로 가는 길까지 환하게 뚫렸다.

육지에서 태어나서 육지에서만 자란 몽골인들이 배를 만드는 조선기술도 습득했다. 처음 보는 것에 호기심이 많았고 새로운 기술은 바로 자신의 기술로 만들어버렸다. 받아들이는 수용능력이 어느 민족이나 국가보다도 빨랐다.

몽골은 애초에 출발할 때부터 가진 것이 없었다. 그들의 위대함은 한 번 싸우고 나면 한 가지를 배워 새로운 전술로 개발했고, 또 한 번의 싸움에서 자신들이 가지지 않은 것을 배웠다. 그것에서 또 새로운 것이 나왔음은 물론이다. 그리고는 새로운 생각과 기술을 사회제도에까지 적용하여 발전시켜 나갔다. 그들은 가축을 기르고 사냥하는 것 외에는 별다른 기술이나 능력을 갖추고 있지 않았다. 그들은 받아들임의 철학을 가장 확실하게 생활화하고 제도화한 민족이었다.

세상의 모든 것들이 일반적인 상식선에서 이루어지고 있음을 알게 되면 수용의 문제만이 남는다. 나를 고집하면 타자는 들어올 공간이 없다. 하지만, 나를 융통성 있게 세상에 적용시키면 받아들임의 폭이 한결 넓어진다. 이들은 자신들을 백지상태로 보고 새로운 것을 받아들임으로써 갈증을 풀어나갔다.

가축을 기르던 일이 생활의 대부분이었던 몽골인들이 세계를 평정하고, 적이었던 그들의 법을 받아들여 그 넓은 지역과 다수의 정복민들을 다스렸다. 기술을 받아들이고, 도로를 닦고, 제도를 정비하는 대부분 것들을 모두 적으로부터 받아들였다.

캅차크한국에 몽골인은 모두 4만명이었다. 그들이 지배한 유럽인은 2천 5백만명이었다. 가능한 일일까 하고 의심해 볼 수 있는 숫자다. 그러나 그들은 가능했다. 이유는 조직력이었다.

규모가 커진 집단이 조직력을 가지지 못하면 무너진다. 조직력은 인체로 말하면 뼈와 근육이고 핏줄이다. 조직력에 활력을 불어넣는 것이 중요하지만, 먼저 갖추어야 할 것은 탄탄한 조직이다.

활력은 조직을 가진 집단이 살아 움직이게 하는 힘의 원천이다. 칭기즈칸은 인종과 종교를 가리지 않았다. 그의 이러한 전통은 몽골의 초원을 통일하는 과정에서부터 나타난다. 칭기즈칸은 정복민들을 받아들였다. 미래로 향해가는 길에 그들을 동참시켰다. 주르첸족이나 타타르족, 메르키트족을 정벌하면서 그곳에서 데려온 많은 아이를 양자로 삼았던 데에서도 알 수 있다. 칭기즈칸은 평생을 통해 경계를 허물며 살았다. 방대한 몽골제국을 이끌 수 있었던 것은 인간에 바탕을 둔 실용노선에서 찾았기 때문에 가능했다.

몽골제국의 평등정책은 거의 역사에서 찾아보기 어려울 정도였다. 심지어 노예나 포로에게도 무한한 가능성과 기회를 주어 몽골의 푸른군대에 참여하기를 바랐다. 역참제도나 도로의 정비, 상인들에 대한 우대, 평등정책 등을 통해 몽골제국은 피가 돌았다.

칭기즈칸의 목소리를 확인해볼 수 있는 그의 편지 내용을 직접 보면 감동으로 다가온다.

> 나에겐 특별한 자질이 없소. …나는 소 치는 목동이나 말을 모는 사람들과 똑같은 옷을 입고 똑같은 음식을 나누어 먹고 있소. 우리는 똑같이 희생을 하고 똑같이 부를 나누어 갖소. …나는 사치를 싫어하오. …나는 절제를 하고 있소. … 우리는 늘 원칙에서 일치하며, 서로에 대한 애정으로 결합되어 있소.

이 편지는 칭기즈칸이 모슬렘 세계 침공 전야에 보낸 것이다. 한자로 쓰여있지만 대필이었을 것이다. 그는 글을 몰랐기 때문이다. 칭기즈칸이 중국의 한 도교 승려에게 조언을 요청하며 보낸 편지인데, 그가 말년에 이르러 자신을 어떻게 생각했고 어떠한 통치철학을 가지고 있었는가 하는 것을 읽을 수 있다. 아주 평범한 옆집 아저씨 같은 마음의 흔적을 읽을 수 있어 더욱 감동이 온다. 그는 소박하고 현실적이며 상식선에서 일을 해결하려 했음을 알 수 있다. 이 편지가 남게 된 것은 칭기즈칸의 편지를 받은 노승의 제자 몇 명이 사본으로 남긴 덕분이다. 칭기즈칸에 대한 미화나 의도적으로 깎아내린 어떤 역사서보다도 진실이 담겨있다. 칭기즈칸의 육성을 직접 듣는 듯해 감회가 새롭다.

그가 자신보다 우월한 문명국과의 싸움에서 승리한 것이 자신의 우월한 힘이 아니라 적국인 그들의 능력부족 때문이라고 했다. 그 능력부족의 근원을 그는 '오만과 지나친 사치'라고 규정했다.

광활한 지역에 같은 화폐가 유통됨으로써 이동의 폭이 한결 넓어졌고 자유로웠다. 기회가 많아졌다. 노예에게도 예속민에게도 기회는 똑같이 주어졌다. 모두에게 보다 폭넓은 기회와 자유가 찾아왔다.

기독교, 이슬람교, 불교, 도교, 샤머니즘이 섞이고 서로 인정하면서 화합을 만들어갔다. 종교 간의 반목이 줄어들었고 평등은 더 강화되었다. 이란의 뛰어난 점성술, 의술, 수학이 중원으로 들어갔다. 유럽의 문화도 자연스럽게 중원으로 전파되었다. 반면 중원의 문화는 이슬람 세계와 유럽으로 흘러들어 갔다. 거대한 변화의 물줄기가 용틀임을 하듯이 흘러가고 있었다. 일부에서는 전쟁이 계속되었지만, 이 거대한 변화의 물줄기는 막을 수 없었다. 동서가 만나고 남북이 교류하는 세상이 왔다.

칭기즈칸은 제도로 다스렸지만, 자신의 말이 받아들여지지 않는 것에 대해서는 가차없는 징벌을 내렸다. 점령지역의 호족에게 징병과 징세의 책임과 권리를 주었다. 정복한 나라를 몽골의 군대조직과 마찬가지로 천호제로 편성하고 행정시스템을 확립했다.

이에 반발하거나 납세를 거절하면 전략지점에 배치되어 있던 주둔군이 진압했다. 진압은 차갑고 확실하게 이루어졌다. 이러한 통치시스템은 상당히 유효했다. 자치권을 어느 정도 인정했으나 불복하는 것은 인정하지 않고 즉시 진압했다.

몽골제국이 사라지고 나서 제국의 일원이었던 일한국과 킵차크 칸국은 전혀 다른 역사를 만들었다. 일한국은 철수해야 할 본국이 너무 멀리 떨어져 있어 그 자리에서 소멸했다. 그러나 킵차크

한국은 16세기까지 이어졌다. 러시아도 그때까지 몽골인의 통치를 받았다.

일한국과 킵차크한국은 16세기에 이르러 다시 상당기간 몽골의 명맥을 이으며 부활했다가 다시 사라졌지만, 이들의 전통을 이어받은 티무르 국은 아프카니스탄과 인도에 무굴제국을 건설했다. 무굴은 인도어로 '몽골'이라는 뜻이다. 만주와 몽골 연합군의 칸이 된 홍타이지는 여진족으로 구성된 팔기군과 몽골 기마군단을 앞세워 명나라를 몰아내고 원제국을 복원하여 청나라를 일으켰다.

대몽골제국의 계승국가는 킵차크한국의 영지에서 일어난 크림한국 등 3개 한국, 일한국과 차가타이한국 영지에서 일어난 티무르 제국과 무굴제국, 중원에서 일어난 청나라다. 몽골제국의 물줄기는 끊어지지 않고 이어졌다. 장대한 역사의 흐름은 쉽게 무너지지 않았다.

몽골제국이 세워진 몽골초원의 원년은 1206년이었다. 몽골제국이 세워진지 800년의 세월이 흘렀다. 그 긴 세월 동안 많은 비바람과 폭풍이 스쳐갔을 것이다. 사람들은 태어나고 죽어갔지만, 곧 새로운 생명이 태어나 계속 뒤를 이었다. 또 다시 바람이 불고 폭풍이 몰아쳤지만, 몽골의 초원이 여전히 푸르듯이 칭기즈칸의 이름은 아직도 계속 전해지고 있다. 몽골초원의 푸른 풀처럼 다시 살아나고 있다. 칭기즈칸의 위대함은 그의 역사를 지우려는 여러 시도에도 아직 건재하다.

제12장

칭기즈칸, 하늘로 돌아가다

■ 인생의 가을은 칭기즈칸에게도 왔다
■ 칭기즈칸 하늘로 돌아가다

인생의 가을은 칭기즈칸에게도 왔다

칭기즈칸은 자신이 갈 길을 스스로 정했다. 남이 만들어 놓은 길은 마다하고 그만의 길을 만들어갔다. 남의 말을 귀 기울여 듣고 그것을 자신의 지혜로 소화시켰다. 문화도 없고, 문자도 없는 무식하고 야만적인 몽골인이라는 말을 들을 만큼 어리석어 보였지만, 정착문명이 가진 성과 도시를 일시에 부수고 그들을 다스릴만한 지혜를 가지고 있었다. 칭기즈칸의 위대함은 특별한 능력이 아니라 종교와 사상과 철학을 떠나서 상황에 따른 현실적인 방법을 선택한 것에 있었다.

지구상에 있던 문명 대부분을 정복했던 칭기즈칸이 몽골의 칸이 된지 20년이 되어가고 있었다. 칭기즈칸은 인간적인 고뇌를 저버릴 수가 없었다. 늙어가고 있음을 느꼈다. 칭기즈칸은 자식들을 불렀다. 자식들도 이제는 나이가 들었다. 부자지간이면서 동시에 전장에서 함께 살아온 동지이기도 했다. 보고 싶었다. 하지만, 정복지가 넓어 너무 멀리 떨어져 있었다. 우구데이와 차카데이가 도착했다. 다른 자식들과 손자들도 모여들었다. 다른 풍토와 전쟁에서 있었던 일들로 이야기 꽃을 피웠다. 힘들었던 여행에 대한 이야기도 했다. 승리에 대한 이야기를 들을 때는 한바탕 웃음이 게르를 들썩이며 지나가곤 했다. 모처럼 칭기즈칸과 그의 자식들이 함께 모여 잔치를 여는 듯 행복해 했다. 칭기즈칸은 이제 손자들이 부리는 재롱을 흐뭇하게 바라보는 할아버지가 되어있었다.

나쁜 소식도 있었다. 젤메의 죽음이었다. 그는 칭기즈칸에게 충성을 약속하며 인연을 맺었던 인물이었다. 젤메는 비천한 출신이었으나 배반의 땅이던 몽골 초원을 충성의 땅으로 바꾸어 놓은 사람이었다. 그런 충성의 상징이었던 젤메의 죽음을 보고받았다. 또 하나의 나쁜 소식은 큰아들 조치가 돌아오지 않았다. 조치는 칭기즈칸에게 특별한 존재였다. 아내 버르테가 납치되었을 때 임신한 아이로 자신의 아이가 아니라 다른 남자의 아이였다. 그러나 칭기즈칸은 받아들였다. 아내를 지키지 못한 것은 자신이었기 때문이었다. 칭기즈칸은 전령을 보내 환국하라고 명령했다. 조치는 끝내 오지 않았다. 조치는 병에 걸려 올 수 없다는 전령을 전했다. 대신 말 2만 필을 보냈다. 칭기즈칸은 큰아들이 오지 않는 것에 대해 화가 났다. 누구도 자신의 명령에 따르지 않는 것을 용서하지 못했다. 실망이 분노로, 분노가 실력행사까지 불사하겠다는 마음으로 불타올랐다. 칭기즈칸은 조치가 오지 않으면 강제로라도 끌고 오겠다고 마음먹었다.

긴장이 감돌았다. 부자지간에 한바탕 전쟁이 일어날 수도 있을 만큼 긴장은 높아갔다. 칭기즈칸은 조치를 데려오기 위해 명령할 준비를 하고 있었다. 부자지간에 전쟁이 예상되는 상황이었다. 그때 먼 길을 달려온 전령으로부터 소식이 날아들었다. 조치가 아프고 쇠약해져 게르 안에서 죽었다는 소식이었다. 칭기즈칸은 자신의 어리석음을 깨달았다. 자신의 분노가 옳지 않았음을 느끼며 칭기즈칸은 더욱 슬퍼했다.

이 같은 인간적인 번뇌의 와중에도 칭기즈칸은 큰일을 치르느라 빠뜨렸던 것들을 생각하고 있었다. 1223년 금나라에서 마지막까지 전쟁을 이끌었던 장군 모칼리가 죽었다. 모칼리가 죽고 난 이후 제국의 남쪽은 어려움에 닥쳤다. 서하가 반란을 일으켰고, 여진족은 빼앗겼던 지역 일부를 탈환했다. 모칼리는 사망할 당시 금 왕조의 남쪽 수도를 정복하지 못한 것에 대하여 후회했다. 그는 자신의 자리를 계승할 아들 보로에게 그 일을 맡겼다.

칭키즈칸은 금나라의 정복에 앞서 탕구트 재정벌을 명령했다. 처음 술탄 무함마드 2세에게 복수하기 위하여 출정할 때, 칭키즈칸은 동맹국과 가신들에게 도움을 요청했었다. 그러나 서하의 왕은 거절했다. 그들은 그런 일을 할 수 있는 유일한 세력이었다. 서하는 칭기즈칸의 군대가 혼자서 전쟁에서 이길 정도로 강하지 않다면, 싸우지 않는 편이 낫다는 논리를 내세웠다. 거절이었으며 충고에 가까웠다. 금 왕조 역시 새로운 황제 선종이 등극하여 몽골의 지배에서 벗어날 기회를 찾고 있었다.

일 년의 휴식 기간이 지난 1226년 가을, 칭기즈칸은 18만 군사를 이끌고 출정했다. 그는 지난번 서하와의 전쟁에서 실수를 했었다. 적들이 무릎을 꿇기 전에 싸움을 끝낸 것이다. 이제 그는 아들과 손자들이 그 사실을 마음에 새기길 바랬다.

그런데 진군 초기에 불길한 사고가 일어났다. 탕구트제국으로 가는 도중 겨울이 되자 칭기즈칸은 유명한 아르부하의 야생마들을 잡기 위한 말몰이 사냥대회를 개최했다. 그는 얼룩말을 타고 있었다. 야생마들이 그의 앞을 지나 달려갈 때, 이 얼룩말이 갑자기 멈추면서 칭기즈칸이 말에서 떨어졌다. 그는 대단한 고통을 느꼈고, 즉시 낙마로 입은 상처를 치료하고 만약의 상황에 대비하기 위한 진영이 세워졌다. 그는 '온몸에 끓어오르는 신열'로 밤을 지새웠다. 장군들은 원정을 중단할 것을 제안했다. 칭기즈칸의 몸 상태는 예상보다 좋지 않았다. "탕구트는 우리가 용기가 없어서 돌아갔다고 말하게 될 것이다." 그렇게 말하기는 했지만, 칭기즈칸은 마음을 고쳐먹고 돌아가려는 듯이 보였다. 그는 탕구트의 왕인 보르칸에게 사신을 보내 협상의 자세를 내비쳤다. 하지만, 돌아온 대답은 선전포고였다. 칭기즈칸은 고열에 몸을 떨며 말했다.

그 자가 이렇게 큰소리를 치는데 어찌 우리가 피할 수 있겠는가! 내가 죽는 한이 있더라도 기필코 그리로 가서 그 말을 후회하게 해주리라. 영원한 하늘이 나의 증인이 되리라.

칭기즈칸은 공격명령을 내렸다. 몽골의 푸른 전사들은 칭기즈칸의 명령에 공격을 개시했다. 그들의 말은 강력했으며 말의 속도는 바람 같았다. 전쟁에서 얻은 직접적인 경험이 응용력을 높였다. 몽골의 푸른 전사들은 이번에는 다른 길을 택했다. 그들은 북서쪽 국경 황야에서 갑자기 나타났다. 1226년, 몽골군은 에트시나를 함락시켰다. 몇 주 후 간쵸우, 산쵸우를 잇따라 정복했다. 몇 달 후 그들은 량쵸우의 비옥한 지역 대부분을 파괴하고 서쪽으로 행군했다. 적들은 두려워했다. 어느 곳을 방어해야 할지를 몰랐다. 당황한 적은 상대가 되지 못했다.

벌써 가을이 되었다. 바람은 거칠어지기 시작했고 기온은 떨어졌다. 바람은 곧 겨울이 올 것임을 예고했다. 몽골의 푸른 전사들은 서하의 수도 흥경으로 다가가고 있었다. 수도에서 60마일 떨어진 잉리가 그들의 손아귀에 들어왔다. 수도에서 20마일 떨어진 링쵸우를 포위했을 때, 쉬고 있던 칭기즈칸은 다시 지휘봉을 잡았다. 노장의 투혼이었다. 전장에서 평생을 살아온 그는 전장에서 힘을 얻었다. 말안장에 올라야 살아있음의 희열을 느꼈다.

겨울이 오자 대지는 얼어붙었다. 서하의 왕은 링쵸우를 구하기 위해 3만 명의 군사를 보냈다. 몽골군은 후퇴했다. 전략적인 후퇴였다. 사기충천한 탕구트 기마병은 승리가 눈앞에 보이는 듯 달려들었다. 그들은 얼어붙은 황하를 지나 공격했다. 하지만, 무모함이 그들을 파멸시켰다. 말의 발굽에 박은 편자는 쇠였다. 쇠는 강한 추위에는 얼어붙어 버린다. 서하의 기병들이 탄 말들의 편자가 얼음에 얼어붙어 버린 것이었다. 말들은 한 마리 한 마리 소리를 지르며 얽히고 넘어졌다. 편자를 박지 않은 몽골의 조랑말들이 얼어붙은 황하 위로 달려들었다. 발이 묶인 말과 제멋대로 달리는 말의 한 판 승부였다. 결과는 뻔했다.

탕구트 병사들은 강둑으로 몸을 돌리려 했지만 너무 느렸다. 강 위에서 공포에 떨고 있는 군사들에게 몽골군이 다가가는 동안 새로운 회오리바람이 불었다. 두 번째 몽골의 푸른 전사들이 얼음을 가로질러 다가왔다. 푸른 전사들은 탕구트군 측면을 공격했다. 양 측면이 공격당한 탕구트 부대는 뒷걸음질 칠 수밖에 없었다. 그러나 때는 이미 늦었다. 발이 묶인 탕쿠트군 병사들은 얼음 위에서 죽음을 맞았다. 살해되고 와해된 탕구트군대의 생존자들이 서로 얽혀가며 달아났다. 말을 잃은 기마병과 말을 가진 기마병의 싸움은 이미 결정되어 있었다. 도망갈 자유도 그들에게는 없었다. 탕구트 군사들은 전멸했다.

이러한 사실을 보고받은 서하의 왕은 전의를 상실했다. 왕궁과 백성들을 버리고 서하의 왕은 산속으로 도망쳤다. 그가 떠난 도시와 마을에서 연기가 피어올랐다. 사람들은 산기슭의 황야와 관목지대에 숨었다가 더 높이 올라가 산속 갈라진 틈이나 협곡에 몸을 숨겼다. 하지만, 그들은 모두 잡혀서 죽임을 당했다.

탕구트족 새 지도자 시두르고는 수도에서 항전했다. 그곳은 지금까지 몽골군의 최신식 포위무기에도 버텼던 성이었다. 칭기즈칸은 츙싱산맥 동쪽에 자리를 잡았다. 그곳은 송과 금나라의 움직임을 내려다볼 수 있는 유리한 지역이었다. 탕구트족이 중국과 연결하려는 시도를 막을 수 있는 장소이기도 했다. 칭기즈칸은 셋째아들 우구데이를 금나라로 향하게 하고 또 다른 몽골의 푸른 전사에게는 서하의 서부지역을 정복하도록 했다. 시두르고는 결국 '왕위를 양도하고 도시 안의 백성을 내보내기 위해 한 달의 말미를 달라.'고 간청했다.

이 즈음 태풍같이 강렬한 인상과 열정으로 살아왔던 칭기즈칸에게도 끝이 다가오고 있었다. 부상 후유증으로 쇠약해지고 늙은 칭기즈칸은 자신이 죽어가고 있음을 깨달았다. 여러 해 동안 관심을 가져온 것들이 이젠 긴급한 현안이 됐다. 그는 자신의 후계자를 지명해야 했다. 적어도 확실한 언급은 해야 했다. 이미 거대한 제국은 칭기즈칸의 뜻대로 분할된 상태였다.

둘째아들 차가타이는 서쪽을 소유할 예정이었다. 그곳은 카라키타이, 아릴 해 남부의 구 콰레즘제국, 위구르 민족의 영토였다. 북서쪽은 조치의 아들, 바투의 지배를 받게 되었다. 동쪽은 셋째 우구데이의 것이 되었다. 그곳은 아직은 정복되지 않은 금나라와 도사이사의 다른 정복지들을 의미했다. 막내인 톨로이는 몽골의 전통에 따라 본토를 계승할 예정이었다. 몽골의 전통적인 관습에는 막내가 아버지가 다스리던 영토를 이어받아 관리하게 되어 있었다. 하지만 이러한 분할은 한계가 있었다. 전체를 통합해서 다스릴 지도자가 결정되지 않았다. 지역사령관은 결정되었지만, 중앙통제를 맡은 지도자가 결정되지 않았다. 실질적인 지도자를 결정하지 않은 연방정부와 마찬가지였다. 모두가 따를 수 있는 칸이 필요했다.

칭기즈칸은 자신의 걱정을 두 마리의 뱀 우화에 비유했다. 첫 번째 뱀은 몸은 하나인데 머리가 여러 개 있었다. 두 번째 뱀은 머리는 하나인데 몸이 여러 개 있었다. 겨울이 오자 머리가 많은 뱀은 모든 머리가 동의할 수 있는 피난처를 찾을 수 없었다. 그들은 말다툼하고 서로 으르렁거렸다. 그 뱀은 얼어 죽고 말았다. 다른 뱀은 하나의 머리로 여러 개의 몸을 잡아당겼다. 그리고 겨울을 준비해 다음 해 봄을 볼 수 있었다. 교훈은 분명했다. 만일 제국이 살아남으려면 오직 하나의 머리만 있어야 했다.

아들들은 장단점을 동시에 가지고 있었다. 모두가 활기차고 용감하고 유능한 장군 이상의 능력을 갖추고 있었다. 가장 약하고 가장 부드러운 성격의 우구데이는 술을 너무 마셨지만 영민하고 융화하는 성격의 소유자였다. 그는 남의 말을 잘 들어주었고, 주위의 사람들이 좋아했으며, 다른 아들들의 장점을 가장 좋은 방향으로 이끌 수 있는 인물이었다. 우구데이는 필요할 때 굽힐 줄 알며, 각각의 성격 차이를 알고 타협할 수 있는 인물이었다. 우구데이는 칭기즈칸이 생각하는 후계자였다. 하지만 칭기즈칸은 자신이 만든 법에 따라 쿠릴타이에서만 다음의 칸을 선출할 수 있다는 것을 잘 알고 있었다. 쿠릴타이가 소집되기 전까지는 막내 톨로이가 섭정해야 했다.

육체는 쇠약했지만, 칭기즈칸의 판단력은 여전히 날카로웠다. 다시 한 번 그는 가족이 단결하고 조화롭게 행동할 것을 촉구했다. 그는 각자가 하나의 화살을 부러뜨리게 했다. 그리고 나서는 한번에 한 통의 화살을 부러뜨리도록 했다. 누구도 여러 개의 화살을 한번에 부러뜨리지 못했다 몽골의 전설적 어머니 알랑 고아에게서 내려온 교훈이었다.

너희는 이처럼 단단해야만 할 것이다. 아무도 믿지 마라. 어떠한

적도 믿지 마라. 생명이 위험할 때 서로 돕고 의지해라. 나의 대
자사크를 따르라. 결론에 이른 모든 행동을 수행하라.

아들들이 단합해서 서로 돕고 화해하며 거대한 몽골제국을 이
끌어 갈 것을 제시했다. 칭기즈칸은 자신의 병세가 생각보다 깊
었음을 알고 있었다. 이제 돌아가야 할 때가 왔음을 알았다. 전장
에서 생의 전부를 보냈다고 해도 지나치지 않을 만큼 거친 생을
살아왔다. 한 마디로 칭기즈칸의 성격을 말하기가 어려웠던지 역
사의 기록에는 이렇게 적혀 있다.

> 키가 크고, 몸에 힘이 넘치고, 몸집은 단단하고, 얼굴에 난 성긴
> 수염은 모두 하얗게 셌고, 눈은 고양이 같고, 넘치는 열정과 분
> 별력과 천재성과 이해력을 갖추었고, 경외감을 불러일으키고, 학
> 살에 능하고, 의롭고, 단호하고, 적을 쉽게 무너뜨리고, 용맹스
> 럽고, 살벌하고, 잔인하다. … 마법과 기만에 능하며, 악마 몇 명
> 을 친구로 두고 있다.

칭기즈칸은 복잡하고 한 번에 가늠하기 어려운 성격이다. 정의
를 내리기보다는 어떻게 설명할 수가 없어 받은 느낌을 그냥 그대
로 묘사한 것에 가깝다. 그러면서도 근접하기 어려운 면이 있음을
보게 된다. 마법과 기만이 능하다는 면에서도 그렇고, 몇 명의 악
마를 친구로 두고 있다는 기술에서 더욱 그러한 면이 보인다. 몽
골인들을 부정적으로 보았던 페르시아 연대기의 기록이다. 이러한
특성은 칭기즈칸이 전쟁을 수행하는 방법에서도 볼 수 있었다. 칭
기즈칸은 한 번도 똑같은 방식으로 전쟁한 적이 없었다고 전한다.

칭기즈칸 하늘로 돌아가다

    세계를 정복한 칭기즈칸의 몸에도 세월은 쌓였다. 이미 자식들이 칭기즈칸의 일을 대신 처리할 수 있을 만큼 성장했다. 칭기즈칸은 안을 극복하고 밖으로 달려나갔던 일생을 정리해야 했다. 죽음이 다가오고 있었다. 말에서 떨어진 상처를 이기기에는 칭기즈칸도 나이가 들어있었다. 칭기즈칸은 말에서 떨어져 입은 내상을 끝내 떨쳐버리지 못하고 죽음을 맞이했다.

    1227년 8월 18일이었다. 먹을 것이 없어 굶주림과 약탈이 끝없이 이어지는 몽골초원을 칭기즈칸이 통일하고 몽골제국을 세운 해가 1206년이었다. 21년이란 세월 동안 참으로 많은 전투가 있었다. 국가와 국가 간의 전쟁이 있었다. 칭기즈칸은 공격적인 인물이었다. 야만과 문명의 한 판 승부에서 칭기즈칸은 승리했다. 유목민과 정주민과의 한 판 승부에서 칭기즈칸은 승리했다. 변화와 정체의 한 판 승부에서 칭기즈칸은 승리했다.

칭기즈칸의 위대함은, 가진 것 없고 배운 것이 없는 극한의 상황에서 일어선 용기에 있었다. 분연히 일어선 도전에 있었다. 칭기즈칸은 전투가 일상적으로 일어나는 몽골의 초원에서 태어났고, 전쟁터에서 일생을 보냈다. 그의 마지막 죽음의 현장도 전쟁이 수행되고 있는 현장이었다. 탕쿠트의 공격을 위해 세워진 임시 주둔지에서 죽음을 맞이했다. 그는 죽기 몇 시간 전 마지막 명령을 내렸다. 정복자로서 죽음의 순간에도 공격을 명령했다.

> 내 죽음을 알리지 마라. 적군이 눈치채지 못하도록 절대로 울거나 한탄하지 마라. 그리고 약속한 날에 탕쿠트의 왕과 백성이 떠났을 때 그들을 전멸시켜라.

칭기즈칸의 마지막 유언이었다. 죽음을 맞이하는 순간마저도 공격명령을 내렸다. 칭기즈칸은 현장의 사나이였고, 진행형으로 죽음을 맞이했다. 몽골의 푸른 전사들은 다른 때와는 다른 각오로 칭기즈칸이 명령한 곳으로 달려갔다. 달려가 현장에서 그들을 죽이고 또 죽었다. 그곳을 지배하던 사람은 물론 관리인들을 모두 죽였다. 그들의 하인마저 죽였다. 칭기즈칸의 마지막 명령을 완벽하게 수행했다.

몽골의 푸른 전사들은 칭기즈칸의 유언이랄 수 있는 서하를 초토화하고 떠났다. 칭기즈칸의 시신은 마차에 안치되어 오논강변으로 향했다. 그가 태어나고 자란, 그리고 몽골의 초원을 통일하고 나서도 정신적 성지로 받아들였던 오논강변으로 칭기즈칸의 시신은 옮겨졌다. 몽골의 푸른 전사들은 애도했다. 칭기즈칸의 시신이 운구되는 동안 마주치는 생명 있는 것들은 모두 죽었다. 사람은 물론 동물까지도 죽었다. 칭기즈칸의 푸른 전사들은 죽어서 칭기즈칸을 수행해야 할 사람이 필요하다고 생각했다. 얼마만큼 믿어야 할지는 알 수 없지만, 그때의 상황을 마르코 폴로는 이렇게 적고 있다.

> 칸의 시신을 운구하던 자들이 도중에 마주친 모든 사람을, '다른 세계로 가거라. 그리고 그곳에서 너희가 돌아가신 군주를 모셔라.'라고 말하며 쳐 죽이는 것을 당연한 일로 여겼다. 그들은 그러한 방식으로 죽음을 당한 모든 사람이 실제로 내세에서 그의 하인이 되리라 믿었다. 칸이 타던 말들도 사살되었다.

칭기즈칸이 태어나고 자라서 꿈을 이룩해가는 것을 바라보던 몽골의 산하는 그를 받아들였다. 그리고 영원히 쉬도록 자리를 내어주었다. 칭기즈칸의 시신은 오논강 상류 근처에 안치되었다. 운구는 다시 부르칸 칼둔산의 가파르고 산림이 우거진 산비탈 위로 옮겨졌다. 꼭대기 근처에는 큰 나무가 하나 서 있었다. 칭기즈칸은 살아있을 때 그 아래에서 쉬었다. 그때 그는 그곳을 자신이 죽으면 묻힐 곳으로 지정했다. 그리고 표시해 둘 것을 명령했다. 그곳은 칭기즈칸이 마음을 내려놓고 쉴 수 있는 곳이었다. 전투를 하다가 쉬던 마음의 고향이었다. 중요한 결정을 할 때면 찾아갔던 부르칸 칼둔산의 품에 안길 수 있는 곳이었다.

칭기즈칸은 바로 그 자리에 묻혔다. 시신을 옮긴 마차도 칭기즈칸과 함께 묻었다. 비밀리에 매장을 마친 뒤에는 8백명의 기병이 그 땅을 밟아다졌다. 무덤의 흔적을 완전히 지워버렸다. 칭기즈칸의 죽음과 무덤 조성에 대한 이야기들이 어디까지가 진실이고 어디까지가 허구인지 알 길이 없었다. 하지만 확실한 것은 지금도 칭기즈칸의 무덤을 찾지 못했다는 것이다.

칭기즈칸을 비밀리에 묻고 나서 그 주변의 땅을 폐쇄했다. 칭기즈칸의 가족 외에는 아무도 그곳에 들어가지 못했다. 세상의 중심이라고 믿었던 칭기즈칸의 무덤이 있는 그곳을 몽골인들은 신성시했다. 무려 8백년 동안이나 폐쇄되어 있었다. 칭기즈칸의 비밀이 그곳에 묻혀있었다.

칭기즈칸은 한 마디로 설명이 어려운 존재였다. 정복자였고, 야만인이었고, 살육자이기도 했다. 분명한 것은 세상을 하나의 세계로 통합한 영웅이었다. 가난을 딛고 일어섰고, 고난을 견뎌내어 일어섰고, 두려움을 극복하고 칸이 되었다. 가장 강하면서도 낮은 자리를 차지하려고 겸손했으며, 어떠한 이론이나 사상보다 실용적인 사고를 했던 사람이었다. 그는 이 세상의 이론과 논리가 실제 생활에 쓰이기 위해 필요하다는 것을 누구보다도 먼저 알아챈 지도자였다.

몽골인은 과학기술을 창조하지도 못했고, 새로운 사상도 만들지 못했다. 문화적인 재창조도 없었다. 금속을 주조하지도 못했고, 도자기를 만들어내지도 못했다. 그들은 빵을 굽는 방법마저도 알지 못했다. 웅장한 건축물을 지상에 짓지도 않았다. 그럼에도 칭기즈칸이 만든 몽골제국은 어떻게 지상에서 가장 빛나는 황금기를 만들었을까.

　문화와 문화가 만나도록 다리를 놓았다. 칭기즈칸 이전에도 없었던 일이고, 칭기즈칸 이후에도 지구상에 이토록 피가 원활하게 돈 적이 없었다. 동북아의 마지막 땅, 고려에서부터 사막의 나라 이슬람제국까지 길이 열렸다. 거침없이 피가 돌아 거리낌 없이 상인들이 오갈 수 있었다. 문화의 생산자들이 거대한 제국, 몽골제국이 열어준 세상을 자유로이 오가며 문화를 전파했다. 일찍이 없었던 일들이 일어나고 있었다. 상상하기 어려울 만큼 커다란 자유무역지대가 열렸다. 물자가 오고 가고, 상품이 오고 갔다. 문화가 전파되고, 종교가 넘나들었다. 제약이 없었다. 종교적인 자유와 상업적인 자유가 열렸다.

　몽골제국이 이 지상에 가장 많이 만든 구조물은 다리였다. 길이었다. 길은 마을과 마을을 연결해주고, 나라와 나라를 연결해주었다. 물건과 물건이 교환되고, 사람과 사람이 오고 가도록 해주었다. 모든 물품이 오고 갔다. 모든 사람이 오고 갔다. 통행은 더욱 자유로워졌다. 닫힌 곳은 열어주었고, 막힌 곳은 뚫어주었다. 제국을 완성한 몽골인들은 담을 문으로 만든 위대한 역사를 일군 사람들이었다.

　칭기즈칸은 흙벽돌집에 사는 것을 극도로 경계했다. 한곳에 머무르면 망하고, 끝없이 이동하는 자만이 살아남을 수 있다고 했다. 이동하기 위해서 필요한 것은 성과 요새, 도시 같은 큰 건축물이 아니라 끊어진 길을 이어주는 다리였다. 다리를 가장 많이 만든 통치자 중의 한 사람일 것이다. 군대와 물자를 더 빠르게 이동하려면 강을 건너야 하고, 시냇물을 건너야 했다. 칭기즈칸이 점령한 땅에는 바람이 자유로웠다. 사상이 자유로웠고, 종교가 자유로웠다. 그가 다스리는 땅 안에서는 이 땅의 끝에서 저 땅 끝까지 거침없이 갈 수 있었다. 몽골제국에 해를 끼치지 않는 일이라면 사상과 종교와 관습을 그대로 지킬 수 있도록 얽매이지 않았다. 역대 어느 제국보다도 자유로운 사상과 문화의 교류가 있었다.

철저한 실용주의자였던 칭기즈칸은 몽골의 초원을 달리던 자신과 같이 세상을 묶으려 하지 않고 자유로이 풀어놓았다. 칭기즈칸에 의해 길은 열렸고, 강으로 끊어진 길은 다리를 놓아 길을 이었다. 독일의 광부를 중국으로 데려오고, 중국 의사들을 페르시아로 데려갔다. 필요하면 즉시 실행하는 칭기즈칸의 과감한 결단에 의해 닫히고 멈춰섰던 흐름이 활발하게 흘러가기 시작했다.

몽골인들이 즐겨 사용하던 양탄자를 가는 곳마다 보급시켰고, 레몬과 당근을 페르시아에서 중국에 이식했다. 국수, 차를 중국에서 서구로 전했다. 파리의 금속세공 장인을 데려와 몽골의 건조한 초원지대에 분수를 만들었다. 영국의 귀족을 데려와 군대에서 통역으로 일하게 하기도 했다. 제국 내에서 사람들의 이동과 직업에 제한을 두지 않았다. 필요하다면 제국 밖에 있는 사람이라도 제국 내에서 일할 수 있도록 했다. 세상은 개방되었고 활력이 넘쳤다. 직업으로 신분을 나누는 일은 거의 없었다. 기술자들이 득세하고 인정받는 사회적 구조를 만들었다. 중국에는 기독교의 교회가 건립되고, 페르시아에는 절과 탑이 건립되었다. 러시아에서는 이슬람 사원이 건립되었다. 몽골인은 정복자로서 지상을 휩쓸었지만, 문화의 전달자로서의 역할을 어느 제국보다도 잘 수행했다.

칭기즈칸은 그의 개방성과 활달함에 의하여 국제주의적인 열정을 여러 곳에 전파했다. 몽골인은 세계를 정복했고, 지금의 21세기에도 실현하기 쉽지 않은 일을 과감하면서도 단호하게 시행했다. 몽골 전 지역의 자유무역지대, 단일한 국제법, 모든 언어에 사용할 수 있는 보편적인 알파벳에 기초한 세계질서를 만들어냈다. 몽골인은 상인들에 대해 극진한 대우를 했다. 상인들이 요구하는 것들을 만들어주었다. 다리뿐만이 아니라 상업과 외교 범위를 확대하기 위하여 땅과 바다를 가로질러 아프리카까지 탐사대를 보내기도 했다.

칭기즈칸이 동유럽을 점령할 때에 점령지에서 항상 해왔던 것처럼 귀족들은 먼저 처단했다. 그리고 그곳을 점령한 몽골인들은 곧 유럽에 실망했다. 당시에 문명이 앞섰던 중국이나 모슬렘 국가보다 문화나 상품이 볼품이 없었기 때문이었다.

칭기즈칸이 점령한 지역의 주민들은 몽골인의 야만적인 파괴와 정복에 치를 떨었다. 그러나 그들이 통치하고 나서부터 전례 없는 문화교류와 교역이 늘어나 생활수준이 향상되어 오히려 그들의 통치를 반겼다.

제13장

한국, 한국인, 한민족

- ■ 디지털 전사들, 한국인
- ■ 꿈을 펼칠 세상이 기다리고 있다

디지털 전사들, 한국인

    한국인이 가진 자질 중 부지런함과 새로운 것에 도전하는 일에 대해 두려움을 모르는 것은 가히 천부적이다. 우리 몸의 유전인자 속에 담겨있는 불굴의 정신자세가 큰 힘이 될 것이다.

    나라 전체를 붉게 물들였던 한민족의 함성에 나 자신도 참여했음을 인식하라. 나에게도 그러한 열정과 힘이 있는 것이다. 같은 피를 가지고 있다. 열정과 부지런함은 충분하다. 그러면 이제 나는 무슨 일을 할 것인가를 결정하면 된다. 싸움을 잘하고 싸우는 일이 즐겁다면 격투기 선수가 되면 된다. 책 읽기를 즐기고 글을 잘 쓴다면 그 특기를 살리는 길을 찾으면 된다. 무엇을 만들고 부수며 그 일을 즐거워한다면 기술을 익혀 그 길에서 승부를 걸면 된다. 주저없이 달려들 필요가 있다. 사람은 누구나 한 가지 이상을 잘하는 것이 있다. 그 특기를 살려라.

    몽골인이 가진 특별한 능력은 말 타기와 고난 속에서 견디는 일이었다. 이것은 정착하며 살아가는 사람들보다 월등한 능력을 가지고 있었다. 이 두 가지를 가지고 사냥에 나서면 따라올 존재가 없었다. 이 사냥기술이 싸움의 천재를 만들어냈다. 그들은 살아남기 위해서라면 어떤 일이든지 망설이지 않고 했다. 세상에 목숨보다 중요한 것은 어디에도 없었기 때문이다. 그래서 그들의 집합체인 부족은 생활공동체이자 동시에 군사공동체였다. 명령에 절대적으로 따라야 하는 것이 그들의 오래된 관습이었다. 그들은 전쟁에 나서면 모든 것을 걸었다. 모두가 그 싸움에 전력투구하지 않으면 온전치 않았다.

전쟁에 이기면 승자로서 패자의 모든 것을 가질 수 있었다. 그러나 반대로 패하면 모든 것을 잃었다. 패한 쪽은 남녀노소의 구분없이 모두 노예가 되거나 아니면 죽임을 당하거나 했다. 노예의 자식은 노예였고, 승자의 자식은 언제나 노예의 위에 있었다. 치욕적인 삶을 살지 않으려면 싸워야 했다.

몽골인들은 타고난 싸움꾼인 셈이다. 모두가 싸울 줄 아는 전사였다. 정착민들에게서 기병은 특수부대 격인데 그들은 모두가 기병으로 특수부대인 셈이었다. 그리고 남녀노소 할 것 없이 그들은 옮겨 다니며 살았기에 전쟁을 수행하는 것은 일상생활과 별다를 것이 없었다. 정착민에게는 집을 옮기는 것이 두려움의 대상이지만 유목민에게 있어서의 이동은 자연스러운 일이었다. 그리고 그들은 자신들을 경량화하는 방법에 익숙해져 있었다.

우리의 입장이나 환경과 유사한 점이 있었다. 한국을 평한 내용을 보면 수긍이 간다. 모건스탠리사의 앤디 시에 분석가는 2005년, '올해는 한국의 해'로 드러났다고 긍정 평가하고 중국이 따라

가야 할 모델이라고 강력하게 추천했다. 시에는 세계 투자자들이 중국과 인도에 초점을 맞추었으나 지나고 보니 한국의 해로 판명 났다며 증시와 외환 모두 강세를 보이고 경제는 개발도상에서 선진국으로 넘어가는 듯 보인다고 지적했다. 시에의 평 중에 우리에게 울림을 주는 한 마디를 소개한다. 한국을 평한 그의 말은 전체를 한 마디로 아우르는 간결함에 힘이 있다.

> 한국은 작은 나라, 큰 사업(small country, big businesses)이라는 전략의 성공으로 보인다. 반대로 중국은 큰 나라, 작은 사업(big country, small businesses)에 잡혀 있어 한국에 뒤질 수밖에 없다.

그러면서 시에는 특히 안정성과 분권화 그리고 건전한 금융시스템 및 경쟁력을 갖춘 기업체질이야말로 중국이 배워야 할 모델이라고 강조했다. 그러나 버블 가능성을 한국의 최대 위험요소로 꼽았다.

우리의 무기는 역시 속도와 작은 고추의 매운 맛에 있다. 그 숨은 성격은 어디에서나 나타나기 마련이다.

몽골의 푸른 전사들이 그랬다. 그들은 언제나 적보다 빨랐다. 개인의 강인함이 칭기즈칸이라는 걸출한 인물에 의해 통합되면서 그 힘은 발휘되었다. 푸른군대가 가진 경쟁력은 기동성이었다. 21세기 들어 속도의 중요성을 유독 강조한다. 하지만 그들은 8백년 전에 이미 속도의 중요성을 익혔다. 그들에게는 일상이었지만 정착하며 살아가는 사람들에게는 그들은 귀신과 같은 존재였다. 누가 어디에서 와 자신을 공격하고 갔는지를 몰랐다. 공격을 당하고도 그들의 실체를 파악하지 못했다. 그들이 바람처럼 왔다가 먼지를 휘날리며 사라지고 나서야 자신들이 졌음을 알았다.

세계를 정복한 몽골의 푸른군대 20만 명 가운데 순수 몽골인은 10만 명이었다고 한다. 인류역사상 이처럼 적은 수로 이처럼 넓은 면적을 정복한 경우는 다시는 있을 수 없을 것이다. 어떤 학자는 이것을 신화일지도 모른다고 했다. 그만큼 상상을 초월하는 경이적인 현상이었다. 한국인은 5천만이다. 한국인에게는 남들이 가지지 못한 결속력과 투지가 있다.

한국인의 그 빠른 성격은 아무도 못 말린다. '빨리빨리'가 세계의 유행어가 될지도 모른다. 이 조급함에 가까운 성격은 국가의 원동력이 되고 있다. 그리고 이 성격은 컴퓨터를 다루는 사람들에게는 아주 적합한 성격이다. 요즘은 정보의 세계다. 이 정보를 가장 빠르게 알 수 있는 것이 컴퓨터이기 때문이다. 컴퓨터 환경은 세계 어느 나라에 내어놓아도 지지 않는다. 이제는 그것이 힘이다. 게임을 하면서 전자전에서 이길 수 있다. 요즘의 전쟁은 모두가 게임과 별로 다르지 않다. 비행기나 미사일 같은 것들을 보라. 무엇으로 운전하고 조작하는가. 다 게임과 별반 다르지 않은 조작체계를 가지고 있다.

몽골인들이 말을 이용한 사냥을 통해서, 유목을 통해서 세계를 제패했듯이 부지런한 한국인들은 컴퓨터를 통해서, 위기 때 뭉치는 그 응집력을 통해서 세계로 달려나가고 있다.

그리고 그 힘은 서서히 불이 붙을 것이다. 그러한 정신으로 자신의 특기를 살려 자신만이 할 수 있는 것을 찾아야 한다. 창업이란 사업만을 이야기하는 것이 아니다. 다시 말하지만, 자신의 특기인 그림을 그리는 일에 몰두할 수 있도록 주변 여건을 만들어 놓으면 그것이 창업이다. 거기에는 생업과 연결하는 기법이 필요하다. 예를 들어 액세서리를 만드는 것이 재미있다면 그것을 만들고 팔 수 있는 판로를 개척해 내는 것이 필요하다. 부모나 가족에게 의존하면서 자신이 하고 싶은 일을 하는 것은 독립하지 못하는 절름발이가 될 수 있다.

평생을 혼자 살겠다면 상관없지만 결혼을 하고 가족이 있다면 자신이 하고 싶은 일을 하기가 쉽지 않다. 그것은 경제와 연결하지 못한 잘못이 있는 것이다. 음악을 하려면 음악이 최소한의 돈이 되는 방법부터 찾고 나서 그 일에 몰두해야 한다. 그렇지 않으면 그 일을 지속할 수 없다. 이 세상은 누가 도와주지 않는다. 자신이 극복하고 만들어나가야 한다. 부모의 재산에 빌붙지 말고 스무살이 넘었으면 부모의 보살핌에서 스스로 벗어나라. 스무살이 넘어서도 부모의 그늘에 있다면 거지나 다름없다. 부모가 필요해서 도와달라는 것이 아니라면 라면을 먹으며 살더라도 부모 밑으로 들어가지 마라.

중국의 면적이 대략 959만 ㎢이고 러시아가 1,707만 ㎢다. 남한의 국토면적이 10만㎢ 정도, 국토의 면적을 우리와 비교하면 러시아는 170배, 중국은 대략 100배가 된다고 할 수 있다. 인구는 중국이 13억 정도이고 우리는 5천만 정도이다. 헌데 2004년 기준 중국의 경제규모가 1조3천7백억이고 우리는 6천4백억 정도 된다. 면적은 100배, 인구는 26배가 넘는데 비해 경제규모는 2배이다. 바로 현재의 비교수치가 아니다 하더라도 한국인의 저력은 무한하다. 달려가는 민족이다. 남과 북이 다시 만나면 크게 일어설 수 있는 기반이 될 것이다. 작지만 위대한 민족이다.

앞으로 이 수치는 중국의 양적인 팽창에 의해 줄어들겠지만, 한국인의 저력은 진정 크다. 작은나라에서 이만한 힘은 어디에서 오는가를 생각해 보라. 우리는 지금 어렵지만 분명히 다시 일어설 힘을 가지고 있다. 그리고 첨단산업은 우리에게 한 발짝 가까이 다가와 있다. 한국인은 남들이 하지 못한 일을 해왔고 앞으로도 할 수 있을 것이다.

한국인 하나하나가 붉은 전사다. 이제 창조적 개성으로 가는 세계로 달려가는 데에는 한국인의 자질만큼 적합한 민족은 드물다. 군대시절 변소에 적힌 글을 나는 지금도 기억한다. 지금은 환경이 바뀌었을지 몰라도 그때는 양변기가 있는 화장실이 아닌 그야말로 변소였다. 변을 보러 앉으면 바로 눈앞에 보이는 낙서가 늘 있었다. 지워도 금세 새로운 글이 적힌다. 그곳은 개인장소이고 은밀해서 별의 별 내용이 다 적힌다. 그 힘든 훈련병 시절 나를 위로해 주던 글이 있었다.

참고 참아라, 그리고 참아라. 그래도 참을 수 없으면 한번 더 참아라.

이 글은 군대 생활 내내 나를 위로해 주었다. 지금도 어려울 때면 그 글을 생각한다. 몽골의 초원도 살기 어렵고 척박한 곳이지만 한국이란 나라도 살기 어려운 나라 중 하나다. 작은 면적에 상대적으로 많은 사람이 살고 자원은 없다. 이곳에서 살아남는 사람은 어느 나라에 가도 잘 적응할 수 있다. 중국인들에게 화교가 있다면 한국인들에게는 한민족이란 동질의 피를 가진 사람들이 있다. 세계 곳곳에 퍼져 있다. 유대인이나 중국인들보다 우리 교민이 더 많은 나라에 나가 살고있다고 한다.

세계를 향해 나가는데 큰 힘이 된다. 같은 언어와 문화를 가진 민족 동질성이라는 힘을 충분히 발휘할 기회를 잡아야 한다. 그들이 길을 열어 줄 수 있을 것이다. 한국인에게 치명적인 약점 중 하나인 언어를 극복해 줄 수 있을 것이다. 좁은 국토에 우리만의 언어를 가진 것이 자랑이기도 하지만 한국을 벗어나면 고립될 수밖에 없는 약점을 가지고 있다. 영어를 하면 활동하는데 큰 지장은 없지만 오지에서 같은 한국인을 만나 도움을 받을 수 있다는 것은 커다란 힘이 될 것이다. 그들은 동질성 위에서 문화와 사업의 동반자가 될 수 있을 것이다. 잘 활용하면 서로에게 큰 힘이 될 것이 틀림없다.

세계 한민족 현황을 보면 172개 국가, 약 700만 명으로 추산된다.

세계한민족축전은 지난 1989년부터 지금까지 계속 치러지고 있다. 세계 각국 재외동포들이 축전참여를 통해 한민족으로서의 자긍심을 고취하고 동질성을 회복하는 한편 남북한 평화통일에 이바지하는 것을 주목적으로 하고 있다. 앞으로 세계한민족축전 제주 개최가 상설화될 것으로 전망된다.

한국인 이민의 역사가 그리 길지 않아 이민에 의한 교민들이 지금은 그리 큰 힘이 되지 않지만, 잠재적으로 172개 국가에 700만이라는 숫자는 대단한 힘이 될 것이다. 이들을 국가에서 민간외교관으로 파견한다고 생각해 보라. 얼마나 큰 비용과 시간이 필요한가를. 한 사람을 교육하고 그 나라의 문화와 관습을 이해하는데 한, 두 달의 교육으로는 이루어질 수 없다. 더구나 사람을 사귀고 그들 속을 파고들어 정을 나누는 단계가 되려면 더 많은 시간과 경비가 들 것이다. 그들은 진정 우리 편에 설 수 있는 사람들이다. 몸은 비록 떠나있지만 한민족의 피와 한민족의 감성을 이해하고 또한 가진 사람들이다.

우리가 끌어안으면 다른 나라에 따로 살아도 진정한 한민족이란 공감대를 가지고 한국의 문화와 경제의 파수꾼 구실을 할 것이다. 우리가 먼저 할 일은 경제적 지원과 함께 그들에게 임무를 주어 한국이 세계로 나가는 전진기지로써 활용할 수 있고, 그들은 고국의 도움으로 사업을 연결할 수도 있다. 정부에서는 한국의 문화에 대한 자료를 만들고 그들의 도움으로 번역을 해 나라마다

고유의 특성을 파악해 한민족의 문화를 전파할 수 있을 것이다.

세계로 뻗어 가는 이 한민족의 잔치에 사물놀이가 울려 퍼지면 감격스러울 것이다. 타악기만으로 이루어진 사물놀이는 잔치판에 가장 잘 어울리는 악기다. 사물은 말 그대로 네 가지 물건이다. 그 네 가지 물건, 즉 기물은 꽹과리, 장구, 북, 징이다. 두드리면 울리는 이들의 큰 울림이 한민족의 잔치에 빛날 것이다. 한민족의 문화는 단순미를 가졌으면서도 자연과 어우러지면 큰 힘을 발휘하는 특성이 있다.

꿈을 펼칠 세상이 기다리고 있다

한국 사람들의 행동은 대단히 민첩하다. 인터넷으로 무장하고 전 세계에 흩어져 있는 교포들과 연결한다면 21세기의 '사이버 부족(cybertribe)'이 탄생할 것이다.

이 말을 한 토머스 프리드먼은 디지털에 강한 한국인을 사이버 부족이라고 하면서 한민족의 번영을 예측했다. 그러나 그는 우리의 핏속에 유목민의 피가 흐르는 것을 알지 못했다. 그랬음에도 간결하면서도 핵심적인 말로 우리 민족의 특성을 짚어냈다.

우리 민족은 유목의 근성과 기마민족의 기질을 여전히 피에 지니고 있다. 아이들의 엉덩이에 선명하게 남아있는 몽고반점이 이를 증명한다. 그 근성과 기질이 부지런하고 새로운 것에 도전하는 정신으로 나타나고 있다.

더구나 우리 민족에게 속도의 개념은 타의 추종을 불허한다. 잘

되어 가는 일에 '빨리빨리'를 연발하는 것에서도 볼 수 있다. 우리 민족의 피 속에는 '대충대충'이라고 하는 나쁜 기질이 있다고 하는데 절대 그렇지 않다. 꼼꼼하게 해야 할 일과 설렁설렁 해도 되는 일을 구분할 줄 아는 민족이다. 우리가 수출전선에서 기세를 올리는 것들이 '설렁설렁'과 '대충대충'으로 되는 것들이 어디 있는가, 확인해 보라. 반도체와 전자, 조선, 자동차 제조 등이 그저 그렇게 얼렁뚱땅 해 넘길 수 있는 것들인가 보라. 모두가 꼼꼼하고 정밀해야만 되는 산업들이다.

우리는 어느 민족보다 적응 능력이 탁월한 민족이다. 세계의 민족 중 가장 많은 나라에 이민자가 진출해 있고, 각국에서 나름대로 성공을 이루며 살아가고 있는 민족이다.

찰스 다윈은 『종의 기원』에서 지구상에 살아남을 종족을 설명하며 마지막까지 살아남을 종족은 어떤 종류의 종족인가에 대해 말한 바 있다. 이 세상을 살아가면서 마지막에 성공을 외칠 수 있는 사람이 누구인가에 대해서도 그의 말은 시사하는 바가 크다.

지구상에 마지막까지 살아남을 좋은 가장 힘센 종도, 가장 머리가 좋은 종도 아니다. 환경변화에 가장 잘 적응하는 종이다.

변종 출현과 자연선택을 양대 축으로 하는 진화론은 우리에게 변화하려는 열정이 안정을 추구하는 것보다 살아남을 수 있다는 진리를 새삼 일깨워준다. 인생의 날 중 맑은 날만을 고집하면 사막이 된다. 흐린 날이 많은 곳은 울창한 밀림이지만, 맑은 날이 계속 되는 곳은 사막이 된다. 인생의 성공은 맑은 날로 만들어지는 것이 아니라 고난으로 점철된 흐린 날로 만들어진다. 고난을 두려워하면 아무것도 이루어 낼 수 없다. 성공은 고난을 넘어선 곳에서 기다리고 있다. 아무나 성공할 수 없는 것은 이 때문이다.

인생은 경쟁이다. 경쟁 사회에서 살아남기 위해서는 땀 흘리고 노력해야 한다. 자신이 없다면 이 경쟁의 길에서 벗어나 전혀 다른 길로 들어가 승려나 수도자 또는 자선 사업가가 되면 된다. 활력이 넘치는 한국민에게 기회는 오고 있다. 그러나 시련도 있을 것이다. 그럼에도 살아남는 민족으로서 굳건할 것을 믿는다. 속도는 디지털 시대의 최고의 덕목으로 우리는 정보인프라 구축에 상대적으로 유리한 고지를 점하고 있다. 사이버 부족으로서 진군하는 한민족은 충만한 열정으로 세계 곳곳으로 퍼져나가고 있다.

임진왜란이 오기 전에 '10만 양병론'을 강하게 주장했던 율곡, 이이처럼 우리도 새롭게 전투할 수 있는 '10만 디지털 전사'를 양성하여 세계정복의 길로 나서야 한다. 역사상 지금처럼 활력이 넘치는 적이 없었다. 총과 칼로 싸우던 시대는 지났다. 모든 것이 디지털화되고 있다. 몽골인이 전통적으로 상인을 존중했듯이 우리도 기업을 경영하는 사람들을 뒤에서 적극적으로 도와야 한다. 딴죽거는 정부가 아니라 앞서서 길을 터주는 역할을 담당해야 한다. 앞으로 정부의 역할은 치안과 안보만 책임지는 역할로 축소될 것이다. 기업의 상업활동이 한 나라를 죽이고 살릴 수 있는 중요한 구실을 하게 될 것이다.

경제가 더 비중 있게 다뤄질 것이고 상거래는 더욱 활발해질 것이다. 다양성을 인정하는 열린 마음으로 대화하고 대립을 줄이는 것이 급한 일이다. 분열의 정치를 통합의 정치로 이끌 지도자를 찾아야 한다. 원대한 이상과 실천력이 있는 지도자가 이 땅에 출현할 것을 믿는다. 우리가 처해 있는 갈등을 성장통으로 승화하여 재도약에 대한 사회적 합의를 끌어내야 한다.

창조적 공존으로 나아가야 한다. 한국사회를 흔드는 좌, 우 또는 보수와 개혁의 갈등도 찰스 다윈의 진화론적 관점에서 보면 한국사회의 이념에 다양성을 더해 가는 과정이다. 대립의 시간이 화합의 장으로 바뀌고, 갈등도 성장을 위한 진통이라고 긍정적으로 보게 될 것이다.

우리는 다시 한 번 칭기즈칸에게서 배울 것이 있다. 대자사크에 전하는 '윗사람이 말하기 전에 입을 열지마라. 자신과 다른 말을 들으면 자신의 의견과 잘 비교하라.' 라는 그의 말에 다시 한 번 귀 기울여 본다.

지금의 전쟁은 좌·우 또는 보수와 개혁의 갈등보다는 세대 간의 갈등이 더 두렵다. 어느 시대에나 세대 간의 갈등은 있었다. 변화하는 사회에서 이러한 일은 너무나 당연한 일이다. 지금의 변화는 세기적인 변화이다. 노력하며 따라가기에도 바쁜 변화의 속도를 가지고 있다. 이를 극복하는 첫걸음은 서로 만나 대화하는 일이다. 다름을 인정하는 것이 필요한 시대다. 생각이 다른 것을 받아들여야 한다. 우리는 이제 민주주의의 이념을 실천하는 것에 많이 길들여져 있다. 진정 마음을 연다면 그 자체로 대부분의 오해는 녹아내린다. 각자 딛고 선 기반이 서로 달라 도저히 포기하거나 포용할 수 없는 사안이 있다면 협상하고 타협하면 된다.

전쟁의 폐허를 딛고, 수출입국을 외치며 산업화로 달려온 한국인들. 땀과 헌신적인 노력으로 가난을 극복했던 기성세대와 인터넷과 함께 새로운 시대를 열어가는 디지털세대의 상생적 공생이 그립다.

어린애가 일어나 걸으려면 수천 번 넘어져야 한다. 한 번 넘어져 머리를 다쳤다고 평생 주저앉은 채 살아갈 수는 없는 일이다. 인생은 반복적으로 넘어지는 자신을 일으켜 세우는 작업이다. 사람의 모습을 가만히 살펴보라. 우리 몸의 구조를 뜯어보면 우리가 이 지구상에서 일어서서 살아가는 것이 얼마나 대견한지 모른다.

역사상 어느 때도 지금처럼 우리의 에너지가 충만한 적은 없었다. 시중에는 수백조 원에 달하는 투자재원이 쌓여 있고, 매년 수만 명에 이르는 고급 인력들이 양산되고 있으며, 디지털 분야에서 국제적 차원의 신제품 실험장으로 부상하는 등 한국의 잠재력은 우리 자신의 느낌보다 훨씬 더 강력하다.

재도약에 대한 사회적 합의를 이끌어내고 힘의 추진력을 모아간다면 우리에게도 창조적 공존, 나아가 선진화를 이룰 기회의 창이 활짝 열려 있다.

우리나라 사람들은 묘한 특성이 있다. 택시를 타거나, 모임에서나, 강연장에 가서 보면 정부에 대해 상당히 비판적이다. 그럼에도 정부의 정책이 공표되면 비교적 잘 따른다는 것이다. 어떤 사람이 '한국이 발전하지 못한다고 하면 세계 어느 나라가 발전할 수 있단 말인가.' 라고 반문하는 것을 본 적이 있다. 거의 일 중

독에 빠진 사람처럼 열심히 일하면서도 발전하지 못한다면 다른 무엇이 한참이나 잘못되었다는 논리였다. 만약 그렇다면 사람이 문제가 아니라 정책이나 방향을 잘못잡고 있다는 것으로 들렸다. 우리나라는 나라가 흔들릴 만큼 혼란스럽고 어려울 때도 경제는 상승곡선을 그려왔다. 한 마디로 정부가 잘해서라기보다는 국민성이 근면하고 창조적이었기 때문이라고 할 수 있다.

한국사회는 민주화 시기를 거치며 다양성을 상당 부분 확보했다. 상대방을 인정하고 귀와 가슴을 여는 개방성과 사회적 신뢰도 상당 부분 개선되었다. 지금 한국을 '비타협 대결게임'으로 치닫게 하는 것은 다름 아닌 정책의 문제이지 국민성의 문제가 아니다. 모든 정치는 화합을 근간으로 한다.

이제는 통합의 정치를 이끌어낼 지도자가 필요하다. 미래의 비전을 이끌 지도자가 필요하다. 한국사회는 역사적으로 고난을 운명적으로 받아들이며 살아왔다. 그러나 근대에 들어와서는 새로운 성공 체험과 방법을 축적해왔다.

우리는 타고난 신명과 흥을 가진 민족이다. 예술적인 끼도 타고난 민족이다. 이 신명과 끼를 살려주는 것은 어려운 일이 아니다. 자율성과 함께 기분을 북돋아주면 저절로 즐겁게 일하는 민족이다.

우린 민족은 열린 사고를 지녔다. 역사적으로 외래종교가 들어올 때도 거부하지 않았다. 불교는 토속종교와 어깨를 나란히 하고 지금까지 발전해 왔다. 기독교가 자생적으로 전도된 나라도 지구상에 우리나라 외에는 없다고 한다. 그만큼 외래문물에 대해 거부반응이 적은 나라다. 이것이 힘이 되고 발전의 원동력이 될 것이다.

이질적인 종교들이 한자리에서 오순도순 즐거운 나라가 될 수 있을 것이다. 김수환 추기경과 법정스님이 만난 자리가 화기애애했듯 종교간 서로 화합의 손을 잡는 순간에 웃음꽃은 피어날 것이다. 이덕일 한가람 역사문화연구소장이 우리나라의 종교문제에 대해 한 말은 의미심장하다.

> 다양한 종교가 존재하는 한국에서 종교적 갈등이 없다는 것은 세계적으로 놀라운 일이다. 창조적 공존을 도모할 만한 열린 사고의 인자들이 있다는 증거다.

변화는 선택이 아니라 필수다. 또한, 전략은 미래를 만드는 핵심 요소다. 좋은 전략을 사용하면 조직의 성공을 가져올 수 있고, 전략이 빈곤하거나 없다면 그 기업은 실패로 치달을 수밖에 없다. 그만큼 전략적 사고와 기획은 의사결정자인 지도자에게 중요하다.

전략은 경영의 핵심 영역에서 무엇을 달성해야 하는지 정확히 규정하는 데서 시작한다. 이렇듯 평가 가능한 구체적인 목표를 정하는 것이 경쟁우위를 확보하게 되는 첫걸음이다. 그렇다면 기업에 필요한 구체적인 경쟁우위는 무엇인가. 첫번째는 효율적인 운영이며 두번째는 품질 높은 제품과 서비스 생산을 가능하게 하는 혁신적인 기술을 사용하는 것이다. 마지막은 고객들과 가까워지는 것이다. 마지막으로 꼽은 고객은 출발역에서 종착역까지 가지고 가야 할 승차표와 같은 것이다. 표를 잃어버리면 다시 구입해야 하듯 원점으로 돌아가 다시 시작해야 한다.

한국인이여, 좁은 협곡에서 나와 넓은 들판으로 나가자. 들판은 사방이 트여있다. 광활한 들판을 달릴 수 있는 기질을 가진 우리는 유목민의 뿌리를 가지고 태어났다. 기질적으로 우리는 거친 야생마다. 들판을 달려야 가슴에 뭉친 것이 풀리는 야생마다. 부지런하고 창조적인 우리 민족은 사이버 부족이라는 이름을 명명 받기도 했다. 이 시대에 적응하면서 미래로 나아가는 문을 활짝 열고 우리는 디지털 전사로 달려나가야 한다. 그리하면 디지털 야생마는 세계를 무대로 거칠게 달릴 것이다. 그 동안 갇혀 있던 국토가 인터넷 세상으로 활짝 열리고 있음을 보았다. 눈물은 일하다 보면 마른다. 새로운 일에 매달리다 보면 웃음이 나온다. 성취가 주는 기쁨이 크기 때문이다.

아무리 세상이 힘들게 만들어도 가지고 갈 것은 가지고 가야 한다. 성취가 주는 기쁨이 아무리 크다 해도 가슴에 품고 가야할 것이 있다. 두 가지를 권하고 싶다. 어떠한 일이 힘들다 해도 이것만은 놓치지 말고 달렸으면 하는 바람이다. 하나는 희망이요 또 다른 하나는 사랑이다. 가장 쓰라린 곤경에 처해 있어도 살아가게 하는 힘이 되어주는 희망이다. 희망은 삶을 따뜻하게 만든다. 또한 자신과 타인이 만나는 연결고리를 제공해주는 사랑을 가슴에 품고 넓은 세계로 나아가야 한다. 사랑과 희망을 가슴에 품고 드넓은 들판으로 달려나가는 디지털의 야생마로 만나자. 인생은 창조다. 디지털의 전사들이여, 영원하라.

칭기즈칸의 말이 하늘을 울리고 있다. 천둥처럼 자신을 울려보라.

적은 밖에 있는 것이 아니라 내 안에 있었다. 나는 내게 거추장스러운 것은 깡그리 쓸어버렸다. 나를 극복하자, 나는 테무친이라는 이름 대신 칭기즈칸이 되었다.

| 성훈 聖訓 |

1

부모의 충고에 귀 기울이지 않는 자식들, 형들의 말에 주의를 기울이지 않는 동생들, 부인을 신뢰하지 않는 남편, 남편의 지시에 따르지 않는 부인, 며느리를 괴롭히는 시어머니, 시어머니를 공경하지 않는 며느리, 어린애들을 보호하지 않는 어른들, 연장자의 충고를 받아들이지 않는 연소자, 종들의 마음을 멀리하는 대인들, 외부인을 맞아 주지 않는 사람, 나라의 백성을 구휼하고 강화시켜 주지 않고 법령과 규범과 현명한 방도를 받아들이지 않는 사람들이 있다면, 그러한 반목으로 말미암아 도둑과 사기꾼과 반도와 불법자들이 창궐하고 그들은 노략질을 당할 것이다. 그들의 말과 가축은 휴식을 취하지 못하고 전쟁 시 선봉에 세워 타고 다니던 말들이 안식을 얻지 못해, 마침내 그 말들은 버려지고 쇠약해져 죽고 말 것이다. 이러한 종족은 혼란되고 우둔하다.

2

이후로 태어날 나의 후손들 가운데 많은 군주가 나올 것이다. 만일 그들을 위해 일하는 대인들과 용사들과 아미르들이 법령을 굳게 준수하지 않는다면, 군주의 일은 쇠퇴하고 단절되어 버릴 것이다. 그들은 칭기즈칸을 찾으려고 하겠지만 찾지 못할 것이다.

3

한 해의 처음과 마지막에 와서 성훈을 듣고 다시 돌아가는 만호
장과 천호장들은 군대의 지휘관을 할만하다. 그러나 자기 목지에
앉아서 성훈을 듣지 않는 사람들은 마치 깊은 물에 던져진 돌덩이
와 같고, 갈대숲 속으로 날아가 사라진 화살과 같으니, 그런 사람
들은 수령이 되기에 적합지 않다.

4

자신의 집을 올바르게 정돈할 수 있는 사람은 누구나 나라를 올바
르게 정돈할 수 있다. 또한, 십호를 규정된 바에 따라 다스릴 수
있는 사람이라면 누구라도 천호와 만호를 그에게 맡겨도 좋은 것
이니, 그는 그것들을 능히 다스릴 수 있을 것이다.

5

자신의 내면을 깨끗이 할 수 있는 사람은 누구나 왕국에서 악을
없앨 수 있다.

6

자기 휘하의 십호를 다스릴 능력이 없는 아미르가 있다면 그를
부인과 자식과 함께 처벌하고, 그의 십호 가운데 한 사람을 아미
르로 선발하라. 백호와 천호와 만호장의 경우도 마찬가지이다.

7

현명한 세 사람이 동의하는 말이라면 어느 곳에서든지 그 말을 다

시 해도 괜찮다. 그렇지 않다면 그 말에 대해서 신임할 수 없다. 너 자신의 말과 다른 사람의 말을 현명한 사람들의 말과 비교해 보도록 하라. 만일 서로 일치한다면 말해도 좋으나 그렇지 않다면 어떤 것도 말해서는 안 된다.

8

대인을 찾아가는 사람은 그 대인이 질문하기 전에는 어떠한 말도 하지 마라. 그 질문에 따라서 적절한 답변을 해라. 만일 그가 묻기 전에 말했을 때 대인이 듣는다면 상관없다. 그렇지 않다면 그런 말은 차가운 쇠를 두드리는 것이나 마찬가지이다.

9

살이 쪘을 때는 물론 반쯤 살이 쪘거나 말랐을 때도 잘 달리는 말이라야 좋은 말이라고 할만하다. 그러나 이 세 가지 경우 중에 한 경우에만 잘 달린다면, 그 말은 좋은 말이라고 할 수 없다.

10

지휘관을 하는 대아미르들은 물론 모든 군사가 사냥을 나갈 때 자기 이름들을 분명히 정하는 것처럼 전쟁에 나설 때도 각자 자신의 이름과 함성을 분명히 하라. 늘 지고한 신께 좋은 기도를 올리고 마음을 그 분께 의탁하라. 모든 방면에 질서가 잡히기를 희망하여, 오래된 신의 힘으로 사방을 모두 장악할 수 있도록 하라.

11

사람들 사이에 있을 때는 마치 잘 기른 송아지처럼 말없이 있어야 하고, 전투를 할 때는 마치 사냥터에서 먹이를 쫓는 굶주린 매처럼 앞장서야 한다.

12

어떠한 말을 하더라도 그 말이 옳은지 생각해 보라. 한번 내뱉은 말은 심각하게 말했든 아니면 장난기로 말했든 다시 주워 담을 수 없기 때문이다.

13

남편은 스스로 모든 곳에 모습을 보이는 태양과 같은 존재가 아니다. 아내는 남편이 사냥이나 전쟁하러 나갔을 때 집을 정돈하고 장식하고 있어야 한다. 그래서 사신이나 손님이 집에 머물면, 모든 것이 정돈된 것을 볼 수 있도록 하고 좋은 음식을 만들어 손님의 필요를 만족시킬 수 있어야 한다. 그렇게 함으로써 남편의 좋은 이름이 퍼지고 그의 명성이 높아져, 집회나 모임에서 마치 산처럼 고개를 쳐들 수 있어야 한다. 남편의 미덕은 아내의 미덕을 통해서 가능하다. 만일 아내가 나쁘고 못된 사람이라면, 그로 말미암아 남편도 무도하고 엉터리라고 알려질 것이다. 다음과 같은 한 줄의 유명한 격언이 있다. '집 안에서는 모든 것이 그 주인을 닮는다.

14

혼란이 있을 때는 카타킨 종족의 다르가이가 했던 것처럼 행동해야 한다. 한창 혼란스러웠을 때 그에게는 두 명의 동지가 있었는데, 멀리서 두 명의 기병을 보았다. 너커르들이 말하기를, '우리는 세 명이니 그들을 공격합시다.' 라고 했다. 그러자 그는 '우리가 그들을 본 것처럼 그들도 우리를 보았을 것이니 공격해서는 안 된다.'고 말하고는, 채찍으로 말을 치면서 도망갔다. 나중에 밝혀진 사실인데, 그 두 사람 가운데 하나가 타타르 종족 출신의 티무리 부하였고, 그는 500명에 가까운 너커르들을 계곡에 매복시켜 놓은 채 자신의 모습을 내보여, 세 명의 기병들이 그를 공격해 오면 도망쳐 매복한 곳까지 간 뒤에, 너커르들의 도움으로 그들을 잡으려고 했던 것이다. 다르가이는 이런 의도를 알아차리고 도망쳤고, 그 부근에 20명의 너커르들이 있었는데 그들과 합류하여 모두를 데리고 밖으로 나왔다. 이 일화가 깨우쳐 주는 것은 어떤 일을 할 때는 경계와 판단이 중요하다는 사실이다.

15

우리는 사냥에 나가서 수많은 들소를 잡고, 군대와 함께 원정에 나서서는 수많은 적을 파멸시킨다. 지고한 신께서 우리에게 길을 열어 주실 때, 그러한 일들이 가능하다. 그러나 사람들이 이 점을 망각하고 다르게 생각한다.

16

예순베이와 같이 강한 용사는 아무도 없을 것이며, 그와 같은 재주를 가진 사람은 어디에도 없다. 그러나 그는 행군이 가져다주는 고통을 겪지 않았고 갈증이나 배고픔에 대해서도 알지 못하기 때문에, 그와 함께 있는 다른 너커르들이나 병사들도 자기처럼 고난을 견뎌 내리라고 생각하지만, 그들은 그것을 감내하지 못한다. 이런 까닭에 그 같은 사람은 군대의 지휘관으로는 적합하지 못하다. 군대의 지휘관이 될 만한 사람은 스스로 배고픔과 갈증을 체험했기 때문에 그것을 통해서 다른 사람의 상태를 알 수 있는 사람이어야 한다. 또한, 행군할 때는 보조를 맞추어서 병사들이 배고픔이나 갈증을 느끼거나 가축들이 피로해지지 않도록 하는 사람이어야 한다. '너희 가운데 가장 약한 사람의 행보에 맞추어 행군하라!' 라는 속담은 바로 이를 두고 하는 말이다.

17

오르탁 상인들이 금실로 짠 옷감과 좋은 진귀한 물품들을 갖고 와서 그러한 상품과 직물들을 판매하는 것에 대해 대단히 자신만만한 것처럼, 군대의 아미르들도 자기 자식들에게 활쏘기와 말 타기와 씨름을 잘 가르치고 이러한 것들에 관해 시험을 치게 함으로써 그들을 담대하고 용맹하게 만들어야 한다. 그래서 마치 오르탁 상인들이 자신만만한 것처럼 그들도 이러한 기술을 숙지하게 해야 할 것이다.

18

우리가 죽고 난 뒤에 우리의 후손들은 금실로 짠 외투를 입고, 기름지고 달콤한 음식을 먹고, 잘생긴 말들을 타고 다니며, 예쁜 부인을 들일 것이다. 그들은 그러한 풍요로움이 '우리의 부친들과 형들이 모아 놓은 것이다.'라고 말하지 않아서는 안 되고, 우리와 이 위대한 시대를 망각해서는 안 된다.

19

술과 다라순에 취한 사람은 장님과 마찬가지여서 아무것도 볼 수 없고, 불러도 듣지 못하는 귀머거리가 되어 그에게 말을 해도 대답을 할 수 없다. 술에 취한 사람은 죽은 것이나 다름없는 상태이기 때문에, 똑바로 앉으려고 해도 할 수 없다. 그는 마치 머리에 타격을 받아 상처를 입고 어지럽거나 혼미해진 것과 같다. 술과 다라순에 빠지면 지혜와 이성과 기술이 없어지고, 좋은 행동과 품성도 잃어버린다. 그런 사람은 악행을 저지르고 살인을 하며 다툼을 일으킨다. 술은 어떤 지식을 갖고 있고, 또 어떤 기술을 아는 사람에게서 그런 것들을 빼앗아 버리고, 그가 가는 길이나 하는 일을 가로막아 버린다. 지식과 기술 이 두 가지를 잃어버리는 것은 마치 음식과 산해진미를 불에 집어넣고 물에 던져 버리는 것과 같다. 술과 다라순에 탐닉하는 군주는 큰일을 할 수 없고, 성훈들과 중요한 규범들을 감당할 수 없다. 또한, 술과 다라순에 탐닉하는 아미르는 천호와 백호와 십호의 사무를 처리할 수 없으며 임무를 완료하지 못한다. 시위를 맡은 사람이 술 마시는 데 탐닉하면 큰 어려움에 봉착할 것이니, 즉 커다란 재앙을 맞을 것이다. 평민들이 술과 다라순에 탐닉하면 말과 가축과 소유한 모든 것들을 잃어버리고 파산할 것이다. 하인들이 술에 탐닉하면 매일같이 고통과 혼란을 겪을 것이다. 이 술과 다라순은 사람을 취하게 하여 얼굴도 마음도 사물을 제대로 보지 못하고, 좋은 사람과 나쁜 사람을 혼동하게 하며, 선과 악을 구별하지 못하게 한다. 술은 손을 마비시켜 물건을 잡을 수 없게 하기 때문에 손재주를 상실케 하고, 발을 마비시켜 걸을 수 없게 하기 때문에 움직일 수 없게 하며, 마음을 취하게 하여 올바른 생각을 할 수 없게 한다. 또 그것은 감각과 사지와 분별력을 빼앗아 간다. 만일 술 마시는 것을 피할 수 없다면 한 달에 세 번 취하는 것으로 그쳐야 할 것이니, 그것을 넘는다면 비난받아 마땅하다. 만일 한 달에 두 번 취한다면 더 좋고, 한 번이라면 더 훌륭하다. 만일 아예 마시지 않는다면 그보다 더 좋은 것이 어디 있겠는가. 그러나 취하지 않는 사람을 어디에서 찾을 수 있겠는가. 만일 그런 사람을 찾을 수 있다면 그를 소중히 해야 할 것이다.

20

오래된 신이시여! 알탄 칸이 먼저 분란을 일으키고 우리에게 증오를 불러일으켰다는 것을 당신은 알고 계십니다. 그들은 저의 조부와 부친의 형들이었는데, 알탄 칸은 무고한 그들을 죽였습니다. 나는 그들이 흘린 피에 대한 복수를 하려는 것입니다. 만일 당신께서 저의 이러한 생각이 정당하다고 생각한다면, 위에서 저에게 힘과 도움을 내려 주시고, 천사와 사람과 요정과 정령들에게 저를 돕고 지원하라고 명령을 내려 주십시오.

21

전통사들과 시위들이 마치 울창한 숲처럼 검은색을 이루었구나. 카툰들과 며느리들과 딸들은 마치 타오르는 불처럼 형형색색으로 반짝이는구나. 내가 바라는 것은 내가 은사로 내려 준 사탕의 감미로움으로 그들의 입을 달콤하게 만들고, 금실로 짠 옷으로 그들의 앞뒤와 어깨를 장식하게 하고, 기민한 말에 태워 맑은 물을 마시게 하고, 그들의 가축에 풍요로운 목초를 제공하고, 사람들이 오고 가는 대로와 소로에서 가시와 장애물과 해로운 것들을 없애고, 목지에서 가시와 잡초들이 자라지 못하도록 하는 것이다.

22

나의 후손들 가운데 정해진 법령을 한 번 어기면 그를 말로써 충고하라. 만일 두 번 어긴다면 엄중하게 질책하라. 세 번 어긴다면 그를 발조나 계곡으로 보내라. 그가 그곳에 갔다가 돌아온다면 반성할 것이다. 만일 뉘우치지 않는다면 그를 묶어서 감옥에 넣어라. 만일 거기서 나와 행실을 바르게 하고 정신을 차린다면 괜찮다. 그렇지 않으면 형과 아우들이 모두 모여서 상의하여 그를 처리할 방도를 찾도록 하라.

23

만호와 천호와 백호의 아미르들은 휘하의 군대를 잘 정비해야 하며, 명령과 지시가 떨어지면 밤낮을 가리지 않고 출정할 수 있도록 준비를 하여야 한다.

24

오논강과 케룰렌 강 사이의 발조나 계곡에서 태어난 사내아이들은 교육이나 인도를 받지 않고도 대장부답고 용맹하며 슬기롭고 총명하다. 그곳에서 태어난 여자아이들은 빗질이나 화장을 하지 않아도 우아하고 아름다우며 비할 데 없이 기민하고 영리하다.

25

모칼리 구양은 칭기즈칸에게 보냈던 사신이 돌아오자 뭐라고 하더냐고 물었다. "칭기즈칸의 어전에 가서 내 말을 아뢰었을 때 엄지손가락으로 지목하고 계셨습니다. 또한, 너커르들은 엄지손가락으로 지목하면서 말씀하시기를, '이들은 나의 앞과 뒤에서 나를 돕고 헌신하는 자들이요, 좋은 재능을 지닌 자들이고, 활을 쏠 때는 명사수요, 나를 따르는 기민한 말이며, 손 안에 있는 사냥용 새요, 안장에 붙어 다니는 사냥용 개이니, 그들이 모두 그러하도다.' 라고 했습니다.

26

어느 날 중요한 아미르들 가운데 하나인 발라 칼자가 무슨 능력이 있기에 대칸이 되었냐고 나에게 물었다. 나는 칸이 되기 오래 전에 언젠가 혼자서 길을 가고 있었다. 여섯 명이 도중에 매복했다가 나를 해치려고 했다. 나는 그들 가까이에 이르러 칼을 뽑아 들고 그들을 공격했다. 그들 또한 활을 쏘아댔는데, 화살들이 모두 빗나가 하나도 나를 맞히지 못했다. 나는 칼로 그들을 죽이고 그곳을 무사히 지날 수 있었다. 내가 돌아오는 길에 지났던 길에서 죽은 사람들을 보았는데, 그들이 타던 여섯 마리의 말들은 주인도 없이 배회했다. 나는 그 여섯 마리를 모두 끌고 돌아왔다.

27

언젠가 보오로초와 함께 오는데, 열두 명이 허리띠를 차고 산꼭대기에서 매복해서 우리를 해치려고 했다. 보오르초가 내 뒤를 따랐다. 나는 그를 기다리지 않고 용기와 힘을 내어 그들을 향해 돌진했다. 그들 열두 명은 한꺼번에 활을 쏘아댔고, 내 주위로는 그들의 화살이 스쳐 지나갔다. 나는 여러 번 공격했는데, 갑자기 화살 하나가 나의 입에 꽂혀 쓰러지고 말았다. 상처가 위중해서 나는 의식을 잃었는데, 바로 그때 보오르초가 도착해서 나를 보니, 나는 마치 죽어가는 사람처럼 발을 땅에 비벼 대고 몸은 공처럼 뒹굴고 있었다. 그는 즉시 물을 데워 와서, 내가 목 안을 씻어내고 목구멍에 막혀 있는 핏덩이를 뱉어낼 수 있도록 했다. 떠나갔던 나의 정신이 다시 몸으로 돌아왔고, 의식과 동작을 되찾을 수 있었다. 나는 일어나서 다시 그들을 향해 돌진했다. 나의 용맹함에 놀란 그들은 겁을 먹고 그 산에서 굴러 떨어져 죽었다. 보오르초와 그의 후손들이 '타르 칸'이라는 지위를 가진 것은, 그때 그가 그처럼 고마운 봉사를 했기 때문이다.

28

칭기즈칸이 젊었을 때 아침에 잠에서 깨어나면 몇 오라기의 백발이 생겼었다. 근신들이 그에게 "오, 행운의 군주시여! 폐하의 연세는 아직 초로에 들어가지도 못했는데 어찌하여 앞머리에 백발이 생겨난다는 말입니까?"라고 물었다. 그는 "지고한 신께서 나를 만호들과 천호들의 수령과 연장자로 삼고 나의 행운의 깃발이 세워지기를 원하시기 때문에 연장자의 징표인 백발이 내게 생기도록 하신 것이다."라고 대답했다.

29

남자들의 즐거움과 쾌락은 적을 분쇄하고 승리를 거두는 것, 그를 송두리째 드러내어 그가 가진 모든 것을 빼앗는 것, 그들 부인의 눈에서 눈물이 나오고 자식들의 얼굴 위로 눈물이 흐르게 하는 것, 그들이 소유한 엉덩이가 살찐 준마들을 타고 그들의 잘생긴 부인들의 가슴과 배를 잠옷과 담요로 삼는 것, 그들의 장밋빛 뺨을 바라보며 입맞춤을 하는 것, 대추처럼 빨갛고 감미로운 입술을 빠는 것이다.

칭기즈칸의 행운이 분명히 드러나서 여러 종족이 그의 명령을 받자, 그는 강력한 법령으로 그들을 다스려, 지혜로운 자와 용맹한 자들을 군대의 아미르로 만들고, 민첩한 자와 기민한 자들에게는 유수영을 맡겨 가축 떼를 지키도록 했다. 또한, 우둔한 자들에게는 작은 채찍을 주어 목동으로 내보냈다. 이런 이유로 그가 꾀하는 일은 마치 초승달처럼 날이면 날마다 커졌고, 하늘에서는 지고한 신의 힘으로 도움이 내려왔으며, 대지에서는 그를 돕는 행운이 증대되어 갔다. 그의 여름 영지는 연회와 잔치의 자리가 되고, 겨울 영지는 넉넉하고 편안했다. 위대한 신의 은총에 힘입어 나는 그 같은 사정을 깨달았고, 나 스스로 이 같은 성훈들을 조사해 이끌어냈다. 그 같은 성훈들이 있기 때문에 우리는 오늘에 이르기까지 평안과 연회와 열락을 누릴 수 있다. 또한, 이후로 오백년, 천 년, 만 년이 흐른다고 하더라도 만일 앞으로 태어나서 권좌에 오를 자손들이 모든 피조물 가운데 가장 고귀한 칭기즈칸의 규범과 법령을 준수하고 바꾸지 않는다면, 하늘도 그들의 행운을 위해 도움을 내릴 것이요, 계속 연회와 열락을 누릴 수 있을 것이다. 또한, 신께서는 세상을 그들에게 은사로 내려 주실 것이며, 온 세상의 피조물들은 그들을 위해 기도할 것이다. 그들은 장수를 누릴 것이요, 이 세상의 온갖 부유를 즐길 것이다. "훌륭한 행정이야말로 통치의 장수를 가져온다!"라는 속담은 바로 이런 뜻이다.

– 『집사』를 집필한 라시드 앗 딘이 칭기즈칸의 〈성훈〉을 적으면서 삽입한 자신의 글이다.

칭기즈칸

成吉思汗(성길사한),
Chingiz Khan, (1155?~1227.8.18)

Chinggis는 Genghis, Chingis, Zenghiz,
Jinghis라고도 씀. 본명은 테무친(Temuchin).
1155년 또는 1162년, 1167년 몽골 바이칼호 근처
에서 태어나서 1227년 8월 18일 사망. 몽골의 무
사, 통치자, 역사상 가장 위대한 정복왕으로 유
목민 부족들로 분산되어 있던 몽골을 통일하고
1206년 제위(칸)에 올라 몽골의 영토를 중국에서
아드리아 해까지 확장시켰다. 칭기즈란 의미는 샤머니즘의 '광명의 신(Hajir Chingis Tengri)'
에서 유래하였다고 보는 설이 가장 유력하다. 몽골은 세계에서 가장 뒤떨어진 민족이었으
나 칭기즈 칸이 통치자가 된 다음 인류 역사상 가장 짧은 시간에 최대의 제국을 건설하였다.
가난과 역경을 극복하고 세계의 정복자가 된 칭기즈 칸. 미국의 〈워싱턴 포스트〉지는 1995
년 송년호에서 지난 1,000년(Millennium) 중 인류 역사에 커다란 영향을 준 위대한 인물로 칭
기즈 칸을 선정했다. 그는 유라시아 대륙을 점령한 다음 광대한 자유무역지대를 만들고, 단
일 통화를 유통시켰으며, 다양한 종교를 인정했을 뿐 아니라 이미 700년 전에 세계적인 통
신망을 구축했던 영웅이다.

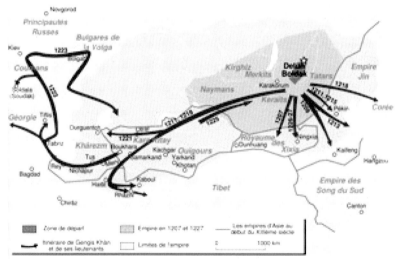

〈칭기즈칸 점령도〉